AF148725

Bewerberkommunikation für Hochschulabsolventen der Generation Y

Christoph Kochhan · Cosima Kitze ·
Gudrun Bolduan

Bewerberkommunikation für Hochschulabsolventen der Generation Y

Erfolgreiches Recruiting im War for Talents: Status quo, Erwartungen und Perspektiven

Springer Gabler

Christoph Kochhan
Hochschule Rhein Main
Wiesbaden, Hessen, Deutschland

Cosima Kitze
Hamburg, Deutschland

Gudrun Bolduan
Hochschule Rhein Main
Wiesbaden, Hessen, Deutschland

ISBN 978-3-658-35098-7 ISBN 978-3-658-35099-4 (eBook)
https://doi.org/10.1007/978-3-658-35099-4

Die Deutsche Nationalbibliothek verzeichnet diese Publikation in der Deutschen Nationalbibliografie; detaillierte bibliografische Daten sind im Internet über http://dnb.d-nb.de abrufbar.

© Der/die Herausgeber bzw. der/die Autor(en), exklusiv lizenziert durch Springer Fachmedien Wiesbaden GmbH, ein Teil von Springer Nature 2021
Das Werk einschließlich aller seiner Teile ist urheberrechtlich geschützt. Jede Verwertung, die nicht ausdrücklich vom Urheberrechtsgesetz zugelassen ist, bedarf der vorherigen Zustimmung der Verlage. Das gilt insbesondere für Vervielfältigungen, Bearbeitungen, Übersetzungen, Mikroverfilmungen und die Einspeicherung und Verarbeitung in elektronischen Systemen.
Die Wiedergabe von allgemein beschreibenden Bezeichnungen, Marken, Unternehmensnamen etc. in diesem Werk bedeutet nicht, dass diese frei durch jedermann benutzt werden dürfen. Die Berechtigung zur Benutzung unterliegt, auch ohne gesonderten Hinweis hierzu, den Regeln des Markenrechts. Die Rechte des jeweiligen Zeicheninhabers sind zu beachten.
Der Verlag, die Autoren und die Herausgeber gehen davon aus, dass die Angaben und Informationen in diesem Werk zum Zeitpunkt der Veröffentlichung vollständig und korrekt sind. Weder der Verlag noch die Autoren oder die Herausgeber übernehmen, ausdrücklich oder implizit, Gewähr für den Inhalt des Werkes, etwaige Fehler oder Äußerungen. Der Verlag bleibt im Hinblick auf geografische Zuordnungen und Gebietsbezeichnungen in veröffentlichten Karten und Institutionsadressen neutral.

Planung/Lektorat: Imke Sander
Springer Gabler ist ein Imprint der eingetragenen Gesellschaft Springer Fachmedien Wiesbaden GmbH und ist ein Teil von Springer Nature.
Die Anschrift der Gesellschaft ist: Abraham-Lincoln-Str. 46, 65189 Wiesbaden, Germany

Vorwort und Danksagung

In vielen Unternehmen findet gegenwärtig und zukünftig ein Generationenwechsel statt. In diesem Zusammenhang werden verstärkt Nachwuchskräfte gesucht, um den Unternehmenserfolg langfristig sichern zu können. Da jedoch unter anderem durch den demografischen Wandel weniger Berufseinsteiger auf dem Arbeitsmarkt zu finden sind, werden – vor allem in einer Wissensgesellschaft – Hochschulabsolventen der Generation Y als zukünftige Arbeitskräfte von Unternehmen stark umworben. Dabei ist es im Recruiting eine Herausforderung, eine adäquate Form der Ansprache und die passenden Kommunikationskanäle für die Zielgruppe junger Talente zu finden; die Nachwuchskräfte der Generation Y nutzen eine Vielzahl an Medien und Medienkanälen parallel und sind anspruchsvoll im Hinblick auf Inhalte und Form der ihnen präsentierten Informationen sowie in Bezug auf die Wahl ihres zukünftigen Berufs- und Arbeitsfeldes.

In diesem Spannungsfeld der komplexen digitalen Kommunikationskanäle auf der einen Seite und der verschiedenen Wünsche und Anforderungen der Hochschulabsolventen der Generation Y an künftige Arbeitgeber- und Bewerbungsprozesse auf der anderen Seite ist es aufschlussreich zu untersuchen, welche Bewerberkommunikation den „Nerv" der Zielgruppe trifft, damit ein erfolgreiches, zielgruppengenaues Recruiting möglich ist. Durch die Analyse und Verdichtung von Aussagen, die im Rahmen von leitfadengestützten Experten-Interviews mit Studierenden der Generation Y, die kurz vor ihrem Hochschulabschluss stehen, mit Vertretern von Unternehmen und Karriere-Experten aus Hochschulen gewonnen werden konnten, ergibt sich eine 360-Grad-Perspektive auf das Thema der erfolgreichen Bewerberkommunikation für Hochschulabsolventen der Generation Y und darüber hinaus die Möglichkeit, einen Blick in die Zukunft des Recruitings der Generation Z zu wagen.

An dieser Stelle möchten wir allen Kolleginnen und Kollegen danken, die durch vielfältige Anregungen zum Gelingen dieses Buches beigetragen haben. Ebenso danken wir Springer Gabler für die Unterstützung unseres Publikationsprojekts.

Vielen Dank an Dr. Roger Gfrörer, Universität Zürich, der in fachlichem Austausch und durch wertvolle Inspirationen das Projekt unterstützt hat.

Ein besonderer Dank gilt unseren Familien und Freunden, die in vielerlei Hinsicht ebenfalls einen großen Anteil am Gelingen dieses Buches haben.

Abschließend wünschen wir eine interessante Lektüre und spannende Einsichten.

Christoph Kochhan
Cosima Kitze
Gudrun Bolduan

Inhaltsverzeichnis

Einleitung und Problemstellung 1

Zusammenfassung

Zunächst wird die allgemeine Situation der Personalgewinnung von akademischen Nachwuchskräften auf dem gegenwärtigen Arbeitsmarkt skizziert. Dabei ist der Wandel vom Arbeitgeber- zum Arbeitnehmermarkt insbesondere im Hinblick auf den vorhandenen „War for Talents" bedeutsam – für Arbeitgeber (Im Folgenden wird aus Gründen einer besseren Lesbarkeit von einer Differenzierung in männliche und weibliche Sprachformen abgesehen) wird es zunehmend zu einer Herausforderung, junge Arbeitnehmer zu gewinnen. Vor allem in einer Wissensgesellschaft ist es relevant, Hochschulabsolventen der Generation Y, die gegenwärtig in das Berufsleben einsteigen, für sich als Arbeitgeber zu interessieren und sie als Mitarbeiter zu rekrutieren. Voraussetzung eines erfolgreichen Recruitings ist die Kenntnis von Wünschen und Erwartungen der Zielgruppe im Hinblick auf Bewerberkommunikation und Bewerbungsprozess. Die Fragen, die es in diesem Zusammenhang zu erforschen gilt, werden vorliegend einleitend erläutert sowie der Forschungsansatz – mit Hilfe von leitfaden-gestützten Tiefeninterviews werden Hochschulabsolventen der Generation Y aus den Fächergruppen Wirtschaft, Ingenieurwesen sowie Medien, ebenso wie Unternehmensvertreter und Karriere-Experten von Hochschulen zu den Themengebieten detailliert befragt – grundlegend skizziert. Dieser basiert auf bereits vorliegenden Erkenntnissen beziehungsweise Studien zum Thema Bewerberkommunikation wie die abschließende Darstellung des Aufbaus der vorliegenden Publikation verdeutlicht.

Arbeitsmärkte unterliegen permanenten Veränderungen, die Unternehmen in ihrer Funktion als Arbeitgeber zunehmend vor Herausforderungen stellen. Insbesondere

© Der/die Autor(en), exklusiv lizenziert durch Springer Fachmedien Wiesbaden GmbH, ein Teil von Springer Nature 2021

C. Kochhan et al., *Bewerberkommunikation für Hochschulabsolventen der Generation Y*, https://doi.org/10.1007/978-3-658-35099-4_1

aufgrund des demografischen Wandels hat sich der Arbeitsmarkt kontinuierlich von einem Arbeitgebermarkt zu einem Arbeitnehmermarkt entwickelt: Die Verschiebung der Altersstruktur in der Gesellschaft führt dazu, dass wenigen qualifizierten Arbeitskräften eine Vielzahl an nachfragenden Arbeitgebern gegenübersteht (vgl. Hansen, N. K. & Hauff, S., 2019, S. 36; vgl. Hesse, G. et al., 2019, S. 55 ff.). Es findet ein Generationswechsel statt, im Zuge dessen viele Arbeitsplätze von der älteren Arbeitgebergeneration an die jüngeren, zahlenmäßig unterlegenen Nachwuchskräfte übergeben werden (vgl. Hesse, G. et al., 2019, S. 55 ff.). Durch den Wandel von einer Industrie- zu einer Dienstleistungs- und Wissensgesellschaft sowie durch technologische Weiterentwicklungen verändern sich zudem Stellenprofile oder entwickeln sich neu, denn es werden neue Kompetenzen benötigt, um die Innovationskraft der Unternehmen zu erhalten. Dabei wird eine akademische Ausbildung der Mitarbeiter als Voraussetzung für eine Stellenbesetzung immer bedeutender (vgl. Jung, H., 2008, S. 857 f.; vgl. Kolberg, A., 2010: o. S.) – die Gewinnung und Bindung junger, qualifizierter Arbeitnehmergenerationen ist essenziell für Arbeitgeber und rückt somit in das Zentrum des Personalmanagements. Unternehmen stehen entsprechend verstärkt vor der Herausforderung, Hochschulabsolventen der Generation Y mit aktuell gefragten, digitalen Qualifikationen in einem übersättigten Arbeitgebermarkt für sich zu interessieren und zu rekrutieren. Es kommt zu einem „Kampf" der Unternehmen um die wertvollsten Kandidaten (vgl. Hesse, G. et al., 2019, S. 55 ff.), der oftmals als „War for Talents" beschrieben wird (vgl. Fournier. et al., 2019, S. 43), sodass eine Anpassung von Recruiting-Aktivitäten an die Einstellungen und Erwartungen der jungen Nachwuchskräfte unabdingbar ist (vgl. Bürge, C., 2016, S. 1; vgl. Hagen, A., 2011, S. 16): Um marktfähig und kompetitiv bleiben zu können, verlangt die Wirtschaft kontinuierlich nach qualifizierten und gut ausgebildeten personellen Ressourcen (vgl. Hesse, G. et al., 2019, S. 55 ff.) – eine Situation, die im Zuge des aktuellen Pandemiegeschehens in unterschiedlichen Branchen und Arbeitsgebieten zwar in Maßen relativiert erscheint, gleichwohl im Grundsatz nach wie vor vorhanden ist.

Um sich als attraktiver Arbeitgeber präsentieren zu können, ist es für Unternehmen bedeutsam, die Anforderungen der Nachwuchskräfte aus den jüngeren Generationen, die den Großteil des zukünftigen Arbeitskräftepotenzials darstellen werden, zu kennen und in ihrer Kommunikation zur Rekrutierung junger Arbeitnehmer zu berücksichtigen, insbesondere da sie sich in vielen Facetten von denen der Vorgängergenerationen unterscheiden (vgl. Dahlmanns, A., 2014, S. 9 f.): Die ökonomischen und soziokulturellen Entwicklungen der letzten Jahre, wie der ansteigende Wohlstand in Deutschland, die Globalisierung sowie die Digitalisierung, verstärken die Erwartungen gegenwärtiger und zukünftiger Arbeitnehmer an berufliche Tätigkeiten und verändern im Sinne eines generationsbedingten Wertewandels ihre an den Arbeitgeber gestellten Anforderungen (vgl. Hansen, N. K. & Hauff, S., 2019, S. 36 ff.). Insbesondere die Generation Y, die in Zeiten digitaler Transformationsprozesse und veränderter Arbeitsstrukturen aufgrund der aktuellen Skills, die in Universitäten und Hochschulen vermittelt werden, verstärkt als zukünftige Arbeitnehmer in Unternehmen wichtig ist, hinterfragt in verändertem Maße bestehende Strukturen und den Sinn ihrer Arbeit. Sie ist sich zudem ihrer Position auf dem Arbeitsmarkt bewusst und stellt umfassende Erwartungen an einen potenziellen Arbeitgeber und eine Karriere. Für Unternehmen entwickelt sich dadurch die Notwendigkeit, ein tiefergreifendes Verständnis über die Wünsche, Bedürfnisse und Erwartungen der möglichen Arbeitnehmer zu erlangen und ihr Personalmarketing zielgruppenspezifisch auszurichten (vgl. Hesse, G. et al., 2019, S. 55 ff.). Zudem erkennen Unternehmen in diesem Kontext entsprechend, dass sie ihre Instrumente und Kommunikationskanäle des Recruitings weiterentwickeln müssen, um bei der Akquise junger Fachkräfte erfolgreich zu sein. Durch die Digitalisierung findet ein rapider technologischer Wandel und ein verändertes Nutzerverhalten statt, dem sich auch die Bewerberkommunikation anpassen muss – unter anderem erobern viele technische Weiterentwicklungen wie etwa Virtual- oder Augmented-Reality-Anwendungen den Markt. Zwar stellt dieser Umstand Arbeitgeber vor Herausforderungen, bietet ihnen jedoch auch Chancen: Gelingt Unternehmen der digitale Transformationsprozess hinsichtlich ihrer Rekrutierungsstrategie, kann dies zu einer Steigerung ihrer Leistungsfähigkeit führen (vgl. M. Tallgauer et al., 2020, S. 26).

Vorliegend wird der Frage nachgegangen, welche Einstellungen und Erwartungen Hochschulabsolventen der Generation Y in Bezug auf Bewerberkommunikation und auf Bewerbungsprozesse haben und wie das Personalmarketing von Unternehmen vor dem Hintergrund dessen agieren könnte, um in einem intensiven Wettbewerbsumfeld akademische Nachwuchskräfte auf sich aufmerksam zu machen und als Mitarbeiter zu rekrutieren. Auf der Grundlage von Resultaten vorhandener Forschungsstudien sowie der gewonnenen Ergebnisse der im Rahmen vorliegender Studie durchgeführten qualitativen, leitfaden-gestützten Experteninterviews mit Hochschulabsolventen der Generation Y, Unternehmensvertretern sowie Karriere-Experten an Hochschulen, werden Aspekte herausgearbeitet, die Optionen für eine zielgerechte sowie erfolgreiche Gestaltung externer Maßnahmen der Bewerberkommunikation darstellen. Aus dieser Zielsetzung resultieren drei übergeordnete Forschungsleitfragen, die der hier durchgeführten empirischen Untersuchung zugrunde liegen:

1. *Wie sieht der allgemeine Einstieg beziehungsweise Prozess der Stellen- und Arbeitgebersuche bei Hochschulabsolventen der Generation Y aus?*

Im Kontext dieser Fragestellung soll erkannt werden, wie Hochschulabsolventen der Generation Y den Einstieg in die Auswahl der für sie potenziellen Arbeitgeber gestalten. Es wird beispielsweise hinterfragt, inwieweit die Bekanntheit eines Unternehmens oder etwa mögliche Empfehlungen aus dem Hochschul- oder privaten Kontext eine Rolle spielen, damit ein Unternehmen als Arbeitgeber in die Wahrnehmung der Absolventen gelangt. Hier stellt sich darüber hinaus die Frage, inwieweit ausschließlich auf Stellenangebote, die online geschaltet werden, geachtet wird oder ob auch physische Informationsangebote wie etwa die Teilnahme von Unternehmen bei Karriere-Messen oder Campus-Events als Informationsoptionen bei den Hochschulabsolventen von Bedeutung sind. In diesem Zusammenhang soll auch eruiert werden, inwieweit neuere Angebote, Informationen über einen Arbeitgeber beziehungsweise einen Arbeitsplatz zu vermitteln, zum Beispiel mit Hilfe von Virtual- oder Augmented-Reality-Anwendungen oder Recruitainment-Ansätzen im Rahmen von Bewerberkommunikation bedeutsam sind.

Über den Schritt der Informationsbeschaffung hinaus ist es wichtig zu erkennen, von welchen Angeboten beziehungsweise Inhalten sich potenzielle Bewerber leiten lassen, sodass ein Unternehmen als Arbeitgeber für sie relevant wird – hieraus resultiert die zweite übergeordnete Forschungsleitfrage.

2. *Welche zentralen Kriterien sind für Hochschulabsolventen der Generation Y wesentlich bei der Arbeitgeberauswahl?*

Hier geht es darum zu erkennen, welche Aspekte für Hochschulabsolventen relevant sind, sodass ein Unternehmen für sie als Arbeitgeber interessant wird. Zu nennen sind in diesem Zusammenhang zum Beispiel ein positives Unternehmensimage oder die Werte, die ein Arbeitgeber vertritt – etwa Nachhaltigkeit. Neben solchen übergeordneten Themen sind auch Faktoren bedeutsam, die die konkrete Arbeitsaufgabe betreffen. Hier kann neben fachlichen und inhaltlichen Aspekten etwa die gesellschaftliche oder persönliche Sinnhaftigkeit der auszuführenden Arbeit von Bedeutung sein. Aber auch die Arbeitsplatzatmosphäre oder die Arbeitsplatzsicherheit können gegebenenfalls im Zuge von Entscheidungen, sich bei einem Arbeitgeber zu bewerben, eine Relevanz besitzen – eine Situation, die auch für Aspekte wie Mitgestaltungsoptionen oder Spaß an der Arbeit gilt. Zudem besitzen die Rahmenbedingungen, die Arbeitgeber bieten, Relevanz. Beispielsweise sind Gehalt, Weiterbildungsmöglichkeiten oder Flexibilität im Hinblick auf Work-Life-Balance-Angebote typischerweise wichtige Aspekte, die Bewerber im Zuge ihrer Wahl berücksichtigen.

Gleichwohl sind nicht nur inhaltliche Faktoren wichtig, sondern auch die Art und Weise, wie ein Unternehmen sich als potenzieller Arbeitgeber präsentiert und versucht, das Interesse der Bewerber mittels seiner Kommunikationsaktivitäten zu erzielen – eine Thematik, die zur dritten übergeordneten Forschungsleitfrage führt.

3. *Wie werden aktuelle Personalmarketingmaßnahmen von Hochschulabsolventen der Generation Y wahrgenommen und welche Erwartungen bestehen an künftige Marketingaktivitäten?*

Es stellt sich zum einen die Frage, welche Inhalte von Hochschulabsolventen der Generation Y konkret in Stellenanzeigen – und ergänzend beispielsweise der unternehmerischen Karrierewebseite – erwartet werden: Inwieweit werden etwa allgemeine Informationen zum Unternehmen, zum Anforderungsprofil oder zum Team als relevant erachtet? Zum anderen wird eruiert, welche Aspekte bei der Gestaltung einer Stellenanzeige positiv beziehungsweise negativ bewertet werden, wobei hier die Struktur beziehungsweise der Aufbau der Stellenanzeige sowie ihre Text- und (Bewegt-)Bild-Anteile näher untersucht werden. Darüber hinaus werden die weiteren Schritte im Bewerbungsprozess beleuchtet, das heißt Aspekte wie die Relevanz eines Anschreibens, die Bedeutung mobil-optimierter Angebote sowie Automatisierungsoptionen wie zum Beispiel Chatbot-Kommunikation oder Bewerberportale.

Erfragt wurden die Meinungen und Perspektiven in den jeweiligen Themenkomplexen mit Hilfe von leitfaden-gestützten Tiefeninterviews bei Hochschulabsolventen der Generation Y aus den Fächergruppen Wirtschaft, Ingenieurwesen sowie Medien. Um die Perspektive und Meinungen der Hochschulabsolventen zu ergänzen und – gegebenenfalls – Abweichungen beziehungsweise unterschiedliche Pointierungen einzelner Themen zu erkennen sowie insbesondere Zukunftstrends im Hinblick auf Recruiting-Aktivitäten zu beleuchten, wurden zudem themengleich leitfaden-gestützte Experteninterviews mit Vertretern von Unternehmen sowie mit Karriere-Experten an Hochschulen geführt. Die aus diesen Perspektiven insgesamt resultierenden zielgruppenspezifischen Arbeitgeber-Attraktivitätsfaktoren ermöglichen entsprechende Handlungsempfehlungen für Unternehmen beziehungsweise Arbeitgeber in Bezug auf die gegenwärtige und zukünftige Bewerberkommunikation.

Beginnend mit für den in Zusammenhang mit dem Forschungsgegenstand zentralen theoretischen Grundlagen wird in Kap. 2 zunächst der Wandel vom Arbeitgeber- zum Arbeitnehmermarkt erläutert und die daraus resultierenden Ziele und Aufgaben im Personalmarketing von Unternehmen dargestellt. Hervorgehoben werden dabei die Instrumente externen Personalmarketings, zum einen klassische Optionen wie etwa Stellenanzeigen oder Karrieremessen und zum anderen neuere Trends wie beispielsweise Mobile oder Robotic Recruiting. Kap. 3 charakterisiert anschließend die Vertreter der Generation Y, die in den kommenden Jahren die größte Zahl an Arbeitnehmern in Unternehmen stellen werden und die aktuell und mittelfristig in den Beruf einsteigt und somit als Kandidaten von Arbeitgebern gewonnen werden müssen. Neben einer soziologischen Einführung sowie einer skizzenhaften Darstellung ihrer Einstellungen und Werte wird auch ihr Mediennutzungsverhalten fokussiert, ebenso wie Anforderungen, die Arbeitnehmer der Generation Y, die bereits im Arbeitsleben stehen, an ihren gegenwärtigen Arbeitsplatz stellen. Hinterfragt werden soll im Anschluss, welche Ansprüche und Wünsche bei Berufseinsteigern im Kontext von Arbeitsplatz und Stellenangeboten bestehen. Vor diesem Hintergrund wird das Forschungsdesign skizziert, um dieser Frage (wie sieht zeitgemäße und zukünftige Bewerberkommunikation für Hochschulabsolventen der Generation Y aus?) nachzugehen. Nachfolgend werden in Kap. 4 die Ergebnisse aus den qualitativen, leitfaden-gestützten Tiefeninterviews mit zwölf Hochschulabsolventen aus den Fächergruppen Wirtschaft, Ingenieurwesen sowie Medien dargestellt. Hier geht es zunächst um Erkenntnisse, wie die potenziellen Berufseinsteiger im Rahmen ihrer Arbeitgeber- beziehungsweise Stellensuche vorgehen, also beispielsweise um die Frage, welche Informationskanäle genutzt werden. Daran anschließend werden inhaltliche Aspekte in ihrer Relevanz diskutiert, das heißt welche Werte und Kriterien bei der Arbeitgeberwahl von Bedeutung sind. Abschließend stehen in diesem Kapitel die Wahrnehmung und die zukünftigen Erwartungen von Bewerberkommunikation im Fokus – thematisiert werden die Erwartungen an eine Stellenanzeige, an Karrierewebseiten sowie an den Bewerbungsprozess. Kap. 5 thematisiert die Meinungen zu den skizzierten Aspekten zum einen aus Sicht von Unternehmen, die potenzielle Arbeitgeber darstellen, und zum anderen aus Perspektive von Karriere-Experten an Hochschulen, die an der Schnittstelle von Absolventen sowie Arbeitgeber zu verorten sind und entsprechend beide Perspektiven vereinen können. Grundlage sind hier drei leitfaden-gestützte Tiefeninterviews mit Unternehmensvertretern sowie drei mit Karriere-Experten von Hochschulen. Kap. 6 führt die erhaltenen Sichtweisen zusammen und fokussiert gegenwärtige Erfolgskriterien in der Bewerberkommunikation für Hochschulabsolventen der Generation Y sowie zukünftige Aspekte, um erfolgreich Bewerber ansprechen zu können. Dabei wird auch ein erster Blick auf die nachfolgend auf den Arbeitsmarkt eintretende Generation Z gelenkt. Kap. 7 schließt die Thematik mit einem zusammenfassenden Überblick sowie Blick in die nahe Zukunft.

Literatur

Bürge, C. (2016). *Personalmarketing im Internet: Eine rechtliche und betriebswirtschaftliche Betrachtung*. Springer.

Dahlmanns, A. (2014). *Generation Y und Personalmanagement*. Hampp.

Fournier, J., Düring, U.-M., Peters, K., & Weers, J.-P. (2019). Marke und Branding. In R. Mattmüller & G. Hesse (Hrsg.), *Perspektivwechsel im Employer Branding – Neue Ansätze für die Generationen Y und Z* (2. Aufl., S. 19–51). Springer Fachmedien.

Hagen, A. (2011). *Personalmarketing: Rekrutierung von Nachwuchskräften in deutschen Unternehmen, Wismarer Schriften zu Management und Recht* (Bd. 60). Europäischer Hochschulverlag.

Hansen, N., & Hauff, S. (2019). Talentmanagement – Trends, Herausforderungen und strategische Optionen. In M. Busold (Hrsg.), *War for talents – Erfolgsfaktoren im Kampf um die Besten* (2. Aufl., S. 35–47). Springer.

Hesse, G., Mayer, K., Rose, N., & Fellinger, C. (2019). Herausforderungen für das Employer Branding und deren Kompetenzen. In R. Mattmüller & G. Hesse (Hrsg.), *Perspektivwechsel im Employer Branding – Neue Ansätze für die Generationen Y und Z* (2. Aufl., S. 55–100). Springer Fachmedien.

Jung, H. (2008). *Personalwirtschaft*. Oldenbourg Wissenschaftsverlag.

Kolberg, A. (2011). Zeit und Raum im Wandel. *Personalwirtschaft, 8*. https://www.personalwirtschaft.de/produkte/archiv/magazin/ausgabe-8-2011/0%3A5365559.html. Zugegriffen: 13. Mai 2021.

Tallgauer, M., Festing, M., & Fleischmann, F. (2020). Big Data im Recruiting. In T. Verhoeven (Hrsg.), *Digitalisierung im Recruiting – Wie sich Recruiting durch künstliche Intelligenz, Algorithmen und Bots verändert* (S. 25–41). Springer Fachmedien.

2 Bewerbermarketing und -kommunikation

Zusammenfassung

Die Verschiebung der Altersstruktur in der Bevölkerung trägt unter anderem dazu bei, dass sich der Arbeitsmarkt vom Arbeitgeber- zum Arbeitnehmermarkt gewandelt hat. In der Folge wird es für Unternehmen zunehmend zu einer Herausforderung, im so genannten „War for Talents" junge, talentierte und gut ausgebildete Nachwuchskräfte für sich als Arbeitgeber zu interessieren und letztlich als Mitarbeiter zu gewinnen. Aufgrund dieser Situation ist es für Unternehmen umso bedeutsamer, ihre Aktivitäten im Bereich des Personalmarketings kontinuierlich zu überprüfen und zielgruppenspezifisch an die jeweils gegebene Situation anzupassen. Vor diesem Hintergrund ist auch die Kenntnis von Bedeutung, welche externen Kommunikationskanäle zur Ansprache potenzieller Bewerber zur Verfügung stehen und welche Rolle sie im Recruiting-Prozess für die Personalsuche sowie den Employer Brand innehaben. In diesem Kontext kann zunächst auf klassische Online-Jobbörsen verwiesen werden. Daneben können Karrierewebseiten oder berufliche – zum Beispiel LinkedIn – und soziale Netzwerke – etwa Instagram – mit Inhalten, die für die Zielgruppe attraktiv sind, bespielt werden. Außerdem kann auf die Teilnahme an Karrieremessen und weitere Aktivitäten im Bereich des Hochschulmarketings und Recruitings wie beispielsweise Mitarbeiterempfehlungsprogramme verwiesen werden, um potenzielle Nachwuchskräfte anzusprechen. Daneben ist es wichtig, neuere Optionen wie etwa Ansätze von Augmented- oder Virtual-Reality-Anwendungen zu bedenken, die etwa auf Karrieremessen zum Einsatz kommen können, oder sich mit Optionen wie Mobile oder Robotic Recruiting zu beschäftigen.

© Der/die Autor(en), exklusiv lizenziert durch Springer Fachmedien Wiesbaden GmbH, ein Teil von Springer Nature 2021

C. Kochhan et al., *Bewerberkommunikation für Hochschulabsolventen der Generation Y*, https://doi.org/10.1007/978-3-658-35099-4_2

2.1 Wandel vom Arbeitgeber- zum Arbeitnehmermarkt

Kontinuierlicher Wandel und (Weiter-)Entwicklungen in den unterschiedlichsten (Industrie- und Wirtschafts-) Bereichen führen auch in der Arbeitswelt zu einer Vielzahl an nachhaltigen Veränderungen, wobei in diesem Kontext insbesondere die Globalisierung, die technologische Entwicklung und der demografische Wandel als wesentliche Einflussfaktoren genannt werden können. Hinzu kommen weitere Aspekte wie etwa der Trend zu umweltfreundlicher Technologie sowie gesellschaftliche Entwicklungen zu Individualisierung und Selbstständigkeit (vgl. DGFP, 2015, S. 4 ff.; vgl. Parment, A., 2013, S. 4). Entsprechend stehen Unternehmen gegenwärtig – und zukünftig – vor vielfältigen Herausforderungen, die die Notwendigkeit eines betriebswirtschaftlichen Wettbewerbsvorteils durch qualifizierte Fachkräfte und deren Wissen verstärken (vgl. Thoma, C., 2011, S. 165 f.). Doch vor allem bedingt durch den demografischen Wandel[1] ist der Talentmarkt zunehmend umkämpft. Die Verschiebung der Altersstruktur führt gegenwärtig dazu, dass einerseits der Anteil älterer Arbeitskräfte steigt und eine zahlenmäßig überlegene Arbeitnehmer-Generation altersbedingt aus dem Arbeitsleben ausscheidet, während andererseits eine deutlich geringere Anzahl an jungen verfügbaren Arbeitskräften nachrückt (vgl. Schleiter, A. & Armutat, S., 2004, S. 4). Entsprechend steht wenigen qualifizierten Arbeitskräften eine Vielzahl an nachfragenden Arbeitgebern gegenüber, sodass in der Folge eine „Machtumverteilung" zugunsten der jungen Arbeitnehmer stattfindet (vgl. Hesse, G. et al., 2019, S. 55 ff.): Unternehmen – und oftmals ganze Branchen – stehen vor der Herausforderung, ihre Stellen mit qualifizierten Fachkräften besetzen zu können

[1] Mit dem Erreichen des Rentenalters der Generation der Babyboomer (Geburtenjahrgänge zwischen 1955 und 1970) kommt es in Deutschland zu einer Veränderung der Altersstruktur und mit ihr zu einer Phase der demografischen Alterung nach dem Jahr 2020 (vgl. Werding, M., 2019, S. 3 f.): Das Statistische Bundesamt (2019) geht davon aus, dass das Durchschnittsalter der Bevölkerung von aktuell 44 Jahren auf bis zu 50 Jahre im Jahr 2060 steigen wird. Im Jahr 2018 beträgt der Anteil der unter 20-Jährigen 18 %, 62 % der Bevölkerung sind im erwerbstätigen Alter von 20 bis 66. 19 % der Menschen sind 67 Jahre oder älter. Ausgehend von einer moderaten demografischen Entwicklung wird mit einer Stabilisierung des Anteils (18 %) der unter 20-Jährigen bis zu dem Jahr 2060 gerechnet. Bei dem Anteil der Menschen im Erwerbsalter hingegen muss von einer deutlichen Senkung bis zu selbigem Jahr ausgegangen werden. Bei moderater demografischer Entwicklung wird sich dieser um voraussichtlich sechs Prozentpunkte und von aktuell 51,8 Mio. auf bis zu 40 Mio. Personen reduzieren. Bei den 67-Jährigen und Älteren ist ausgehend von den aktuellen Entwicklungen mit einem deutlichen Anstieg ihres Anteils an der Gesamtbevölkerung zu rechnen, der bis zum Jahre 2060 auf einen Wert von 24 bis 30 % ansteigen könnte. Zudem wird ab dem Jahr 2040 eine starke Zunahme der Anzahl der Hochaltrigen über 80 Jahren prognostiziert, deren Anteil im Jahr 2060 zwischen neun und 13 % liegen dürfte (vgl. Statistisches Bundesamt, 2019, S. 25 f.).

(vgl. Dannhäuser, R., 2020, S. 1 ff.). Hervorzuheben ist in diesem Zusammenhang zudem, dass die Entwicklung von einer Industrie- zu einer Wissens- und Dienstleistungsgesellschaft über die vergangenen Jahre hinweg zu einem erhöhten Bedarf an sogenannten Wissensarbeitern, also an akademisch gut ausgebildeten Arbeitskräften, geführt hat (vgl. Jung, H., 2008, S. 857 f.; vgl. Kolberg, A., 2010: o. S.). Neu entstandene Jobprofile erfordern immer komplexere, interdisziplinäre Fähigkeiten und Kenntnisse eines Arbeitnehmers (vgl. Meister, C. & Willyerd, K., 2010, S. 20). Es mangelt den Arbeitgebern hier insbesondere an Hochschulabsolventen und den so genannten „Young Professionals" (vgl. Schleiter, A. & Armutat, S., 2004, S. 4). Zwar erhöht sich zum aktuellen Zeitpunkt der prozentuale Anteil der Hochschulabsolventen an Erwerbspersonen in Deutschland. Zugleich sinkt jedoch die Gesamtzahl der Erwerbspersonen, sodass sich auch die Zahl der Menschen mit Studienabschluss reduziert (vgl. Werding, M., 2019, S. 9 ff.)[2] – es kommt zu einem „Kampf" der Unternehmen um die wertvollsten Kandidaten, der in der Regel als „War for Talents" beschrieben wird (vgl. Hesse, G. et al., 2019, S. 55 ff.). Dieser ist dabei nicht nur auf die nationale Ebene beschränkt. Vielmehr ist es jungen Talenten aufgrund von Globalisierung und Internationalisierung auch möglich, im Ausland nach für sie geeigneten Stellen zu suchen und diese anzunehmen (vgl. Werding, M., 2019, S. 4): Bereits im Jahr 2012 konnten sich knapp 57 % der befragten Studierenden im Alter zwischen 18 und 29 Jahren vorstellen, im Ausland zu arbeiten oder hatten dies geplant (vgl. IfD Allensbach, 2012, S. 39). Die Studie „New Generation Recruitment – Guide 2016" (2015) des Unternehmens Young Capital stellte im Jahre 2015 eine noch höhere Bereitschaft zum berufsbedingten Umzug ins Ausland innerhalb der Zielgruppe fest: 78,5 % der Teilnehmer – Personen im Alter zwischen 17 und 35 Jahren – gaben an, dass sie ein adäquates Berufsangebot im Ausland annehmen würden (vgl. Young Capital, 2015, S. 14).

In der Konsequenz führt die auf dem Arbeitsmarkt vorhandene Situation dazu, dass Arbeitgeber die Rolle des „Verkäufers" einnehmen und aktiv versuchen müssen, den Arbeitnehmer in der Position des „Kunden" von ihrem Produkt, dem Arbeitsplatz, zu überzeugen (vgl. Mattmüller, R. & Buschmann, A., 2019, S. 4, nach Stritzke, C., 2010, S. 22; vgl. Buckmann, J., 2013, S. 5; vgl. Bruhn, M., 1995, S. 21) – in vielen Bereichen des Arbeitsmarktes ist das alleinige Aufzeigen

[2] Beobachtbar ist die Situation der Verknappung von qualifizierten Fachkräften vor allem innerhalb der wissensintensiven „MINT-Bereiche", das heißt Mathematik, Informatik, Naturwissenschaften und Technik (vgl. Schleiter, A. & Armutat, S., 2004, S. 4).

des Personalbedarfs, zum Beispiel mittels einer Stellenanzeige, nicht mehr ausreichend[3]: Arbeitgeber können gegenwärtig in vielen Arbeitsbereichen nicht mehr nur reaktiv handeln und den geeigneten Kandidaten aus vielen Bewerbern auswählen (vgl. Diercks, J., 2020, S. 83). Vor diesem Hintergrund ist es wichtig, in eine starke Arbeitgebermarke zu investieren, um Kandidaten für sich zu gewinnen und Mitarbeiter zu binden. Employer Branding[4], Personalmarketing sowie das Talent Relationship Management (kurz: TRM) als eine Art des Beziehungsmanagements, das Unternehmen darin unterstützt, adäquate Arbeitnehmer im Hinblick auf ihre Werte und Stärken zu rekrutieren, nehmen an Bedeutung zu. Dabei erweist sich auch eine frühzeitige Vernetzung mit den relevanten Zielgruppen als erfolgsentscheidend. Um sich im „War for Talents" gegen die Konkurrenz durchzusetzen, ist es für Personalverantwortliche gegenwärtig umso mehr von Bedeutung, um- und weiterzudenken und den Arbeitnehmer und seine Bedürfnisse in den Fokus des Handelns zu stellen (vgl. Mattmüller, R. et al., 2019, S. 162 ff.) – Aspekte, die im Kontext entsprechender Marketing- und Kommunikationsaktivitäten des Arbeitgebers weiterhin an Relevanz gewinnen.

---

[3] Gemäß der Studie „Arbeitslandschaft 2040" wird sich der Arbeitskräftemangel mittelfristig insbesondere in der Qualifikationsstufe der Personen mit beruflichen Abschlüssen verstärken. Es wird davon ausgegangen, dass im Jahre 2040 ein potenzieller Mangel von fast 2,7 Mio. Arbeitskräften mit Berufsabschluss existieren könnte. Auch bei den Hochschulabsolventen wird ein Engpass mit einem Saldo von 1,2 Mio. Personen bis zum Jahr 2040 angenommen (vgl. vbw, 2015, S. 56). Zudem wird prognostiziert, dass rund 12 % aller Vakanzen für Hochqualifizierte im Jahr 2040 unbesetzt bleiben. Bereits im Jahr 2020 können laut vbw (2015) fast acht Prozent der freien Stellen für Ingenieure nicht besetzt werden. Ferner wird ein Mangel unter den Akademikern unter anderem.a. der Fachrichtungen Rechts- und Wirtschaftswissenschaften, Naturwissenschaften und Mathematik erkannt (vgl. vbw, 2015, S. 61 f.). Die Studie „Jobtrends 2017" befragte im Jahr 2016 297 Unternehmen in Deutschland nach den von ihnen nachgefragten Fachrichtungen von Berufsanfängern. Im Ergebnis stellten sich Absolventen der Wirtschaftswissenschaften mit 79 % als die am meisten nachgefragte Bezugsgruppe heraus, gefolgt von Berufseinsteigern aus den Bereichen Informatik (66 %), Ingenieurswissenschaften (56 %), Naturwissenschaften (31 %) sowie Sozial- und Geisteswissenschaften (28 %). 27 % der Unternehmen suchten nach Absolventen der Rechtswissenschaften (vgl. Staufenbiel Institut GmbH, 2017, S. 19). Die Studie „Der Arbeitsmarkt für IT-Fachkräfte 2019" ergibt überdies, dass im Jahr 2019 83 % der befragten Unternehmen einen Mangel an IT-Spezialisten feststellten (vgl. Bitkom, 2019, S. 3).

[4] Employer Branding hat immer die Herausbildung einer Arbeitgebermarke sowie deren Kommunikation nach außen und innen zum Ziel. Dabei wird ein von der Konkurrenz differenzierbares Vorstellungsbild des Unternehmens in seiner Rolle als Arbeitgeber an die Zielgruppe vermittelt (vgl. Kriegler, W., 2015, S. 27). Hintergrund ist, dass potenzielle Mitarbeiter oftmals keine Vorstellung von den Eigenschaften möglicher Arbeitgeber und dem angebotenen Arbeitsumfeld besitzen (vgl. Schneider, M. et al., 2020, S. 90).

2.2 Ziele und Aufgaben von Personalmarketing

Personalmarketing, das ein zielgerichtetes Zusammenwirken aller internen und externen personalpolitischen Maßnahmen umfasst, kann als eine der Aufgaben des Personalmanagements interpretiert werden, die auf den Unternehmenserfolg einzahlt (vgl. Abrell, C. & Rowold, J., 2015, S. 136; vgl. Armutat, S., 2006, S. 27; vgl. Bürge, C., 2016, S. 4). Übergreifend schafft ein Unternehmen die notwendigen Voraussetzungen dafür, den Betrieb langfristig mit qualifizierten Mitarbeitern auszustatten und den Erfolg eines Unternehmens mitzugestalten (vgl. Petry, T. & Vaßen, M., 2017, S. 312). Damit hat Personalmarketing nicht nur die Sicherung des vorhandenen Bestands an Mitarbeitern durch Personalbindungsmaßnahmen zum Ziel, sondern auch die Akquise von Arbeitnehmern aus den jeweils relevanten Zielgruppen – es sollen sowohl unerwünschte innerbetriebliche Fluktuationen verhindert als auch freie Arbeitsplätze durch Instrumente der Personalbeschaffung adäquat mit Fachkräften besetzt werden (vgl. Christa, H., 2019, S. 25 f.).

In Analogie zum klassischen Absatzmarketing nehmen dabei ehemalige, gegenwärtige und potenzielle Arbeitnehmer die Position des „Kunden" ein, an dessen Bedürfnissen und Erwartungen sich ein Unternehmen in seinem strategischen Handeln orientiert. Es gilt also einerseits, sich im Rahmen des internen Personalmarketings als attraktiver Arbeitgeber zu positionieren, um vorhandene Mitarbeiter zu halten und zu motivieren (vgl. Petry, T. & Vaßen, M., 2017, S. 312 ff.). Externes Personalmarketing andererseits konzentriert sich hingegen auf die Zielgruppe der Personen außerhalb des Unternehmens und verfolgt vorrangig das Ziel der Gewinnung neuer Mitarbeiter für Organisationen (vgl. Abrell, C. & Rowold, J., 2015, S. 136 f.). Um dies zu erreichen, zählt es zu den Aufgaben, das Unternehmen auf Basis der Employer Brand attraktiv nach außen darzustellen, es entsprechend zu positionieren und eine Steigerung des Bekanntheitsgrades der Arbeitgebermarke zu bewirken (vgl. Scholz, C., 2014, S. 142; vgl. Abrell, C. & Rowold, J., 2015, S. 13). Dabei zeigt sich nach Reuter und Junge (2020b, S. 641), „dass die wirklich erfolgreichen Employer Brands es deutlich besser schaffen, mit einem innovativen Mix aus Information und Unterhaltung auf unterschiedlichsten, miteinander harmonierenden und sich gegenseitig ergänzenden wie verstärkenden Kanälen, ihre Kandidaten und künftigen Mitarbeiter emotional für sich zu begeistern." Die Schaffung und Vermittlung eines positiven Arbeitgeberimages sowie die Abgrenzung vom Wettbewerb durch die Kommunikation von Alleinstellungsmerkmalen führt in der Regel dazu, dass sich mehr potenzielle Interessenten aktiv bewerben, sodass die Sicherstellung eines ausreichenden Bewerberpotenzials, die

Vermeidung von Verzögerungen bei der Besetzung freier Stellen sowie eine Senkung der Recruiting-Kosten erreicht werden kann (vgl. Scholz, C., 2014, S. 142; vgl. Abrell, C. & Rowold, J., 2015, S. 137)[5].

Insgesamt sollte sich die Gesamtheit der Maßnahmen des internen sowie externen Personalmarketings am Employer Branding als gemeinsame Basis in Form der Arbeitgebermarke orientieren, die ihrerseits jedoch keine klare Trennung zwischen internem und externem Personalmarketing erlaubt, sodass es notwendig wird, alle jeweiligen Aktivitäten in ihrem Inhalt aufeinander zu beziehen: Nur eine abgestimmte Kommunikation mit authentischen Botschaften kann zu glaubhaftem, effektivem Personalmarketing führen, da eine gegenseitige Wahrnehmung zwischen dem externen und dem internen Umfeld existiert. So müssen einerseits die nach außen kommunizierten Themen, wie etwa die Verfügbarkeit von Weiterbildungsmöglichkeiten, mit den tatsächlich im Unternehmen vorhandenen Optionen und der realen Situation kongruent sein, um nicht zu Unzufriedenheit zu führen. Andererseits wirken auch Maßnahmen des internen Personalmarketings nach außen, da beispielsweise Mitarbeiter ihre Erfahrungen mit ihrem Arbeitgeber über formelle ebenso wie informelle Wege teilen (vgl. Abrell, C. & Rowold, J., 2015, S. 138). Demzufolge lässt sich festhalten, dass die Wechselwirkung interner und externer Aktivitäten auch darin münden kann, dass sich die beiden Ausrichtungen positiv – oder gegebenenfalls negativ – beeinflussen (vgl. Haubrock, A. & Öhlschlegel-Haubrock, S., 2009, S. 70).

Junge Arbeitnehmer der Generation Y in einem übersättigten Arbeitgebermarkt für sich gewinnen und akquirieren zu können, stellt eine zunehmende

[5] Aufgrund der verschiedenen Adressaten von Personalmarketingmaßnahmen kann dieses in drei Teilbereiche mit zentralen Funktionen differenziert werden: Den ersten Teilbereich bildet dabei das Employer Branding, dessen zentrale Funktion die Profilierungsfunktion ist. Die Aufgabe besteht vor allem darin, eine eigene Arbeitgebermarke aufzubauen, zu stärken und Bekanntheit zu erlangen (vgl. Petry, T. & Vaßen, M., 2017, S. 312 ff.; vgl. Scholz, C., 2014, S. 142 f.). Dabei werden Werte und Absichten festgelegt, die sowohl durch Maßnahmen des internen als auch des externen Personalmarketings nach innen und außerhalb der Organisation kommuniziert werden (vgl. Abrell, C. & Rowold, J., 2015, S. 138). Als zweiter Teilbereich des Personalmarketings wird das Recruiting-Marketing gesehen, welches vor allem die Funktion der Akquisition besitzt und somit die Personalbeschaffung und -werbung ausführt. Durch die Ansprache einer Zielgruppe auf dem externen Arbeitsmarkt fallen diese Aktivitäten unter die Kategorie des externen Personalmarketings. Die dritte Teilkategorie stellt das Retention-Marketing mit der Motivationsfunktion dar. In diesem Bereich wird vor allem durch interne Maßnahmen zur Mitarbeiterbindung einer Fluktuation präventiv vorgebeugt. Es lässt sich festhalten, dass das Personalmarketing in allen seinen Teilbereichen das Hervorrufen positiver Emotionen zum Ziel hat (vgl. Petry, T. & Vaßen, M., 2017, S. 312 ff.; vgl. Scholz, C., 2014, S. 142 f.).

Herausforderung für Unternehmen dar. Insbesondere in Anbetracht der ökonomischen und gesellschaftlichen Entwicklungen, wie beispielsweise der Komplexitätssteigerung neuer Jobs und den damit einhergehenden erhöhten Qualifikationsanforderungen, hat die Gewinnung und Bindung von qualifiziertem Personal, insbesondere von Hochschulabsolventen oder „Young Professionals", für Unternehmen und ihre Wettbewerbsfähigkeit eine immer größere Bedeutung (vgl. Hagen, 2011, S. 25 f.). Doch gerade in der Zielgruppe selbstbewusster Berufseinsteiger entwickelt sich, geprägt durch ihr verändertes Kommunikations- und Mediennutzungsverhalten, eine konkrete Erwartungshaltung gegenüber modernem Recruiting – eine Situation, die von potenziellen Arbeitgebern immer größere Anstrengungen im Personalmarketing erfordert (vgl. Schiebeck, H., 2019, S. 328): Es entsteht die Notwendigkeit, ein tiefergreifendes Verständnis über die Wünsche, Bedürfnisse und Erwartungen der potenziellen Arbeitnehmer zu erlangen und so das Personalmarketing zielgruppenspezifisch ausrichten zu können (vgl. Hesse, G. et al., 2019, S. 55 ff.). Organisationen stehen dementsprechend kontinuierlich vor der Herausforderung, sich den neuen Kommunikationsbedingungen sowie den generationsspezifischen Anforderungen an das Arbeitsleben anzupassen, um ihre Zielgruppe im Rahmen ihrer Recruiting-Maßnahmen von sich als Arbeitgeber überzeugen zu können (vgl. Jäger, W. & Wickel-Kirsch, S., 2015, S. 98 f.). Zudem erkennen Unternehmen, dass sie ihre Instrumente und Systeme des Personalmarketings kontinuierlich weiterentwickeln müssen; im Kontext der Digitalisierung[6] findet ein rapider technologischer Wandel statt, dem auch das Bewerbermarketing folgen muss (vgl. Tallgauer, M. et al., 2020, S. 26). Die Möglichkeiten des digitalen Zeitalters und der Echtzeit-Kommunikation prägen in steigendem Maße die Erwartungen der jungen Bewerber. Unternehmen stehen folglich unter Innovationsdruck und im Zugzwang, ihre Maßnahmen und Prozesse zur Rekrutierung in immer stärkerem Maße zu digitalisieren (vgl. Schiebeck, H., 2019, S. 328). Zwar stellt dies Arbeitgeber vor Herausforderungen, bietet ihnen jedoch auch Chancen:

---

[6] Die Ergebnisse der Studie „Megatrends 2015" der DGFP e. V. zeigen beispielsweise, dass ein Großteil der befragten Unternehmen sogenannte Megatrends wie etwa Digitalisierung als Faktoren mit besonders starken Auswirkungen auf ihr Personalmanagement betrachten. So prognostizieren 70,5 % der befragten Unternehmen dem Wertewandel und seinen Ausprägungen, beispielsweise der Mentalität in Richtung Sinnsuche oder Nachhaltigkeit, starke oder sehr starke zukünftige Auswirkungen auf das Personalmanagement, womit dieser Aspekt den größten prozentualen Anteil unter den im Rahmen der Studie aufgeführten Megatrends erreicht. Es folgt der demografische Wandel, den 69,5 % der Unternehmen als großen Einflussfaktor sehen, und die Digitalisierung, die für 66,3 % eine bedeutende Herausforderung für das Personalmanagement darstellt. Die Trends „Globalisierung" und „Knappe Ressourcen / Energiewende" erscheinen den teilnehmenden Unternehmen im Vergleich als Faktoren mit weniger starker Einflussnahme (vgl. DGFP e. V., 2015, S. 6).

Gelingt es Unternehmen, den digitalen Transformationsprozess hinsichtlich ihrer Rekrutierungsstrategie und das Ausschöpfen neuer technologischer Potenziale umzusetzen, kann dies zu einer Steigerung ihrer Leistungsfähigkeit führen (vgl. Tallgauer, M. et al., 2020, S. 26). Entsprechend ist es von Bedeutung, auch im Kontext der eingesetzten Kommunikationsinstrumente zur Ansprache adäquater Bewerber, technische Optimierungsoptionen zu berücksichtigen.

2.3 Instrumente externen Personalmarketings

2.3.1 Klassische Optionen

2.3.1.1 Stellenanzeige und Online-Jobbörsen

Die Stellenanzeige stellt das traditionellste und nach wie vor eines der wichtigsten Instrumente des Recruitings dar (vgl. Herman, A. & Pela, P., 2018, S. 28). Sie dient vorrangig der Darstellung offener Stellen eines Unternehmens und verfolgt das Ziel, Bewerbungen passender Kandidaten zu generieren (vgl. Konschak, B., 2014, S. 109). Dabei richtet sich die Ansprache konkret an die Zielgruppe der für die Stelle qualifizierten Personen und kann sowohl online als auch offline – wenn auch gegenwärtig vergleichsweise gering genutzt – die potenziellen Bewerber adressieren (vgl. Bürge, C., 2016, S. 8). Einer Studie (2018) des Unternehmens StepStone GmbH zufolge, hat mehr als jeder zweite deutsche Arbeitnehmer seinen derzeitigen Job über eine klassische Stellenanzeige gefunden (vgl. Raven51 AG, 2018, S. 3, nach Herman, A. & Pela, P., 2018). Die Stellenausschreibung ist somit eine wichtige Entscheidungsgrundlage für einen Kandidaten während seiner Jobsuche und häufig der erste Kontaktpunkt zwischen ihm und dem potenziellen Arbeitgeber (vgl. Herman, A. & Pela, P., 2018, S. 16). Bei digitalen Stellenanzeigen bietet es sich an, den Betrachter durch eine Verlinkung, zum Beispiel durch die Integration eines Links zu der Unternehmenswebseite, im zweiten Schritt auf weitere Online-Auftritte der Organisation zu leiten. In diesem Zusammenhang ist es von Bedeutung, dass Stellenanzeigen in ihrer Gestaltung einen Wiedererkennungswert zu der weiteren Unternehmenskommunikation aufweisen sollten (vgl. Konschak, B., 2014, S. 109 ff.) – die Employer Brand kann, etwa auf formaler Ebene, mithilfe der Integration des Unternehmenslogos sowie charakteristischer Farben und Formen vermittelt werden. Der Einsatz von Schlüsselbegriffen kann zudem zu einer besseren Auffindbarkeit und Interessengenerierung bei potenziellen Bewerbern führen (vgl. Scholz, C., 2014, S. 147 f.).

Der Stellentitel sowie die Beschreibung der vakanten Position inklusive der mit der Tätigkeit einhergehenden Aufgaben können als Kernaspekte einer Stellenanzeige bezeichnet werden. Jedoch sollten auch weitere Informationsanforderungen durch die Ausschreibung – je nach Zielgruppe – abgedeckt werden: Eine Studie (2018) des Jobportals StepStone GmbH, die bei knapp 30.000 Fach- und Führungskräften (davon 6000 Führungskräfte mit Personalverantwortung) durchgeführt wurde, fand beispielsweise heraus, dass die Befragten nicht nur eine detaillierte Beschreibung der Stelle in Form eines Aufgabenprofils erwarten, sondern zusätzlich weitere Informationen über den Arbeitgeber wünschen, die maßgeblich zur Entscheidungsfindung beitragen – etwa werden Informationen zum Unternehmensalltag immer relevanter für Jobsuchende. Für 60 % der Studienteilnehmer sind diese von hoher Bedeutung (vgl. Herman, A. & Pela, P., 2018, S. 28, 34). Diese Erkenntnis kann auch durch eine weitere Studie (2020) gestützt werden, die durch das Unternehmen softgarden e-recruiting GmbH durchgeführt wurde. Es wurden 6720 Bewerber nach ihrer empfundenen Priorität zu einzelnen Themenbereichen in Stellenanzeigen befragt. Dabei gaben etwas mehr als 65 % der Teilnehmer an, dass „konkrete Einblicke in die Aufgabe und den Joballtag" für sie besonders relevant sind. Auch Informationen über die „Kultur des Unternehmens als Arbeitgeber" ist für 40 % ein wichtiger Bestandteil einer Stellenanzeige. Als bedeutendster Faktor stellt sich im Rahmen der Studie die Angabe zu den Anforderungen an den Bewerber mit 70,8 % heraus. Das Thema „Arbeitszeiten" hat mit knapp 30,5 % eine Relevanz für etwas unter einem Drittel der Befragten (vgl. softgarden e-recruiting GmbH, 2020, S. 5). Dementsprechend ist es wichtig, neben den „harten", fachlichen Anforderungen auch „weiche" Informationen in einer Stellenanzeige anzubieten (vgl. Monster, 2020: o. S.). Dabei ist vor allem der Aspekt der Authentizität entscheidend – im Rahmen der „Jobsuche im Fokus"-Studie (2019) gaben 64 % der Kandidaten an, sich bereits einmal bewusst nicht auf eine Stelle beworben zu haben, da ihnen die Inhalte der Stellenanzeige unglaubwürdig erschienen (vgl. Herman, A. & Pela, P., 2018, S. 32). Ein authentisches, glaubwürdiges Storytelling gibt Unternehmen die Möglichkeit, Emotionen hervorzurufen und die Zielgruppe für die Arbeitgebermarke zu interessieren (vgl. Monster, 2020: o. S.). Bestärkt wird dieser Effekt durch eine attraktive Gestaltung einer Stellenanzeige: Neben dem inhaltlichen, gewinnt auch das visuelle Storytelling immer mehr an Bedeutung und erhöht den Attraktivitätscharakter einer Stellenanzeige. Im Rahmen der Studie konnte die Bedeutung eines ansprechenden Layouts bestätigt werden: 54 % der Befragten gaben an, sich bereits wegen einer unattraktiven Gestaltung einer Stellenanzeige gegen eine passende Stelle entschieden zu haben (vgl. Herman, A. & Pela, P., 2018, S. 30).

Stellenanzeigen besitzen für Unternehmen ein vorrangiges Ziel: Sie sollen dazu führen, dass sich qualifizierte und geeignete Kandidaten auf ein Angebot bewerben. In diesem Zusammenhang weist die Raven 51 AG im Zuge ihres Leitfadens für Stellenausschreibungen beispielsweise auf eine mögliche Orientierung an der traditionellen AIDA-Formel hin, die bei der Erstellung und Optimierung einer Stellenanzeige leitend unterstützen könne. Hier lassen sich den verschiedenen Phasen gezielt Bestandteile einer Stellenanzeige zuordnen, die als elementar für die Zielerreichung erkannt wurden und zentrale Anforderungen erfüllen müssen (vgl. Raven51 AG, 2018, S. 4 f.): In der ersten Phase (Attention) muss eine Stellenanzeige bei der Zielgruppe Aufmerksamkeit erzeugen. Dafür ist es erfolgsentscheidend, dass das Angebot initial durch die Kandidaten gefunden werden kann und die ersten zentralen Elemente, zum Beispiel der Stellentitel, im Aufbau einer Stellenanzeige aufmerksamkeitsstark präsentiert werden[7]. Laut Herman und Pela (2018) führt die Verwendung authentischer statischer oder bewegter Bilder zu mehr Interesse der Kandidaten, sich eine Stellenanzeige genauer anzusehen (vgl. Herman, A. & Pela, P., 2018, S. 16)[8]. Dem Unternehmen wird somit schon an dieser Stelle die Möglichkeit gegeben, sich durch ein passendes visuelles Storytelling als Arbeitgeber zu präsentieren. Die Platzierung einer aussagekräftigen

---

[7] Dieser ist maßgeblich für die Auffindbarkeit eines Stellenangebots verantwortlich, da Arbeitsuchende über Suchfunktionen oder Suchmaschinen durch die Eingabe eines Stellentitels zu den für sie relevanten Ausschreibungen gelangen. Arbeitgeber müssen daher aus der Perspektive der Bewerber denken und den Jobtitel gut auffindbar, verständlich und präzise formulieren. Der Titel entscheidet in der Regel, ob ein Angebot von Kandidaten gefunden und betrachtet wird. Ist ein potenzieller Bewerber auf die Ausschreibung gestoßen, kann die Auswahl eines ansprechenden visuellen Elementes als Header einen positiven Effekt auf das Involvement des Betrachtenden ausüben und einen emotionalen Einstieg in das Angebot gewährleisten (vgl. Raven51 AG, 2018, S. 5).

[8] Dabei können beispielsweise Bildmotive der Unternehmensräumlichkeiten oder der Mitarbeiter ebenso genutzt werden wie Bewegtbild, zum Beispiel in Form eines Arbeitgebervideos (vgl. Monster, 2020: o. S.).

Headline kann zudem den Effekt verstärken.[9] Im nächsten Schritt ist es essenziell für Unternehmen, das Interesse bei dem potenziellen Bewerber an weiteren Informationen zu wecken (Interest). Der textliche Inhalt der Anzeige, insbesondere der Einleitungstext sowie das Aufgaben- und Anforderungsprofil, sollten Neugierde auslösen und möglichst so formuliert werden, dass für relevante Kandidaten der Eindruck eines für sie interessanten Stellenangebots entstehen kann. Neben den Aufgaben erscheint es sinnvoll, auch den Sinn und Zweck einer Tätigkeit zu kommunizieren. Des Weiteren sollten auch die an den potenziellen Bewerber gerichteten Anforderungen prägnant und kurz beschrieben sowie

[9] Laut „ARD/ZDF Onlinestudie" (2018) rufen in Deutschland 75 % der Menschen ab 14 Jahre Online-Bewegtbild „mindestens selten" ab. Dabei ist eine jährliche Steigerung der Prozentzahlen innerhalb der letzten sieben Jahre erkennbar (vgl. Kupferschmitt, T., 2018, S. 427 f.). Videos sind somit als grundlegend relevant einzustufen und treffen auf eine hohe Akzeptanz innerhalb verschiedener Altersgruppen. Zudem können sie durch ihre einfache Verbreitung im Internet eine gesteigerte, für Unternehmen kostengünstige Reichweite erzielen. Das Medium des Videos zeichnet sich überdies insbesondere durch seine Befähigung aus, dem Betrachtenden komplexe Inhalte komprimiert und einfach darzustellen. Auch die Nutzerfreundlichkeit ist hervorzuheben, da Videos für Nutzer als angenehm ohne große Anstrengungen zu konsumieren gelten (vgl. Konschak, B., 2014, S. 116). Im Personalmarketing werden Videos in Anbetracht der überwiegenden Nutzung von Bewegtbild in der Online-Kommunikation von Unternehmen vermehrt genutzt, um sich als Arbeitgeber darzustellen. Die häufig aufwendig produzierten Filme werden zumeist auf der eigenen Karriereseite bereitgestellt und zeigen im Sinne einer möglichst authentischen Präsentation oftmals die eigenen Mitarbeiter und realen Arbeitsplätze (vgl. Petry, T. & Jäger, W., 2018, S. 107, nach Mülder, W., 2016, S. 83). Dabei wird eine emotionale Ansprache durch den Einsatz von Bildern und Musik und eine vergleichsweise abwechslungsreiche Art und Weise der Vermittlung von Arbeitgeberinformationen gewährleistet (vgl. Konschak, B., 2014, S. 116). Es ist zu beachten, insbesondere Recruiting Videos nicht zu lang zu gestalten, um die Aufmerksamkeit des Gegenübers nicht zu verlieren (vgl. Petry, T. & Jäger, W., 2018, S. 107, nach Mülder, W., 2016, S. 83). In Bezug auf das Personalmarketing können verschiedene Typen von Videos unterschieden werden, wobei diese nicht trennscharf voneinander differenziert werden können, da die meisten Videoformate eine Kombination der verschiedenen Arten hervorbringen. Eine weit verbreitete Form von Bewegtbild im Personalmarketing ist das Employer Branding Video, durch dessen Einsatz die Arbeitgebermarke erlebbar gemacht und durch emotionsstarke Bilder sowie interessante Informationen transportiert werden soll. Des Weiteren werden zur Ansprache der konkreten Zielgruppe der potenziellen jungen Arbeitnehmer, denen das Unternehmen namentlich bereits bekannt ist, sogenannte „Talent Attraction Videos" zum Zweck des Recruitings eingesetzt. Diese stellen detailliertere, zielgruppenspezifische Informationen zu beispielsweise einzelnen Berufen oder Ausbildungsfeldern im entsprechenden Unternehmen bereit, die oftmals über eigene Mitarbeiter vermittelt werden. Weitere mögliche Formen von Videos im Personalmarketing lassen sich in Erklärvideos, Eventvideos, Musik- und Microvideos finden (vgl. Konschak, B., 2014, S. 116 f.).

sinnvoll gegliedert werden. Es empfiehlt sich, das Anforderungsprofil in Kategorien zu unterteilen. Standardmäßig werden hierfür die Erfordernisse in den Bereichen Ausbildung, Berufserfahrung, Fachkenntnisse, Soft Skills im Sinne von persönlichen Eigenschaften sowie sonstige Qualifikationen, etwa Sprachkenntnisse, aufgeführt[10]. In der dritten Phase wird das Ziel verfolgt, dass sich das Interesse zu einem Verlangen weiterentwickelt, Teil des Unternehmens zu werden (Desire). Durch das Herausstellen spezifischer Vorteile, beispielsweise der besonderen Arbeitgeberleistungen und weiteren Zusatzleistungen, sollte die Zielgruppe von dem Angebot überzeugt werden. Die Platzierung konkreter, verständlicher Argumente soll den potenziellen Bewerber darin bestärken, bei einer Organisation arbeiten zu wollen. Nur so kann er dazu bewegt werden, die angestrebte Aktion der letztendlichen Bewerbung in der letzten, entscheidenden Phase auszuführen. Wurden die vorgelagerten Phasen erfolgreich durchlaufen, ist der Kandidat also überzeugt, sowohl von dem Arbeitgeber als auch von der Tätigkeit, muss er abschließend in den eigentlichen Bewerbungsprozess geleitet werden. Den erforderlichen Impuls kann hierbei zum Beispiel ein Call-to-Action-Element oder eine Überleitung durch eine ansprechende Headline geben. Es ist erfolgsentscheidend, dem Kandidaten eine unkomplizierte Kontaktaufnahme zu ermöglichen und ihn von der Stellenanzeige ohne Hürden in den Bewerbungsprozess weiterzuleiten (vgl. Raven51 AG, 2018, S. 4 f.).

Digitale Stellenbörsen bilden die Online-Variante der immer weniger relevant erscheinenden Stellenmärkte in Printmedien ab (vgl. Konschak, B., 2014, S. 178; vgl. Verhoeven, T., 2020, S. 131). Mittels Jobbörsen wie etwa StepStone oder Indeed wird Unternehmen die Möglichkeit geboten, vakante Stellen auszuschreiben. Für Jobsuchende bieten die Portale durch das Bereitstellen verschiedener Suchfilter ein zielgerichtetes Auffinden von für sie adäquaten Stellen (vgl. Dahlmanns, A., 2014, S. 63; vgl. Verhoeven, T., 2020, S. 132). Die Vorteile der Kanäle liegen aus Perspektive der Arbeitgeber vor allem in dem Kostenvorteil, einer erweiterten Reichweite und der orts- und zeitunabhängigen Verfügbarkeit der platzierten Stellenausschreibungen. Hervorzuheben ist zudem, dass eine schnelle und effektive Auffindbarkeit durch die genannten Suchfunktionen der Jobbörsen gewährleistet werden kann (vgl. Müller, T. & Rosner, L., 2010, S. 69; vgl.

[10] Der Kandidat muss durch die Angaben dazu befähigt werden, die Passung seines eigenen Fähigkeitsprofils mit dem für die Stelle erforderlichen Qualifikationsprofil realistisch einschätzen zu können, um ein Verständnis für die eigenen Erfolgschancen zu erlangen. Auf diese Weise kann in der Folge auf Unternehmensseite die Anzahl unqualifizierter Bewerbungen reduziert werden (vgl. Herman, A. & Pela, P., 2018, S. 16).

Bernauer, D., 2019, S. 138)[11]. Aus Unternehmensperspektive stellen Stellenbörsen auch Datenquellen dar, da sie Arbeitgebern oftmals statistische Übersichten, etwa Klickraten, zur Verfügung stellen. Auch die Einsicht in Vergleichszahlen des Wettbewerbs sind möglich (vgl. Rütten, M., 2020, S. 172). Ein Nachteil der Jobbörsen kann jedoch in ihrer Einseitigkeit erkannt werden – im Gegensatz zu beispielsweise Social-Media-Kanälen bieten diese keine Form der beidseitigen Kommunikation und Interaktion an (vgl. Bernauer, D., 2019, S. 138). Demnach sollte die Platzierung von Stellenangeboten über eine Jobbörse als eine Maßnahme des Personalmarketings gesehen werden, die in Kombination mit weiteren Aktivitäten über unterschiedliche Kanäle genutzt wird (vgl. Honarfar, J., 2020, S. 617.) Unabhängig davon stellen mehrere Studien die grundsätzliche Bedeutung von Jobbörsen in der Jobsuche von Fachkräften heraus: So zeigt die StepStone-Studie „Jobsuche im Fokus“ (2018), dass 88 % der befragten Kandidaten Online-Jobbörsen als Kanal nutzen, um interessante Stellen zu finden (vgl. Herman, A. & Pela, P., 2018, S. 10). Auch die „Recruiting Trends 2020-Studie“ (2020) untermauert die Ergebnisse: 54,9 % der Kandidaten gaben an, sich über Internet-Stellenbörsen über mögliche Arbeitsplätze oder Arbeitgeber zu informieren, womit sich die Portale im Rahmen der Befragung als primäre Informationsquelle auszeichnen (vgl. Weitzel, T. et al., 2020, S. 5). Digitale Jobbörsen sorgen zudem gemäß der ICR „Quo Vadis Recruitment?“-Erhebung 2019 für einen Großteil der Einstellungen von Fachkräften. 35 % der befragten Unternehmen gaben demnach an, dass dieser Kanal eine primäre Einstellungsquelle darstellt. Damit setzen sich Jobbörsen im Ranking noch vor die Karrierewebseite (22 %) und die Mitarbeiterempfehlung (13 %) (vgl. Brickwedde, W., 2020, S. 695).

Unterstützt werden kann die Wirkung einer auf Jobbörsen geschalteten Stellenanzeige beispielsweise von einer unternehmerischen Imagekampagne. Sie dient weniger der Besetzung einer spezifischen Stelle, sondern vielmehr der Steigerung des Bekanntheitsgrades und der Arbeitgeberattraktivität eines Unternehmens in der Wahrnehmung des externen Umfeldes. Angestrebt wird eine nachhaltige Positionierung der Arbeitgebermarke auf dem Arbeitsmarkt. Die Ansprache relevanter Zielgruppen und die Vermittlung eines positiven Images des Unternehmens durch

---

[11] Jobbörsen lassen sich nach Bieber (2012) in sechs Kategorien unterteilen, die eine noch spezifischere Zielgruppenansprache ermöglichen. Die Portale werden in allgemeine, branchenbezogene, berufsbezogene, regionenbezogene, karrierelevelbezogene und exotische Jobbörsen unterteilt. Am häufigsten werden jedoch die allgemeinen Jobbörsen genutzt, zu denen sich beispielsweise StepStone oder Monster zuordnen lassen (vgl. Dahlmanns, A., 2014, S. 63 f., nach Bieber, P., 2012, S. 95 ff.).

eine glaubwürdige Kommunikation seiner positiven Attribute steht im Vordergrund. Die Erhöhung der Bekanntheit in Verbindung mit einem attraktiven Image führt in der Regel dazu, dass sich eine größere Anzahl an Menschen bei dem entsprechenden Unternehmen bewirbt. Dies führt in der Folge zu Kostensenkungen und einer Effizienzsteigerung bei der Personalgewinnung. Eine Imagekampagne kann durch Online- sowie Print-Medien erfolgen und zusätzlich durch Maßnahmen wie der Präsenz auf Messen sowie universitären Veranstaltungen oder durch eine Zusammenarbeit mit Kooperationspartnern wie beispielsweise Vereinen unterstützt werden (vgl. Rowold, J., 2015, S. 138 f.). Dabei ist eine inhaltliche Abstimmung der tatsächlichen Eigenschaften des Unternehmens mit den nach außen kommunizierten Charakteristika bedeutsam, um ein authentisches Bild der Organisation zu vermitteln. Eine Imagekampagne wirkt im Kontext einer Stellenanzeige, die zum Beispiel auf Online-Jobbörsen oder der unternehmenseigenen Karrierewebseite platziert werden kann, unterstützend und verfolgt insbesondere die Funktion des Employer Brandings (vgl. Felser, G., 2010, S. 54).

2.3.1.2 Karrierewebsite und private soziale Netzwerke

Um die Chancen einer Bewerbung durch geeignete Kandidaten zu erhöhen, können Stellenangebote auch auf der Karrierewebseite von Unternehmen präsentiert werden[12]. Die Karrierewebsite dient als Aushängeschild eines Unternehmens beziehungsweise Arbeitgebers und ist eines der wichtigsten Kommunikationsmittel des Personalmarketings[13] und wird als zentrale Anlaufstelle für potenzielle

[12] Idealerweise verfügt eine Karrierewebseite zusätzlich über eine integrierte Online-Bewerbungsmöglichkeit (vgl. Konschak, B., 2014, S. 153 ff.). Für die Gewährleistung einer möglichst hohen Nutzerfreundlichkeit empfiehlt sich außerdem das Einrichten einer Suchfunktion mit spezifischen Filtermöglichkeiten, die Interessenten ihre Suche zu einzelnen Themen erleichtern kann.

[13] Die hohe Bedeutung der Karrierewebseite im Recruiting lässt sich in unterschiedlichen Studien belegen. So rankte der Kanal beispielsweise in einer Studie (2016) von JobStairs, die die Nutzungshäufigkeit verschiedener Recruiting-Kanäle abfragte, auf dem zweiten Platz hinter den Online-Jobbörsen. Dieses Ergebnis spiegelt sich ebenfalls in der von dem Unternehmen Monster durchgeführten Studie „Bewerbungspraxis" (2015) wider: Demnach gaben 37,9 % der Befragten an, die Unternehmens-Webseiten als Informationskanal genutzt zu haben, womit sich diese auf Platz zwei zwischen den Internet-Stellenbörsen (66,4 %) und den Karrierenetzwerken (36,5 %) aufstellen (vgl. Petry, T. & Jäger, W., 2018, S. 213 f.; vgl. Monster, 2015, S. 36).

Arbeitnehmer gesehen (vgl. Konschak, B., 2014, S. 153; vgl. Petry, T. & Vaßen, M., 2017, S. 314)[14].

Als Teil der Unternehmenshomepage bietet die Karrierewebseite Organisationen die Möglichkeit, ihre Eigendarstellung in Inhalt, Aufbau und Design autonom und nach eigenen Wünschen zu gestalten – auch die Auswahl und Verwendung einzelner Techniken kann nach den eigenen Vorstellungen und Bedürfnissen des Unternehmens erfolgen. Hier zeigt sich ein Vorteil der Karrierewebseite, da die freie Gestaltung maximal zielgruppenspezifisch erfolgen kann. Eine Karrierewebseite besitzt dabei die Möglichkeit, den Interessenten umfangreiche Informationen in übersichtlicher Art und Weise bereitzustellen und in diesem Zuge Botschaften zu spezifischen Arbeitgebermerkmalen, -eigenschaften sowie dem Arbeitgeberversprechen anzubieten, um Kandidaten von der Arbeitgebermarke zu überzeugen. Für diesen Zweck eröffnet der Karriereteil der Unternehmenshomepage einen adäquaten Raum, potenziellen Bewerbern authentische Einblicke in die Kultur und Tätigkeitsfelder eines Unternehmens anzubieten. In diesem Kontext gelten zudem Angaben zu Entwicklungs- und Karriereangeboten, Sozialleistungen, Standorten und Veranstaltungen als weitere wesentliche Bestandteile einer Karrierewebseite (vgl. Konschak, B., 2014, S. 153 ff.). Eine deutschlandweite von der softgarden e-recruiting GmbH durchgeführte Studie (2020) kam zu dem Ergebnis, dass 53,3 % der 6720 befragten Bewerber Aus- und Weiterbildung sowie Karrieremöglichkeiten als wichtigste Themen auf einer Karrierewebseite wahrnehmen. Für rund die Hälfte der Teilnehmer stellten sich zudem Informationen zu der Unternehmenskultur als relevant heraus. Ein Anteil von 47,8 % sucht auf den Karrierewebseiten nach Informationen zum Produkt- beziehungsweise Dienstleistungsangebot des potenziellen Arbeitgebers. Nachfolgend wurden überdies die Themen „Informationen zu Work-Life-Angeboten und Vereinbarkeit von Familie und Beruf" (30,7 %), „Informationen über das Engagement des Unternehmens für die Umwelt oder soziale Projekte" (11,1 %) sowie „Bilder oder Videos von Arbeitsräumen" genannt (vgl. softgarden e-recruiting GmbH, 2020, S. 10). Scheller (2020) weist darauf hin, dass diese Inhalte auf Karrierewebseiten in vielen Fällen einen eher „statischen" Charakter aufweisen und Unternehmen ihre Karrierewebseite in diesen Fällen um einen entsprechenden – mit der Karrierewebseite gut verzahnten – Karriere-Blog ergänzen könnten. Aktuell und zielgruppenspezifisch besteht in diesem Kontext die Möglichkeit, beispielsweise folgende Themen aufzugreifen: „Persönliche Erfahrungsberichte

[14] Für Arbeitgeber empfiehlt es sich daher, innerhalb aller weiteren Kommunikationsmaßnahmen des Unternehmens in Richtung der Zielgruppe stets auf die Karrierewebseite zu verweisen (vgl. Konschak, B., 2014, S. 153 ff.).

aus dem Arbeitsalltag, Mitarbeiter-Vorstellungen, Rundgänge im Unternehmen [oder] fachliche Beiträge aus verschiedenen Unternehmensbereichen“ (Scheller, S., 2020, S. 268 f.) – Aspekte, die potenziellen Bewerbern auch im Rahmen privater sozialer Netzwerke präsentiert werden können[15].

Die Integration von oder Weiterleitung von der Karrierewebseite auf die sozialen Medienkanäle des Unternehmens kann als eine weitere Option genannt werden, um einen detaillierten Eindruck des Unternehmens zu gewinnen. Die Entwicklung des Internets hin zum Web 2.0 und die Entstehung sozialer Netzwerke hat auch im Personalmarketing zu grundlegenden Veränderungen geführt (vgl. Bernauer, D., 2019, S. 138): Social Media bietet zahlreiche Möglichkeiten für das Personalmarketing beziehungsweise die -gewinnung, weshalb das Social-Media-Recruiting mittlerweile ein „etabliertes Wundermittel im Wettbewerb gegen den Fachkräftemangel“ darstellt (Dannhäuser, R., 2020, S. 2). Entsprechend hat sich Social Media inzwischen als ein alltägliches Instrument des Personalmarketings etabliert (vgl. Dannhäuser, R., 2020, S. 1 ff.), wobei Social Media nicht nur zu einer Mehrzahl an Kanälen und Tools der Arbeitgeber- beziehungsweise Stellenpräsentation führt, sondern vielmehr zu einer neuen Kommunikationskultur, die über die Rezeption von Stellenanzeigen beziehungsweise -angeboten hinausgeht (vgl. Petry, T. & Vaßen, M., 2017, S. 317 f.): Arbeitgebern wird die Möglichkeit gegeben, mit potenziellen Bewerbern in einen authentischen Dialog zu treten; relevante Informationen können an denjenigen Orten angeboten werden, die für die (junge) Zielgruppe bedeutsam sind. Beispielsweise können in sozialen Netzwerken Unternehmensmitarbeiter als sogenannte Corporate Influencer auftreten und auf eigenen Social-Media-Kanälen oder auf dem Account des Arbeitgebers von ihrem Arbeitsleben und Arbeitsplatz berichten (vgl.

[15] Grundsätzlich kann davon ausgegangen werden, dass eine Karrierewebseite, die die skizzierten Informationen beinhaltet, auch das grundlegende Informationsbedürfnis der Millennials befriedigen kann. Der inhaltliche Aspekt entscheidet jedoch nicht ausschließlich über den Erfolg einer Karrierewebseite in seiner Zielgruppe. Dieser hängt insbesondere hier von mehreren Faktoren ab, die sich anhand der sogenannten „CUBE-Formel“ zusammenfassend beschreiben lassen: Content, Usability, Branding und Emotion. Neben der Bereitstellung aller relevanten Inhalte zu Stellen und Unternehmen kommt es folglich auch darauf an, inwieweit eine für den Nutzer einfache und intuitive Bedienung der Seite gewährleistet werden kann. Diese sollte zudem dem gestalterischen Leitfaden der Unternehmensidentität folgen und in Einheit mit der gesamten Darstellung des Unternehmens einen Wiedererkennungseffekt bewirken. Der letzte Aspekt, Emotion, beschreibt die Anforderung, die Zielgruppe mit spezifischer, auf sie zugeschnittener Kommunikation und multimedialen Inhalten emotional anzusprechen und so Interesse zu erzeugen (vgl. Dahlmanns, A., 2014, S. 61 f., nach Scholz, C., 2014, S. 148).

Lüthy, A., 2020, S. 377).[16] Als erfolgsentscheidende Faktoren des Social-Media-Recruitings sind die Aspekte Zielgruppenorientierung, Dialog und „Change" zu nennen. Zielgruppenorientierung bedeutet in diesem Kontext die Fähigkeit eines Unternehmens, Bezugsgruppen angemessen anzusprechen, zu verstehen und zu respektieren. Nur so gelingt ein authentisches Kommunizieren (Dialog). „Change" beschreibt die Bereitschaft eines Betriebes, sich neu zu organisieren und so dazu zu befähigen, Social Media zur Erreichung von Personalmarketing-Zielen einzusetzen. Um Erfolg durch Social-Media-Recruiting zu erreichen, erfordert es einer umfassenden Organisationsgestaltung. Nicht aufeinander abgestimmte Einzelmaßnahmen sind selten zielführend. Vielmehr bedarf es der Kombination verschiedener Online- und Offline-Maßnahmen, die einem strategisch aufeinander abgestimmten Konzept folgen (vgl. Weitzel, T., 2020, S. XIII f.).

Als größtes globales Social-Media-Netzwerk gilt Facebook mit 3,2 Mrd. Nutzern (2020), die mindestens monatlich aktiv sind. In Europa nutzen 305 Mio. Menschen täglich Facebook (vgl. Roth, P., 2020: o. S.). Im Jahre 2018 verzeichnete das Netzwerk in Deutschland rund 32 Mio. User, wovon der Großteil mit elf Millionen der Altersgruppe der 25- bis 34-Jährigen zugehörig ist (vgl. statista GmbH, 2019: o. S.; vgl. We Are Social, 2018, S. 142). Diese Nutzerzahlen, vor allem in der Alterskohorte der Generation Y, lassen darauf schließen, dass sich viele potenzielle Arbeitnehmer in diesem sozialen Netzwerk aufhalten. Zahlreiche Unternehmen haben dies bereits erkannt und nutzen Facebook durch das Betreiben einer Karriereseite und/oder eines Unternehmensprofils insbesondere zu Zwecken des Employer Brandings, der Zielgruppenansprache und des Dialogs (vgl. Bernauer, D., 2019, S. 143.) Im Rahmen der Studie „Social Media Personalmarketing Studie 2018" (2018) gaben 61 % der befragten Unternehmen an, die Facebook-Unternehmensseite für Personalmarketing und Recruiting zu pflegen. Aus Kandidatenperspektive nannten 23 % der Studierenden und Absolventen die Facebook-Unternehmensseite als relevanten Kanal bei der Arbeitgeber- oder Jobsuche (vgl. Petry, T., 2018, S. 11, 13). Facebook bietet die Möglichkeit, durch die Integration von Text, Bild sowie Bewegtbild zielgruppenspezifische

[16] In diesem Fall stellen sie – plakativ gesprochen – Ko-Recruiter dar. Gleichwohl müssen Unternehmen Aspekte beachten, damit Employer Branding mithilfe eigener Mitarbeiter gelingt. Lüthy (2020, S. 377 f.) beschreibt dies wie folgt: „Mitarbeiter werden nur dann – freiwillig und ohne extra Bezahlung – als Corporate Influencer tätig, wenn sie in einer von absolutem Vertrauen geprägten Unternehmenskultur arbeiten, ihre Arbeit sinnhaft ist und sie wissen, wofür das Unternehmen steht. Außerdem brauchen sie Regeln, sogenannte Social-Media-Guidelines. Ziel ist es, den eigenen Arbeitgeber in der eigenen Community glaubwürdig weiterzuempfehlen. Corporate Influencer sprechen natürlich nur dann ‚gut' über ihr Unternehmen, wenn es tatsächlich ein attraktiver Arbeitgeber ist."

Inhalte zu veröffentlichen und etwa Einblicke in die Arbeitskultur, den Alltag im Unternehmen oder einzelne Aufgabenbereiche zu gewähren. Dabei steht die Vermittlung von unternehmensbezogenen Attraktivitätsfaktoren im Vordergrund. Auch die Veröffentlichung von Stellenanzeigen sowie die Mitteilung über Termine und Veranstaltungen kann über die unternehmerische Facebookseite erfolgen (vgl. Bernauer, D., 2019, S. 143 f.; vgl. Schmitz, B., 2019, S. 227). Zudem können Nutzer unmittelbar mit dem Unternehmen über private Chats oder die Kommentarfunktion in Kontakt treten, Fragen stellen oder Feedback zu Inhalten geben (vgl. Bernauer, D., 2019, S. 143 f.). Ferner ist es Organisationen über Facebook auch möglich, interaktive Anwendungen einzubinden. So können sie beispielsweise Selbsttests für User anbieten oder Stellenbörsen aufsetzen (vgl. Konschak, B., 2014, S. 197 ff.). Auch für die Verbreitung von Anzeigen oder Anzeigen-Kampagnen eignet sich das Netzwerk, da eine Zielgruppensegmentierung möglich ist und so Streuverluste reduziert werden können (vgl. Bernauer, D., 2019, S. 143 f.). Dabei gewinnen Bewegtbildformate aufgrund ihrer hohen Reichweitenpotenziale für Unternehmen zunehmend an Bedeutung (vgl. Schmitz, B., 2019, S. 228). Die Möglichkeiten zur Kontaktaufnahme und der Generierung von Aufmerksamkeit innerhalb der Zielgruppe durch die effektive Schaltung von Vermarktungsmaßnahmen können folglich als Vorteile des Social-Media-Netzwerks erkannt werden (vgl. Bernauer, D., 2019, S. 143 f.). Auch die Potenziale der Datenanalyse sind durch die zahlreichen nutzergenerierten Inhalte auf sozialen Netzwerken hoch, da auf diese Weise beispielsweise Persönlichkeitseigenschaften von potenziellen Bewerbern identifiziert werden können (vgl. Petry, T. & Jäger, W., 2018, S. 38)[17].

[17] Allerdings ist der Erfolg eines Social-Media- und somit auch Facebook-Auftritts abhängig von unterschiedlichen Faktoren, die durch das Unternehmen berücksichtigt werden müssen. So empfiehlt sich die vorhergehende Analyse der eigenen Resonanz-Position sowie die Identifikation der Zielgruppe, deren Erwartungen und der für sie relevanten Themen, um auf der Basis der Erkenntnisse eine zielführende Strategie zu entwickeln. Ist diese definiert, ist es außerdem erfolgsentscheidend, die eigenen Mitarbeiter zu befähigen, die Strategie auch entsprechend über die Kanäle auszuführen. Folglich müssen sie im richtigen Umgang mit Social Media geschult werden. Nur so versetzt sich eine Organisation in die Lage, durch eine konsistente Infrastruktur auf einer Plattform eine Grundlage für einen nachhaltigen Social-Media-Dialog zu schaffen. Dies gelingt insbesondere durch den Aufbau spezifischer Strukturen und Prozesse. Im letzten Schritt wird ebenso als wichtig erachtet, stets durch ein regelmäßiges, so genanntes „Social-Media-Listening“ über die Diskussionen der Anspruchsgruppen informiert zu bleiben und den Erfolg und Zielerreichungsgrad der Maßnahmen zu messen. Relevant ist in diesem Kontext, dass die Social-Media-Strategie immer auch in Zusammenhang mit den weiteren Online- sowie Offline-Maßnahmen gesehen werden muss, um eine einheitliche und authentische Kommunikation zu gewährleisten (vgl. Grothe, M., 2020, S. 207 ff.).

Neben Facebook zeigen sich weitere Social-Media-Plattformen, wie zum Beispiel die zugehörige Bilderplattform Instagram, die im alltäglichen Leben der Millennials von Bedeutung sind (vgl. Bernauer, D., 2019, S. 146). Instagram bietet Nutzern das Angebot des Erstellens, Bearbeitens und Teilens von Fotoaufnahmen und Videos. Die Verbreitung der Inhalte kann über die Instagram-App hinaus auch über weitere Social-Media-Kanäle, beispielsweise Facebook, erfolgen (vgl. Sammis, A., 2015, S. 14). Insgesamt nutzen im Jahr 2019 rund 15 Mio. Menschen Instagram (vgl. Bernauer, D., 2019, S. 146). Darunter sind vorrangig junge Altersgruppen. Im Januar 2020 beläuft sich der Nutzeranteil der 18- bis 34-Jährigen auf 65 %, sodass sich für Unternehmen ein hohes Potenzial für die Rekrutierung von Berufseinsteigern sowie „Young Professionals" über das soziale Netzwerk bietet (vgl. Marquardt, M. & Kaspers, M., 2020, S. 318 f.) Dies spiegelt sich auch in der Studie „Social Media Personalmarketing Studie 2018" (2018) wider: 76 % der befragten Studenten und Absolventen sind auf Instagram aktiv (vgl. Petry, T., 2018, S. 8). Hat ein Unternehmen ein Arbeitgeberprofil angelegt, kann es dort in Form von Bild-Text-Kombinationen Beiträge posten. Auch Videos mit einer maximalen Länge von 60 s lassen sich hochladen. So eignet sich der Kanal auch zum Teilen von Bildern besonderer Events, Messeveranstaltungen oder Fotos der Arbeitsumgebung. Dies ermöglicht eine emotionale und ästhetische Inszenierung der Arbeitgebermarke und wird aus diesem Grund vor allem im Sinne des Employer Brandings eingesetzt (vgl. Bernauer, D., 2019, S. 146; vgl. Marquardt, M. & Kaspers, M., 2020, S. 321 f.).

Dabei werden die Methoden zur Generierung und Verbreitung von Inhalten kontinuierlich weiterentwickelt. So bietet beispielsweise Instagram neben den statischen Posts seit dem Jahr 2016 die Story-Funktion an, die unter den Nutzern schnell einen „Hype" auslöste und sich mittlerweile als Standard etabliert hat. Derzeit nutzen weltweit 500 Mio. Nutzer – rund die Hälfte der Nutzerbasis – das Feature mit steigender Tendenz. Dabei bieten Storys Instagram-Usern die Möglichkeit, Bilder oder 15-sekündige Video-Snippets in einem 9:16-Format aufzunehmen und mit Musik, Texten oder Stickern zu versehen. Über die Story-Funktion können die Videos anschließend im Profil geteilt werden. Dort bleiben sie für andere Nutzer 24 h sichtbar und löschen sich im Anschluss selbst (vgl. Marquardt, M. & Kaspers, M., 2020, S. 327 f.). Durch die neuartige Verbreitungsform von Inhalten und die Ermöglichung ihrer kreativen Inszenierung etablierte Instagram eine neue Art und Weise der Kommunikation über Social Media. Die große und stetig wachsende Beliebtheit des Formates führte dazu, dass auch weitere soziale Netzwerke wie Facebook oder WhatsApp eine Story-Funktion etabliert haben und bereits von einer möglichen Ablöse des klassischen Newsfeeds durch die Storys gesprochen wird. Das zeigt sich beispielsweise auch in der Angewohnheit vieler Nutzer, ihre klassischen Postings zusätzlich durch die Story-Funktion zu verbreiten. Auch für Unternehmen bietet die Funktion einen neuen Storytelling-Ansatz, um die eigene Geschichte der Arbeitgebermarke emotional an die junge Zielgruppe zu vermitteln. Etwa nutzt der Zoll über den Instagram-Account @zoll.karriere Storys, um potenziellen Kandidaten den Bewerbungsprozess transparent näherzubringen und ihnen die Unsicherheit zu nehmen. Mit Hilfe von Videos wird das Bewerbungs- und Auswahlverfahren erklärt. Zusätzlich erhalten die Bewerber Tipps für die eigene Bewerbung (vgl. Marquardt, M. & Kaspers, M., 2020, S. 318 f., 328).

Als Trend im Bereich des Personalmarketings hat sich in diesem Kontext außerdem das so genannte „Instagram Take-Over" über die Story-Funktion bewiesen. Dabei handelt es sich um ein Format, welches Interessenten einen authentischen Einblick in den Unternehmensalltag bieten soll. Umgesetzt wird dies durch die Übernahme des jeweiligen Instagram-Accounts des Unternehmens durch einen oder mehrere Mitarbeiter über einen definierten Zeitraum. Die ausgewählten Personen geben Instagram-Nutzern durch Storys, Fotos und Videos, die sie auf dem Profil teilen, Einblicke in den Betrieb, die Tätigkeiten und Aufgaben. Zum Beispiel können Mitarbeiter verschiedener Fachbereiche eingesetzt werden, die alternierend aus ihrer jeweiligen Abteilung über die Arbeitsatmosphäre, Arbeitsplätze und Aufgabenbereiche berichten und Erfahrungen teilen (vgl. Bernauer, D., 2019, S. 146 f.). Die eigenen Mitarbeiter dienen so als Markenbotschafter, die dem Unternehmen ein Gesicht geben (vgl. Marquart, M. & Kaspers, M., 2020, S. 333). Neben dem „Take-Over" durch Mitarbeiter kann der Unternehmens-Account jedoch auch von einer externen Person, zum Beispiel so genannten „Influencern"[18], übernommen werden, denen die Möglichkeit gegeben wird, für einen oder mehrere Tage das Unternehmen kennenzulernen und darüber zu berichten. Beispielsweise kann die entsprechende Person für den festgelegten Zeitraum die Rolle eines Auszubildenden oder eines Mitarbeiters einnehmen und ihren Arbeitsalltag durch Storys, Videos und Fotos begleiten (vgl. Marquardt, M. & Kaspers, M., 2020, S. 328). Vorteile, die sich durch den Einsatz externer Influencer ergeben, sind vor allem die erhöhte Reichweite und die Möglichkeit, in weiteren Zielgruppen Aufmerksamkeit zu erzielen. Begünstigt wird dies dadurch, dass „Influencer" ihre Communities in der Regel gut kennen und

[18] Als Influencer werden Personen beschrieben, die in Netzwerken popularisieren und als Meinungsführer einzelner Communities interpretiert werden können (vgl. Schenk, M., 2007, S. 359; vgl. Kroeber-Riel, W. & Weinberg, P., 2003, S. 518).

über ein erweitertes Verständnis darüber verfügen, welche Informationen für sie von Interesse sind und durch welche Sprache die Adressaten aktiviert werden können. Entsprechend sind Unternehmen im Sinne einer gelungenen Kooperation dazu angehalten, den Influencern einen kreativen Freiraum einzuräumen, um die Kommunikation nicht aufgrund einer Vielzahl an Vorgaben einzuschränken. Allerdings empfiehlt es sich bei der Wahl des Influencers darauf zu achten, eine möglichst hohe Authentizität, beispielsweise durch einen persönlichen Bezug zwischen Person und Unternehmen, zu gewährleisten. Als positives Beispiel lässt sich in diesem Kontext die Kooperation der Polizei Brandenburg mit der Influencerin Ariana Barborie[19] nennen. Diese durfte für ein eintägiges Praktikum Einblicke in die Arbeit der Polizei gewinnen und begleitete ihre Erlebnisse per Instagram-Story (vgl. Marquardt, M. & Kaspers, M., 2020, S. 337).[20] Seit dem Jahr 2015 verfügt die Plattform Instagram zudem über zahlreiche weitere Marketing-Funktionen und Paid-Media-Angebote, die eine zielgruppenspezifische Ansprache ermöglichen (vgl. Keil, M., 2017: o. S.). Auch Stellenausschreibungen können gezielt an eine spezifische Anspruchsgruppe ausgespielt werden (vgl. Marquardt, M. & Kaspers, M, 2020, S. 332).

[19] Ihre Reichweite erlangte die Influencerin durch ihren Podcast, in welchem sie oftmals die Arbeit der Polizei lobte. Auch auf ihren eigenen Social-Media-Accounts betont sie regelmäßig, Fan der Polizei zu sein. Das authentische Interesse an dem Beruf lässt ihren Auftritt daher besonders glaubwürdig erscheinen (vgl. Marquardt, M. & Kaspers, M., 2020, S. 337).

[20] Ein weiteres Unternehmen, welches den Ansatz des Employer Brandings über Instagram-Storys verfolgt, ist beispielsweise die Bayer AG. Über den Account @Bayerkarriere (jetzt: @bayercareer) teilt die Organisation Bilder und Videos aus dem Arbeitsalltag, von Mitarbeitern, Räumlichkeiten oder Events. Im Jahr 2019 etablierte das Unternehmen das „Take-Over"-Format über die Story-Funktion, in dessen Rahmen Mitarbeiter aus dem Unternehmen jeweils über einen Zeitraum von einer Woche Einblicke in die Berufsprofile des Konzerns mit der Zielgruppe teilten. Erlebnisse aus ihrem Arbeitsalltag wurden so authentisch mit einem Storytelling-Ansatz vermittelt. Dabei handelte es sich um alltägliche Momente wie das Mittagessen oder Gespräche unter Kollegen, aber auch um geschäftliche Termine. Bayer nimmt so die Möglichkeit wahr, ein realistisches und glaubwürdiges Bild als Arbeitgeber zu vermitteln und Informationen über Einstiegs- und Karrieremöglichkeiten, aktuelle Geschehnisse, Arbeitsbereiche und die Unternehmenskultur auf eine emotionale Art und Weise an die Interessenten und potenziellen Mitarbeiter zu bringen. Die Spontanität der Aufnahmen sorgt zusätzlich für eine Dynamik, die unterhaltend auf die Rezipienten wirkt (vgl. Schmitz, B., 2019, S. 230). Beliebige Eindrücke können auf diese Weise einfach, authentisch und abwechslungsreich an die Zielgruppe vermittelt und attraktiv dargestellt werden (vgl. Bernauer, D., 2019, S. 146 f.).

Entsprechend stellen soziale private Netzwerke in ihrer Gesamtheit aufgrund ihrer vielfältigen[21] Vermarktungsmöglichkeiten und ihrer flächendeckenden Verbreitung sowie hohen Nutzungsfrequenz, insbesondere in den jüngeren Generationen, hilfreiche Instrumente zur Personalgewinnung dar[22]; gezielte Möglichkeiten von Networking im beruflichen Kontext bieten berufliche soziale Netzwerke an.

2.3.1.3 Berufliche soziale Netzwerke und Arbeitgeberbewertungsportale

Berufliche Netzwerke spielen im Personalmarketing bereits seit einigen Jahren eine bedeutende Rolle im „War for Talents" und bieten vor allem in den Bereichen des Social Recruitings und Employer Brandings einen hohen Nutzen (vgl. Schmitz, B., 2019, S. 227; vgl. Bärmann, F., 2012, S. 48). LinkedIn gilt mit mehr als 660 Mio. Nutzern, von denen sich 87 Mio. in die Generation der Millennials einordnen lassen, in über 200 Ländern und einem täglichen Aktivitätslevel von 40 % als das erfolgreichste Businessnetzwerk weltweit. Auch in der DACH-Region[23] hat es mit einer Nutzerzahl von mehr als 14 Mio.

---

[21] In diesem Zusammenhang kann etwa auf die „0,4-Sekunden-Bewerbungs-Aktion" des Universitätsspitals Zürich hingewiesen werden: Wurde ein Job-Post gelikt, hat das Klinikum den Interessenten kontaktiert und innerhalb von 24 h mit ihm besprochen beziehungsweise geklärt, ob er beziehungsweise seine Qualifikationen für die angebotene Stelle geeignet sind (vgl. O. V., 2021, S. 33).

[22] Ein Kanal, der insbesondere für das zukünftige Recruiting von aktuell noch jungen Zielgruppen denkbar ist, ist die Plattform TikTok. Die Video-Sharing-Plattform startete im Jahr 2016 und verzeichnet im Jahr 2019 eine globale Nutzerzahl von 500 Mio. Usern monatlich, womit sie sich unter den sozialen Medien als solche mit dem schnellsten Wachstum auszeichnet (vgl. Rodeck, S., 2020, S. 358, 370). In Deutschland verfügt TikTok über 10,7 Mio. Nutzer (vgl. Schasche, S., 2020: o. S.). Die „ARD/ZDF-Onlinestudie 2020" ergab überdies, dass knapp neun Prozent der 14- bis 29-Jährigen in Deutschland die Plattform nutzen. Damit stellt diese Altersgruppe den größten Nutzeranteil, während nur vier Prozent der 30- bis 49-Jährigen TikTok verwenden (vgl. Beisch, N. & Schäfer, C., 2020, S. 474 f.). Diese Situation macht die Plattform auch für das Recruiting bedeutsam. Ein positives Beispiel für den Einsatz von TikTok im Rahmen von Personalgewinnungs-Maßnahmen bietet das Klinikum Dortmund. 2019 entwickelte die Einrichtung mehrere Kurzvideos, die Pflegerinnen und Pfleger in der Klinik mit dem Ziel zeigten, ein positives Bild ihrer Tätigkeit zu vermitteln. Die kurzen Filmclips wurden jeweils bei spezifischen Arbeitstätigkeiten gedreht und mit aktueller Popmusik hinterlegt, um die Zielgruppe effektiv anzusprechen. Mittlerweile werden auch weitere Berufsgruppen eingebunden, sodass die Mitarbeiter als Botschafter fungieren. Im Jahr 2020 folgen dem Account des Klinikums Dortmund über 74.000 Nutzer. Der Leiter der Unternehmenskommunikation bestätigte bereits im Jahr 2019, dass die Social-Media-Aktionen, inklusive der Aktivitäten über TikTok, zu einer positiven Beeinflussung der Personalsituation des Klinikums geführt haben (vgl. Lüthy, A., 2020, S. 406 f.).

[23] DACH-Region: Deutschland, Österreich, Schweiz.

Usern eine hohe Relevanz. LinkedIn dient dabei vor allem dem Ziel des aktiven Netzwerkens sowie der Netzwerkpflege. Den Usern werden diesbezüglich unterschiedliche Kommunikationsmöglichkeiten je Beziehungsgrad untereinander angeboten, die sie zu einem möglichst hohen Aktivitätslevel motivieren sollen. Die aktive Gestaltung und Pflege der Vernetzung sowie die Förderung des Austausches sind elementare Kernpunkte des Unternehmens. Dafür legen sich sowohl Privatpersonen als auch Unternehmen im ersten Schritt Profile an, die es ihnen ermöglichen, Inhalte zu teilen, Verbindungen zu anderen Mitgliedern herzustellen und durch private Nachrichten in Dialog zu treten. Im Gegensatz zu Profilen auf privatorientierten sozialen Netzwerken wie etwa Facebook zeichnen sich die Profile der Privatpersonen im Kontext beruflicher Netzwerke durch die Zusammenfassung ihrer beruflichen Erfahrungen und Erfolge aus (vgl. Braehmer, B., 2020, S. 150 ff.). Die Einsehbarkeit der Lebensläufe und bisher durchlaufenen Karriereschritte von Kandidaten, sofern von diesen freigegeben, ist einer der Vorteile von Karrierenetzwerken für Unternehmen im Rahmen ihres Recruitings (vgl. Bernauer, D., 2019, S. 144 f.). Arbeitgeber können eine Unternehmensseite erstellen und alle relevanten Informationen dort zusammenfassen. Zudem lassen sich unternehmensspezifische Karriereseiten innerhalb des Netzwerks aufbauen. Diese können in einem Unterbereich der Unternehmensseite angesiedelt sein. Zugleich besteht die Möglichkeit, das gesamte Profil als Karrierepage anzulegen. Überdies bietet LinkedIn zahlreiche Instrumente zur Personalgewinnung, wie beispielsweise die Bewerbung freier Stellen durch bezahlte Anzeigenformate und Marketing-Kampagnen (vgl. Braehmer, B., 2020, S. 150 ff.).

Die Plattform XING ist insbesondere in der DACH-Region verbreitet und verzeichnet hier im zweiten Quartal 2020 15,5 Mio. Nutzer, wovon 13 Mio. Menschen das Netzwerk in Deutschland nutzen (vgl. XING, 2020: o. S.). Laut XING (2020) sind zwei Prozent der Nutzer Studierende, fünf Prozent der Nutzerbasis stellen Berufseinsteiger dar. Dabei verfügen 35 % der Mitglieder über einen Fach- oder Hochschulabschluss, 23 % haben das (Fach-) Abitur. Ein Anteil von 21 % ist unter 40 Jahren alt (vgl. XING, 2020: o. S.). XING konzentriert sich zunehmend auf die „Young Professionals", also Studierende und Absolventen, und bietet Unternehmen im Rahmen von kostenfreien Textanzeigen die Möglichkeit, über 360.000 Personen der Zielgruppe zu erreichen (vgl. Bärmann, F., 2012, S. 51 ff.). Ebenso wie LinkedIn dient auch dieses Businessnetzwerk in erster Linie der Vernetzung. Unternehmen wird die Möglichkeit geboten, ein eigenes Unternehmensprofil mit allen relevanten Informationen auf der Plattform einzurichten. Durch die Integration von Bildern und Videos kann dieses dabei ansprechend gestaltet werden (vgl. Schmitz, B., 2019, S. 227). Darüber hinaus wird XING dem Zweck der Rekrutierung neuer Mitarbeiter gerecht. So bietet die Plattform neben der Standard-Mitgliedschaft vier verschiedene Recruiting-Pakete mit unterschiedlichen Schwerpunkten für Unternehmen an: XING-Projekte, XING-Jobs, XING-Talentmanager sowie Unternehmensprofile[24].

Die Verfügbarkeit von exklusiven „Recruiter-Filtern" auf karriereorientierten sozialen Netzwerken bietet zusätzliche Chancen hinsichtlich des Active Sourcings[25], das heißt sie erleichtern Unternehmen eine effiziente Suche nach geeigneten Kandidaten. Es kann sowohl nach Gruppen gefiltert werden als auch nach Personen mit den gesuchten Interessen und Qualifikationen im entsprechenden geografischen Umfeld. Die Plattformen unterstützen Recruiter folglich bei der Suche, der Aufbereitung und der Ansprache von geeigneten Kandidaten und sparen somit Zeit und Kosten (vgl. Bernauer, D., 2019, S. 144 f.).[26] Dabei erkennen immer mehr Unternehmen die Vorteile des Active Sourcings. Dies bestätigt eine Studie des Netzwerks LinkedIn und dems Branchenverbandes Bitkom (2015), die einen deutlichen Anstieg in der „Nutzung externer Datenquellen zur Suche und Ansprache von potenziellen Kandidaten" ermittelt (Jäger, W. & Wickel-Kirsch, S., 2015, S. 124). Laut der Studie „Recruiting Trends 2019" (2019) hat bereits ein Fünftel der Top-1000-Unternehmen sowie die Hälfte der Top-300-IT-Unternehmen einen Prozess für die Kontaktaufnahme mit geeigneten

---

[24] XING-Projekte: Gegen eine Gebühr wird Organisationen die Möglichkeit geboten, ein Projekt über 30 Tage auszuschreiben. XING identifiziert anschließend geeignete Kandidaten, vorrangig Freiberufler, und schlägt diesen das Projekt vor. Das Unternehmen kann auf diese Weise qualifizierte Fachkräfte anwerben und verwalten. XING-Jobs ist die Online-Jobbörse des Netzwerks, über welche Unternehmen ihre Stellenangebote veröffentlichen können. Dabei bietet XING zudem ein „Profil-Matching" an und schaltet die Stellenanzeige zusätzlich auf den Startseiten von für passend befundenen Kandidaten. Das Angebot XING-Jobs bietet außerdem vier verschiedene Job-Produkte von der einfachen Stellenschaltung bis hin zur individuellen Lösung zu verschiedenen Preisen an. XING-Talentmanager ist als Kollaborationstool zu verstehen, das Recruitern eines Unternehmens eine gemeinschaftliche Suche nach geeigneten Talenten über spezielle Suchfilter sowie den Aufbau eines Kandidatenpools ermöglicht (Sourcing). Passende Profile können in geteilte Projektordner abgelegt und dort verwaltet werden. Letztlich können Unternehmen auf XING ein Gratisprofil anlegen, wobei sie sich zusätzlich jedoch auch für das Employer-Branding-Profil entscheiden können. Dies gewährt ihnen weitere Funktionen wie beispielsweise die Verknüpfung mit Kununu oder Facebook (vgl. Dahlmanns, A., 2014, S. 72).

[25] Der Prozess des Active Sourcing kann in folgende Schritte differenziert werden: Vorbereitung, Finden, Selektieren sowie Gewinnen (vgl. im Detail Dannhäuser, R. & Braehmer, B., 2020, S. 537 ff.).

[26] Neben der Möglichkeit einer Schaltung von Stellenanzeigen, Active Sourcing oder Unternehmensdarstellung im Sinne eines Employer Brandings verweisen Chikato/Dannhäuser (2020) konkret auf die Option, nach Informationen über bereits als interessant identifizierten Kandidaten zu suchen sowie eigene Mitarbeiter als aktive Empfehlungsgeber einzusetzen (vgl. Chikato, D. & Dannhäuser, R., 2020, S. 40).

Talenten umgesetzt. Herausgestellt werden kann besonders die durch das Active Sourcing entstandene Möglichkeit, geeignete Kandidaten, die beispielsweise nicht aktiv auf Stellensuche und somit durch einfache Recruiting-Maßnahmen wie einer Stellenausschreibung nicht zu erreichen sind, direkt anzusprechen und für das Unternehmen zu gewinnen. So haben fast 20 % der Studienteilnehmer auf Kandidatenseite ihren Job aufgrund einer Direktansprache eines Unternehmens gewechselt, obwohl sie nicht nach einem neuen Arbeitgeber oder Job gesucht haben; mehr als ein Drittel hat sich durch die direkte Ansprache bei einem Arbeitgeber beworben, bei dem sie sich sonst nicht beworben hätten (vgl. Weitzel, T. et al., 2019, S. 30 f.).

Häufig werden die Netzwerke XING und LinkedIn von Unternehmen überdies als vorrangige Social-Media-Kanäle für die Veröffentlichung von Image-Werbung eingesetzt. Die Studie „Recruiting Trends 2020“ fand heraus, dass zum aktuellen Zeitpunkt 36,8 % der befragten IT-Unternehmen[27] LinkedIn für diesen Zweck nutzen, während XING bei 31,6 % eingesetzt wird. Bei den Top-1000-Unternehmen[28] aus Deutschland gaben 22,8 % an, XING für Image-Werbung zu verwenden; 16,4 % veröffentlichten bisher über LinkedIn. Aus Kandidatenperspektive zeigt sich im Rahmen der Untersuchung, dass XING und LinkedIn mit 28,0 beziehungsweise 23,1 % als die beiden Social-Media-Kanäle wahrgenommen werden, mittels derer die Vertreter der Generation Y am häufigsten Werbeanzeigen für Jobs erhalten. Die Ergebnisse verdeutlichen zudem, dass Kandidaten die Vorteile der Businessnetzwerke entdeckt haben – sie profitieren von der Möglichkeit, sich während oder vor einem Bewerbungsprozess über die karriereorientierten Plattformen über Unternehmen informieren zu können. Die 10-Jahres-Prognose zeigt ferner, dass die Bedeutung von Karrierenetzwerken im Kontext der Suche nach Informationen über Unternehmen stetig steigt und sicherlich auch weiter ansteigen wird. Im Jahr 2020 gaben 24,9 % der Studienteilnehmer an, XING zur Suche nach Informationen zu verwenden. 20,6 % der Kandidaten nutzen LinkedIn. Für beide Plattformen wird von Weitzel, T. et al. (2020) ein positiver Trend prognostiziert. Die Prognose integriert dabei die Ergebnisse einer Studie, die die persönliche Meinung von Kandidaten im Hinblick auf zukünftige Tendenzen und Kommunikationskanäle bei der Suche nach Unternehmensinformationen analysierte. Die Gesamtheit der Antworten lässt auf eine Kanalverschiebung weg von privaten sozialen Netzwerken hin zu karriereorientierten Netzwerken wie XING

[27] Befragt wurden die größten deutschen Unternehmen der IT-Branche mit einem Umsatz von mehr als 30 Mio. € – Rücklaufquote: 10,7 % (vgl. Weitzel, T. et al., 2019, S. 2).

[28] Befragt wurden die größten deutschen Unternehmen mit einem Umsatz von mehr als 150 Mio. € – Rücklaufquote 12,7 % (vgl. Weitzel, T. et al., 2019, S. 2).

und LinkedIn innerhalb der nächsten zehn Jahre schließen: Ein Anteil von 25,8 % der Kandidaten nannte dabei XING als relevanten Kanal, 19,9 % gaben LinkedIn an (vgl. Weitzel, T. et al., 2020, S. 23 ff.).

Dabei bietet XING durch die Verknüpfung mit Kununu, einem bekannten Arbeitgeberbewertungsportal, die Möglichkeit, Arbeitgeber unmittelbar über die Plattform zu bewerten (vgl. Schmitz, B., 2019, S. 227) und so potenziellen Bewerbern einen weiteren Eindruck über den möglichen Arbeitgeber zu ermöglichen – die Plattformen bieten die Einsehbarkeit von Mitarbeiterbewertungen über Arbeitgeber hinsichtlich verschiedener Faktoren an, wie unter anderem Arbeitsatmosphäre, Bezahlung, Weiterbildung und Work-Life Balance und haben in den vergangen Jahren zunehmend Bedeutung im Kontext von Candidate Experience[29] erhalten, indem auch Erfahrungen im Bewerbungsprozess geteilt werden (vgl. Dahlmanns, A., 2014, S. 75; vgl. Reuter, N. & Junge, C., 2020a, S. 413). Bewertungsplattformen gelten dabei in der Regel als glaubwürdig, da die Bewertungen von ehemaligen oder aktuellen Mitarbeitern einer Organisation abgegeben werden und von dem betreffenden Unternehmen nicht unmittelbar beeinflusst werden können. Aus Kandidatenperspektive lässt sich auf diese Weise überprüfen, ob ein Unternehmen seinen Versprechen als Arbeitgeber nachkommt (vgl. Ruthus, J., 2014, S. 18; Olesch, 2012, S. 68). Folglich dienen Bewertungsplattformen Interessierten oftmals als Entscheidungshilfe für oder gegen eine Bewerbung bei einem Unternehmen (vgl. Dahlmanns, A., 2014, S. 75). Laut Weitzel, T. et al. (2020) hat sich im Jahr 2020 ein Anteil von 17,7 % der befragten Kandidaten über Bewertungsplattformen hinsichtlich potenzieller Arbeitgeber informiert (vgl. Weitzel, T. et al., 2020, S. 5). Die Studie „Social-Media-Atlas 2017 / 2018" (2017) ergab zudem, dass insbesondere die Altersgruppe der 20- bis 29-Jährigen, gefolgt von den 30- bis 39-Jährigen, das Bewertungsportal Kununu im Rahmen ihrer Stellensuche genutzt haben (vgl. Statista, 2017: o. S., nach Faktenkontor). Im März 2019 verzeichnete das Portal über 2,6 Mio. Unique User (vgl. Agof, 2019: o. S.). Das Unternehmen softgarden e-recruiting GmbH befragte im Jahr 2020 überdies 6720 Bewerber aus Deutschland, ab welcher Bewertung (Bewertungsskala: null bis fünf

[29] „Candidate Experience bezeichnet den Gesamteindruck, den ein potenzieller Bewerber im Rahmen der Prozesse des Personalmarketings, des Recruitings und darüber hinaus vom potenziellen Arbeitgeber erhält. Es geht dabei um das individuelle Erleben in einem Bewerbungs- und Auswahlprozess an allen direkten und indirekten Kontaktpunkten mit dem Unternehmen" (Verhoeven, T., 2016, S. 11). Entsprechend kann die Candidate Experience als Vorstufe – so sich Hochschulabsolvent und Arbeitgeber füreinander entscheiden – einer möglichen Employee Experience angesehen werden, die über die Zufriedenheit der Mitarbeiter hinausgeht, da sie sowohl auf die Kundenzufriedenheit als auch die Zukunftsfähigkeit eines Unternehmens einzahlt (vgl. hierzu im Detail: Rump, J. & Wagner, M., 2021, S. 85 ff.).

Sterne) auf einer Arbeitgeberbewertungsplattform sie sich bei einem Unternehmen bewerben würden: Ein Anteil von über 25 % der Befragten gab an, dass eine Bewerbung ab einer Arbeitgeberbewertung von 3,5 Sterne auf der Bewertungsseite infrage käme. 23,8 % der Bewerber führten auf, sich ab einer Bewertung von 4,5 Sternen für eine Bewerbung bei einem Arbeitgeber zu entscheiden (vgl. softgarden e-recruiting GmbH, 2020, S. 15).

Eine durch die Bitkom durchgeführte Befragung zeigt zudem, dass immer mehr Mitarbeiter Arbeitnehmerbewertungsportale nutzen, um ihre Erfahrungen mit ihrem Arbeitgeber zu teilen. So steigerte sich der Anteil derjenigen von 17 im Jahr 2015 auf 25 % in 2018 (vgl. Bitkom, 2018: o. S.). Für Arbeitgeber bieten die durch ihre Mitarbeiter generierten Informationen den Vorteil, Verbesserungspotenziale zu identifizieren und ein Verständnis darüber zu erlangen, wie sie als Arbeitgeber wahrgenommen werden (vgl. Bernauer, D., 2019, S. 145). Sie haben zudem die Möglichkeit, Arbeitgeberprofile anzulegen und sich in deren Rahmen als Arbeitgeber vorzustellen. Überdies verfügt Kununu über die Option einer eigenen Stellenbörse, innerhalb dieser ein Unternehmen Stellenangebote veröffentlichen kann. Stellenanzeigen können ferner auch in Form von Bannern geschaltet werden. Je nach Status der Mitgliedschaft können Unternehmen außerdem Funktionen wie unter anderem die Einbindung multimedialer Inhalte, die Schaltung von Werbung auf der Startseite oder auf Mitbewerberprofilen, die Verknüpfung mit XING oder die Möglichkeit der Stellungnahme zu Mitarbeiterbewerbungen wahrnehmen – Bewertungsportale können somit insbesondere als Instrument für das Employer Branding sowie das Reputationsmanagement von Unternehmen Verwendung finden und darüber hinaus als ein ergänzendes und ein konkrete Stellenangebote flankierendes Rekrutierungs-Tool betrachtet werden, ähnlich einer unternehmerischen Präsenz auf Karrieremessen (vgl. Dahlmanns, A., 2019, S. 75 f.).

2.3.1.4 Karrieremessen und Hochschulmarketing

Eine verbreitete Form externen Personalmarketings ist der Auftritt eines Unternehmens auf regionalen sowie überregionalen Job- beziehungsweise Karrieremessen. Der Nutzen der Maßnahme wird insbesondere in der Steigerung des Bekanntheitsgrades sowie der Arbeitgeberattraktivität gesehen. Zudem dient eine Messepräsenz einer unmittelbaren Zielgruppenansprache und dem aktiven Recruiting, wobei in der Regel vor allem Hochschulabsolventen mittels Karrieremessen fokussiert werden. Diese können sich sowohl auf einem Messestand über einen Arbeitgeber informieren als auch – in den meisten Fällen – mit Recruitern vor Ort sprechen oder Bewerbungsgespräche führen (vgl. Abrell, C. & Rowold, J., 2015, S. 138 f., nach Weitzel, T. et al., 2011). Viele Unternehmen sehen zudem den Vorteil, dass sich die Informationsaufnahmebarriere des Einzelnen durch den unmittelbaren Kontakt leichter durchbrechen lässt und diese Art der Kommunikation oftmals als glaubwürdiger wahrgenommen wird. Die persönliche Konversation auf Messen mit den Mitarbeitern des Unternehmens eröffnet überdies die Möglichkeit, auf das Verhalten potenzieller Kandidaten im Rahmen von Gesprächen zu reagieren und Reaktionen und Wirkungen besser abschätzen zu können (vgl. Fournier et al., 2019, S. 44). In diesem Zusammenhang wird den Vertretern eines Unternehmens auch die Gelegenheit geboten, Feedback der potenziellen Arbeitnehmer zu ihrem Verständnis und ihrer Interpretation der Arbeitgebermarke zu erhalten und konstruktive Kritik entgegenzunehmen. In diesem Kontext besteht jedoch auch das Risiko, dass potenzielle Bewerber gegebenenfalls mit den Repräsentanten des Unternehmens nicht sympathisieren und ihre negative Wahrnehmung bezüglich des Personals auf das Gesamtbild der Organisation projizieren. Auf diese Weise entsteht eine hohe Abhängigkeit des Gesamteindrucks einer Arbeitgebermarke von einer oder wenigen Personen, die als Unternehmensrepräsentanten auf der Messe eingesetzt werden (vgl. Parment, A., 2013, S. 139). Ferner verzeichnet die Vielzahl an Messeveranstaltungen einen entsprechenden Personalbedarf und kann demnach zu Kosten führen, die im Vergleich zum Nutzen von Unternehmen als sehr hoch empfunden werden (vgl. Abrell, C. & Rowold, J., 2015, S. 139).

Trotz möglicher Nachteile besitzen Karrieremessen eine wichtige Bedeutung für Unternehmen im Rahmen ihres Personalmarketings: Gemäß der Studie „Recruiting Trends 2017“ (2017) gaben im Jahr 2016 69 % der befragten HR-Experten an, mit Karrieremessen und karriereorientierten Events erfolgreich im Recruiting zu sein. Damit belegte der Kommunikationskanal „Messe“ den vierten Rang hinter Online-Anzeigen (89 %), der eigenen Karrierewebsite (72 %) und dem Active Sourcing (71 %) – letzteres wird im Rahmen dieser Statistik als separates Instrument aufgeführt (vgl. Staufenbiel Institut GmbH, 2017, S. 19). Allerdings lassen sich Messeveranstaltungen auch als Kanal des Active Sourcing interpretieren. Die „Recruiting Trends 2020“-Studie (2020) zeigt, dass Unternehmen vor allem in Bezug auf das Active Sourcing geeigneter Kandidaten den Wert des persönlichen Kontaktes über Karrieremessen im Jahr 2019 als hoch einschätzen. 23,9 % der befragten Top-1000-Unternehmen in Deutschland sehen Personalmessen als wichtigen Kanal des Active Sourcings, womit diese sich in der Rangfolge hinter den „Karriere-Events für Studierende und / oder Absolventen“ (24,3 %) einordnen (vgl. Weitzel, T. et al., 2020, S. 7).

Wird die Bedeutung von Messen im Rahmen der Stellensuche aus Perspektive der Kandidaten betrachtet, zeigt sich, dass ein eher geringer Anteil diesen Kanal vorrangig zur Informationssuche nutzt. Laut Weitzel, T. et al. (2020) gaben 8,4 %

der Befragten an, sich durch den Besuch von Karrieremessen über potenzielle Arbeitgeber und Jobs zu informieren. In Bezug auf virtuelle Karrieremessen liegt der Anteil bei 6,8 % (vgl. Weitzel, T., 2020, S. 5). Während 18,5 % der Kandidaten an eine erfolgreiche Stellensuche über den Informationskanal der Jobmessen glauben, schätzt demgegenüber ein vergleichsweise hoher Anteil von 52,2 % die Chancen, über Internetstellenbörsen einen Job zu finden, als positiv ein (vgl. Weitzel, T., 2015, S. 40).

Neben Karrieremessen bietet sich Arbeitgebern die Möglichkeit, sich im Rahmen ihres Hochschulmarketings explizit auf Hochschulmessen potenziellen Bewerbern zu präsentieren – Hochschulmarketing kann als jener Teil des externen Personalmarketings eingeordnet werden, der sich gezielt auf die Nachwuchsgewinnung mit Fokus auf die Bezugsgruppe der Hochschulabsolventen konzentriert. Es dient dem Personalmanagement somit „als Instrument zur Positionierung des Unternehmens am Bewerbermarkt“ (Schamberger, I., 2006, S. 8). Ziel des Hochschulmarketings ist es, bei den Studierenden eine frühzeitige Präferenz für einen Arbeitgeber zu erzeugen, um sie zu einer Bewerbung bei den jeweiligen Unternehmen zu motivieren (vgl. Hagen, A., 2011, S. 74). Entsprechend übertragen die Organisationen ihren unternehmensspezifischen Marketingansatz auf Hochschulen: Zu den Marketingaktivitäten von Hochschuleinrichtungen zählen neben Messeauftritten beispielsweise „Informations- und Beratungsangebote, kommunikative Maßnahmen zur Image- und Reputationsgestaltung, Hochschulsponsoring, Alumni-Arbeit sowie die Ausgestaltung des Studienangebots selbst“ (Röttger, U. & Laukötter, E., 2019, S. 166). Ferner können Unternehmen eigene Mitarbeiter als Gastreferenten an Hochschulen senden, um durch deren Vorträge vor Ort die Bekanntheit der Arbeitgebermarke unter den Studierenden zu erhöhen und sich selbst zu präsentieren. Die zukünftigen Absolventen werden so über Einstiegsmöglichkeiten und Tätigkeitsbereiche der Unternehmen informiert und erhalten die Employer Brand vermittelt. Als weiteres Instrument des Hochschulmarketings lässt sich überdies das Angebot von Exkursionen nennen – Studierende erhalten die Gelegenheit, Unternehmen vor Ort kennenzulernen und sich über die Angebote der Organisationen zu informieren. Arbeitgeber verfolgen mittels der Maßnahme vordergründig das Ziel der Schaffung eines positiven Firmenimages (vgl. Hagen, A., 2011, S. 74 ff.). Eine zunehmende Anzahl von Unternehmen erkennt mittlerweile die Vorteile von Marketingmaßnahmen an Hochschulen: Während sich hier in früheren Jahren vor allem Wirtschaftsprüfungsgesellschaften und Beratungshäuser präsentierten, finden sich gegenwärtig immer mehr branchenübergreifende Organisationen, die Hochschulen als geeignete Orte für Aktivitäten des Personalmarketings wahrnehmen (vgl. Becker, N., 2013, S. 252). Auch die repräsentative Studie „Recruiting Trends 2015“ (2015)

ermittelte eine durch die Unternehmen wahrgenommene „eher wichtige“ Bedeutung der Hochschulkooperationen und des Hochschulmarketings im Rahmen der Personalbeschaffung (vgl. Weitzel, T. et al., 2015, S. 6). Gemäß der „index Stellenanzeigen Studie 2015 / 2016 Deutschland“ (2015), die 277 Personaler in Deutschland befragte, konnte des Weiteren festgestellt werden, dass rund drei Prozent der neuen Mitarbeiter in den entsprechenden Unternehmen durch Maßnahmen des Hochschulmarketings und -kooperationen rekrutiert wurden. Damit liegt das Hochschulmarketing gleichauf mit Maßnahmen der Zeitarbeit, der Karrieremessen und des Social-Recruitings (vgl. index Research, 2015, S. 13).

Ein zentrales Erfolgskriterium für Hochschulmarketing ist laut „JOBCAMPUS-Studie 2018 / 2019“ (2019) der Zeitpunkt. Im Rahmen der Studie wurden 500 MINT-Studierende an zehn Hochschulen in Deutschland befragt. Dabei zeigte sich, dass fast zwei Drittel der Studierenden (63 %) bereits in ihren ersten beiden Semestern den Arbeitsmarkt erkundet und sich über Arbeitgeber informiert haben. Passiv auf Arbeitgeber aufmerksam geworden sind 78 % der im Durchschnitt etwa 20 Jahre alten Studierenden. 84 % von ihnen machen bereits vor oder während ihrer anfänglichen Studienzeit erste berufliche Erfahrungen. Eine langfristig angelegte Kampagne, die Studierende schon in ihren ersten Semestern einbezieht, kann für Unternehmen folglich den Recruiting-Erfolg erhöhen. Die Wahrnehmungsquote von Maßnahmen am Campus kann zudem als hoch erkannt werden. So generiert beispielsweise das Plakat am Campus eine Wahrnehmungsquote von 83 %; Hochschulmessen werden von 78 % der Studierenden wahrgenommen und/oder besucht (vgl. Karathanasi, A., 2020: o. S.; vgl. Königsteiner Gruppe, 2019: o. S.). Entsprechend lässt sich Hochschulmarketing somit für Unternehmen vor allem im Sinne der Steigerung des Bekanntheitsgrades, der Informationsvermittlung und der Positionierung der Arbeitgebermarke effektiv einsetzen. Elementar ist in diesem Zusammenhang die frühzeitige und kontinuierlich durch das Studium begleitende Vermittlung von relevanten Informationen und konkreten Arbeitgeberleistungen, um ein positives Image als Arbeitgeber bei den Studierenden zu verankern (vgl. Königsteiner Gruppe, 2019: o. S., nach Wagner, N., 2019). Da sich Studierende an ihren Hochschulen außerdem dauerhaft mit dem Berufseinstieg befassen, wird – so Ioannis Voudouris, Geschäftsführer der Deutschen Hochschulwerbung – ein hoher Grad an Offenheit und Interesse gegenüber diesem Thema vermutet, das auf eine hohe Wirksamkeit von Marketingmaßnahmen schließen lässt (vgl. Königsteiner Gruppe, 2019). Erste Erfahrungen mit potenziellen Berufseinsteigern können Unternehmen etwa über ein Angebot von Praktikantenstellen oder Werkstudententätigkeiten machen.

2.3.1.5 Talentpools und Mitarbeiterempfehlungen

Der Aufbau eines sogenannten Talentpools ist Teil des Talent Managements, welches sich durch das Ziel der Besetzung wettbewerbsrelevanter Stellen mit qualifizierten Arbeitnehmern auszeichnet. Ein Talentpool kann als Informationsansammlung über interne und externe Kandidaten verstanden werden, die für das Unternehmen als geeignete potenzielle Mitarbeiter identifiziert wurden (vgl. Busold, M., 2019, S. 247). Da es sich bei den Talenten vorrangig um Studierende und Absolventen handelt, werden diese insbesondere im Rahmen von Praktikantenprogrammen, Werkstudententätigkeiten oder der Zusammenarbeit während ihres Studiums, zum Beispiel durch Kooperationen im Kontext von Abschlussarbeiten oder die Absolvierung eines dualen Studiums im Unternehmen, gefunden. Solche Formen der zeitweiligen Zusammenarbeit erweisen sich für Betriebe als kostengünstige Methoden der frühen Gewinnung von Mitarbeitern, da die Studenten durch die oftmals nicht hoch angesetzten Gehälter als vergleichsweise günstige Arbeitskräfte dienen und durch ihre Arbeit in dem Unternehmen in ihrer beruflichen Orientierungsphase bei positiver Erfahrung an den Arbeitgeber gebunden werden können. Der soziale Austausch mit den Mitarbeitern des Unternehmens sowie das Erlangen von Arbeits- und Lernerfolgen führen dazu, dass sich die jungen Menschen schnell mit der Arbeitgebermarke identifizieren und so die Wahrscheinlichkeit erhöht werden kann, dass sie sich später bei dem entsprechenden Unternehmen bewerben. Für die Organisation bietet die Personalgewinnung mittels Talentpool außerdem den Vorteil, dass der Bewerber bereits viele Abläufe, Prozesse und Ansprechpartner kennt und dies folglich zu weniger Einarbeitungszeit und damit in der Regel einer Kostenreduktion führt. Das Unternehmen kann überdies den zukünftigen Mitarbeiter und seine Arbeitsleistung sowie die Passung zur Unternehmenskultur besser einschätzen – Faktoren, die den Aufbau eines Talentpools zu einem erfolgreichen Instrument des externen Personalmarketings machen können (vgl. Abrell, C. & Rowold, J., 2015, S. 140 f.).

Ein ähnliches, „persönliches" Instrument der Mitarbeitergewinnung stellt die Mitarbeiterempfehlung dar. Die Maßnahme zeichnet sich vor allem durch ein sehr günstiges Kosten-Nutzen-Verhältnis aus, da für Unternehmen zumeist keine Kosten für die Leistung anfallen. Durch die Vermittlung eines authentischen Bildes des Unternehmens mithilfe der Mitarbeiter kann eine positive Wahrnehmung der Arbeitgebermarke bei einem potenziellen Arbeitnehmer entstehen, die das Interesse weckt und ihn zu einer Bewerbung motivieren kann. Zudem kann davon ausgegangen werden, dass ein aktueller Mitarbeiter die Passung eines Bekannten zu dem Unternehmen gut einschätzen kann und somit entsprechende Chancen für eine erfolgreiche Akquise bestehen (vgl. Abrell, C. & Rowold, J., 2015,

S. 140). Für den Arbeitgeber bietet diese Form der Personalgewinnung außerdem den Vorteil, dass Kandidaten, die über persönliche Empfehlungen eingestellt wurden, oftmals als loyaler wahrgenommen werden (vgl. Weitzel, T. et al., 2020, S. 29). Aufgrund dieser Perspektive hat eine Vielzahl an Unternehmen in Deutschland inzwischen ein sogenanntes Mitarbeiterempfehlungsprogramm implementiert und gibt somit zusätzliche Anreize in Form einer meist monetären Belohnung für eine erfolgreiche Empfehlung. Gemäß der „Recruiting Trends 2020" (2020) Studie verdoppelte sich die Anzahl der Top-1000-Unternehmen in Deutschland, die eine zu einer Einstellung führende Empfehlung entlohnen, bis zum aktuellen Zeitpunkt im Vergleich zum Vorjahr. Im selben Zeitraum stieg die Nutzung von Mitarbeiterempfehlungsprogrammen um ca. 25 % an. Demnach nutzen heute 60 % der Top-1000 Unternehmen in Deutschland ein entsprechendes Programm. Zudem gaben rund 65 % der befragten Top-1000-Betriebe und 78,9 % der IT-Unternehmen an, dass sie ihre Mitarbeiter dazu motivieren, vakante Stellen weiterzuempfehlen. 84,2 % der Top-1000-Unternehmen wünschen sich von ihren Arbeitnehmern einen konkreten Kandidatenvorschlag für eine offene Stelle. Es konnte überdies festgestellt werden, dass vor allem in den jüngeren Generationen der Anteil derer steigt, die ihren aktuellen Job durch Mitarbeiterempfehlungen gefunden haben. So erhielten 23,7 % der Vertreter der Generation Y ihre gegenwärtige Stelle über diesen Weg (vgl. Weitzel, T. et al., 2020, S. 27).

2.3.2 Aktuelle Trends

2.3.2.1 Mobile Recruiting

Mobile Recruiting ist aufgrund der Weiterentwicklung des Internets sowie der flächendeckenden Verbreitung mobiler Endgeräte wie dem Smartphone eine erwartbare Konsequenz im Personalmarketing (vgl. Weitzel, T., 2015, S. 48 f.). Millennials suchen bereits heute primär mobil über digitale Kanäle nach Jobs und gehen daher von schnellen und unkomplizierten Bewerbungswegen sowie mobilen Bewerbungsprozessen aus (vgl. Schiebeck, H., 2019, S. 328). Unter den Begriff „Mobile Recruiting" fällt dabei jede Art von Personalbeschaffungsmaßnahme, die die Kommunikation zwischen dem Unternehmen und dem potenziellen Bewerber über mobile Endgeräte ermöglicht (vgl. Staffler, F., 2013, S. 167). Im aktuellen Kontext werden dabei zwei Kernfunktionen herausgestellt: So dient die mobile Kommunikation zum einen dem Zweck, die Zielgruppe mit Hilfe von speziellen Anwendungen, wie beispielsweise für die mobile Nutzung optimierte Karrierewebseiten oder Apps, über das eigene Unternehmen und Stellenangebote zu informieren und sie direkt anzusprechen. Zum anderen soll auch der

Bewerbungsprozess über mobile Endgeräte abgewickelt werden, wobei es für das Ermöglichen einer vollständig mobilen Bewerbung oftmals eines Umdenkens der Arbeitgeber und entsprechend neuer Prozessschritte bedarf. So erweisen sich etwa verkürzte, auf mobile Anwendungen optimierte Bewerbungsformulare oder die Möglichkeit der unmittelbaren Verknüpfung mit einem beruflichen Netzwerk und dem dort hinterlegten Profil des Bewerbers als nutzergerecht (vgl. Jäger, W. & Wickel-Kirsch, S., 2015, S. 121 ff.).

Die Vorteile von mobilen Anwendungen zur Kontaktaufnahme mit potenziellen Bewerbern werden von einer zunehmenden Anzahl an Unternehmen erkannt. Demnach werden diese verstärkt als wichtige Recruiting-Kanäle von Arbeitgebern eingeschätzt (vgl. Mülder, W., 2016, S. 58). Gleichwohl übersteigt gegenwärtig die Nachfrage nach mobilen Informationen durch Bewerber das tatsächliche Angebot der Unternehmen. Studienergebnissen zufolge sind bereits im Jahr 2015 40 bis 70 % der Bewerber über mobile Kanäle auf der Suche nach Arbeitgeberinformationen und Stellenangeboten (vgl. Jäger, W. & Wickel-Kirsch, S., 2015, S. 121 f.). In der Studie „Wie bewirbt man sich heute?“ (2014) der Ludwigs-Maximilians-Universität München gaben 97 % der befragten Studenten und „Young Professionals“ an, dass die Jobsuche über mobile Endgeräte zukünftig eine bedeutendere Rolle spielen wird. Mehr als jeder zweite Studienteilnehmer hat bereits mobil nach Stellenangeboten gesucht. Auf die Frage, ob sich die Jobsuchenden bereits einmal über ein mobiles Endgerät beworben haben, antworteten lediglich 13 % mit „Ja“, wo hingegen 53 % der Befragten dies gerne täten, wenn die Möglichkeiten komfortabler wären: Die Kandidaten geben an, dass insbesondere die Unübersichtlichkeit auf dem vergleichsweise kleinen Bildschirm ihres mobilen Endgeräts sowie die gesteigerte Umständlichkeit, Dokumente wie einen Lebenslauf oder ein Anschreiben über das Smartphone zu erstellen oder zu verschicken, sie zum aktuellen Zeitpunkt davon abhalten, sich mobil zu bewerben. 48 % der Befragten äußerten zudem, dass nach ihren Erfahrungswerten oftmals die Informationen über Karriereseiten eines Unternehmens nicht den mobilen Anforderungen entsprechen, sodass bei 60 % der Jobsuchenden eine negative oder sehr negative Wirkung resultiert. Ein vollständig mobiler Bewerbungsprozess kann oftmals nicht gewährleistet werden. Trotz der Erkenntnis, dass immer mehr Menschen, insbesondere die nachfolgenden Arbeitnehmergenerationen, präferiert über mobile Endgeräte auf das Internet zugreifen und sich über ihre Smartphones organisieren, wird zum gegenwärtigen Zeitpunkt häufig lediglich die Stellensuche standardmäßig auf die mobile Nutzung optimiert. Der Übergang in den eigentlichen Bewerbungsprozess führt im nächsten Schritt daher zumeist zu einem Medienbruch; in der Regel liegt ein Umstieg auf den Desktop-PC vor. Eine

Vielzahl von Unternehmen erwarten von einem Bewerber nach wie vor das Hochladen beispielsweise des Lebenslaufes, Anschreibens und der Zeugnisse (vgl. Schiebeck, H., 2019, S. 319 ff.) und/oder das Ausfüllen eines klassischen Online-Bewerbungsformulars (vgl. Jäger, W. & Wickel-Kirsch, S., 2015, S. 122 f.). Oftmals wird einem Kandidaten dabei der erwünschte Umfang der hochzuladenden Dokumente erst ersichtlich, nachdem er sich – häufig umständlich – in einer Datenbank registriert hat. Der Prozess mündet standardmäßig in einer automatisch generierten Eingangsbestätigung nach Durchlaufen der beschriebenen Schritte. Nicht selten kommt es dazu, dass Bewerber anschließend nicht weiter über den Status ihrer Bewerbung aufgeklärt werden und längere Zeit keine Rückmeldung bekommen, wobei dies in der Regel negative Auswirkungen auf die Candidate Experience besitzt (vgl. Schiebeck, H., 2019, S. 319 f.).

Es kann davon ausgegangen werden, dass die Generation der Digital Natives einen veralteten Bewerbungsprozess zunehmend als unattraktiv empfindet und teilweise sogar diese Wahrnehmung auf das Unternehmen projiziert. Demnach würde ein betreffendes Unternehmen in der Folge weniger qualifizierte Bewerbungen erhalten und vor größeren Herausforderungen stehen, vakante Jobs sowie die Jobs „von morgen" mit Talenten zu besetzen (vgl. Schiebeck, H., 2019, S. 328). Es erweist sich folglich als essenziell für Arbeitgeber, „sich die beste Ausgangsposition zu sichern, die eigenen unternehmerischen Hausaufgaben zu machen und zu lernen, wie man das kostbare Gut ‚qualifizierte Mitarbeiter' für sich gewinnen und binden kann, bevor es andere Unternehmen tun" (Dannhäuser, R., 2020, S. 1 ff.). In diesem Zusammenhang gewinnt auch das Robotic Recruiting zunehmend an Bedeutung.

2.3.2.2 Robotic Recruiting

Der Einsatz von Robotern, kurz: Bots, ist in der Industrie mittlerweile alltäglich. Gegenwärtig nutzen bereits 75 % der Unternehmen Softwareroboter, um einfache, sich wiederholende Aufgaben automatisiert zu bearbeiten – die so genannte „Robotic Process Automation", kurz: RPA. 90 % der Betriebe, die RPA anwenden, gaben an, zufrieden mit den Ergebnissen zu sein (vgl. Goldmann, P. & Verhoeven, T., 2020, S. 17, nach Zierhofer, R., 2018). Im Vergleich dazu ist die Anzahl der Unternehmen in Deutschland, die datengesteuerte Rekrutierungsmethoden verwendet, mit 3,9 % (2019) deutlich geringer (vgl. Haufe Online Redaktion, 2019: o. S., nach IFO-Institut, 2019).

Es ist jedoch anzunehmen, dass auch die Personalbeschaffung in naher Zukunft verstärkt von KI[30], Softwareprogrammen und Algorithmen abgewickelt wird, da nahezu der gesamte Recruiting-Prozess von dem so genannten „Robot Recruiting", auch „Robotic Recruiting"[31], übernommen werden könnte (vgl. Petry, 2018b, S. 50). In der Praxis bedeutet dies, „dass verstärkt Algorithmen und Programme zur Bewerbersuche und Kandidatenvorauswahl genutzt werden" (Petry, T. & Jäger, W., 2018, S. 107). Zum Beispiel kann ein Softwareprogramm dabei helfen, kanalübergreifend nach geeigneten Kandidaten zu suchen und solche zu identifizieren, die interessanten Profile mit dem relevanten Stellenprofil abzugleichen und ein Ranking nach Passung zu erstellen (vgl. Petry, T. & Jäger, W., 2018, S. 107). Auch beschäftigen sich KI-Anwendungen damit, wie Bewerbungsinterviews automatisiert werden können, wobei hier insbesondere die Methoden zur Bewertung der im Interview gegebenen Antworten im Fokus stehen (vgl. näher Hirschfeld, G., 2020, S. 232). Am weitesten verbreitet ist die Nutzung von Software im Personalmarketing bislang bei automatisierten Routinen wie dem automatischen Versenden einer Eingangsbestätigung an den Kandidaten nach (digitaler) Einreichung seiner Bewerbung (vgl. Goldmann, P. & Verhoeven, T., 2020, S. 18). Des Weiteren findet Robotic Recruiting beispielsweise Anwendungsbereiche bei der Optimierung der Auffindbarkeit von Stellenanzeigen oder dem Matching von Kandidaten und Anforderungsprofilen (vgl. Haufe Online Redaktion, 2019: o. S.).

Vorteile von Chatbots[32] als Unterstützung im Personalmarketing lassen sich vor allem in der Automatisierung und Beschleunigung von HR-Prozessen erkennen, die den Recruitern mehr Zeit für entscheidende Belange einräumen. Gleichzeitig kann der Einsatz von Bot-Systemen zu einer Verbesserung der Candidate Experience führen, da Chatbots eine orts- und zeitunabhängige Kommunikation und Interaktion in Echtzeit gewährleisten und Nutzern umgehend Antworten auf ihre Fragen geben können. Hinzukommend kann ein Bot unmittelbar relevante,

[30] KI – Künstliche Intelligenz – beschäftigt sich als Teilgebiet der Informatik mit der Entwicklung so genannter intelligenter Agenten, die Probleme selbstständig lösen können. Gegenwärtig drückt sich KI insbesondere in der Form eines maschinellen Lernens aus (vgl. Gairing, F., 2020, S. 176).

[31] Der Begriff beschreibt dabei die computergestützte Automatisierung von Recruitingprozessen oder -verfahren zur Ergänzung dieser durch automatische Datenanalysen (vgl. Haufe Online Redaktion, 2019: o. S.).

[32] Ein selbstlernendes Chatbot-System basiert auf einer Datenbank und ist dadurch in der Lage, auf textbasierte Eingaben in natürlicher Sprache eine entsprechende Antwort zu generieren sowie zurückzuspielen und somit eine möglichst menschliche Konversation mit einem digitalen Gesprächspartner zu schaffen (vgl. Khan, R. & Das, S., 2018, S. 1; vgl. Hoffmann, A., 2018, S. 20).

zusätzliche Inhalte an den Nutzer vermitteln und beispielsweise weitere vakante Stellen vorschlagen. Diese Situation verbessert das Nutzererlebnis und kann auch die Quote an Seitenbesuchern, zum Beispiel einer Karrierewebseite, die eine Bewerbung abschicken, erhöhen. Auf diese Weise wird es Unternehmen ermöglicht, sich von den Wettbewerbern durch einen besseren Service und gesteigerte Nutzerzufriedenheit abzugrenzen. Zudem lernt ein Kandidat einerseits über seine Erfahrung mit dem Chatbot die Arbeitgebermarke kennen, andererseits erlangt jedoch auch der Arbeitgeber durch den Dialog hilfreiche Kenntnis über Wünsche und Bedürfnisse der Kandidaten. Die Verfügbarkeit von Chatbots auf verbreiteten Messaging-Plattformen wie Facebook oder WhatsApp und die vereinfachte Anbindung an die vorhandenen Bewerbermanagementsysteme gibt Unternehmen ferner die Möglichkeit, eine hohe Zahl an Kandidaten in ihrem gewohnten Umfeld anzusprechen. Dies macht die Erfahrung für die Zielgruppe besonders angenehm und leicht, da sie sich in einer vertrauten Umgebung bewegt und keinen zusätzlichen Aufwand für die Kommunikation betreiben muss. Oftmals können auch Bewerbungsunterlagen, wie beispielsweise der Lebenslauf, während der Chatbot-Kommunikation im jeweiligen Messenger hochgeladen werden – eine Option, die den potenziellen Bewerbern eine weitere Hürde im Bewerbungsprozess nimmt. Im Rahmen des Recruitings können Chatbots außerdem ein sogenanntes Screening durch vorgefertigte Fragen durchführen, beispielsweise mit Hinsicht auf ein spezifisches Anforderungsprofil, und auf diese Weise nicht geeignete Kandidaten bereits im Vorfeld „aussortieren" (vgl. Dudler, L., 2020, S. 103)[33].

---

[33] Immer mehr Unternehmen erkennen die Vorteile der Chatbot-Nutzung im Personalmarketing. Darauf lassen auch die Ergebnisse der „Recruiting Trends 2018"-Studie (2018) schließen. Im Rahmen der Befragung gaben sechs von zehn Unternehmen an, dass sie an eine Steigerung des Einsatzes von Chatbots in der Personalbeschaffung glauben. Besondere Anwendung findet die Technologie im Personalbereich insbesondere durch die Aufsetzung eines digitalen Karriereberaters, der Kandidaten automatisiert Fragen zu Karrierethemen, offenen Stellen oder dem Unternehmen allgemein beantwortet. Im Jahr 2018 haben 2,8 % der Top-1000-Unternehmen in Deutschland einen digitalen Karriereberater eingesetzt. In der IT-Branche bietet bereits jedes zehnte Unternehmen den Dienst an. Einsetzbar sind Chatbots dabei beispielsweise auf der Karrierewebseite oder auf digitalen Stellenbörsen. Der Vorteil der Nutzung wird aus Unternehmensperspektive hauptsächlich in der effizienteren Beantwortung von Standardfragen, der Verbesserung der Serviceleistungen und der Karriereberatung von Interessenten gesehen. Gemäß der genannten Studie sind speziell jüngere Zielgruppen offen gegenüber der Chatbot-Nutzung. 60 % der Kandidaten aus der Generation Y gaben an, gerne die Möglichkeit der Chatbot-Kommunikation im Rahmen ihrer Stellensuche wahrnehmen zu wollen. Sie sehen die Vorteile vordergründig in der Beantwortung von Fragen über ein Unternehmen (61 %), der Verbesserung der Serviceleistung von Internet-Stellenbörsen (63,5 %) sowie unternehmenszugehörigen Karriereseiten (58,3 %) und in der Beratung über offene Stellen (55,3 %) (vgl. Weitzel, T. et al., 2018, S. 3 ff.).

Wichtig für den Erfolg eines Chatbot ist, dass er sehr gut aufgesetzt ist, um Akzeptanz bei seinem Nutzer zu erhalten und möglichst „menschlich" zu wirken (vgl. Kruse Brandao, T., 2019, S. 302 f.). Zwar eignet sich das System für die Beantwortung von wiederkehrenden Standardfragen, es stößt jedoch in der Regel an die Grenzen mit zunehmender Komplexität der Konversation. Um eine Unzufriedenheit bei dem Gesprächspartner zu vermeiden, empfiehlt es sich daher, eine Überleitung zu menschlichen Mitarbeitern zur Verfügung zu stellen (vgl. Bernauer, D., 2019, S. 147 ff.). Ein Chatbot sollte als unterstützendes Instrument verstanden werden, nicht aber als Ersatz des Menschen. Wird die Technologie in dieser Funktion richtig eingesetzt, kann ein Anteil von bis zu 75 % aller wiederholt auftretenden Fragen innerhalb der ersten drei Wochen automatisiert beantwortet und somit die Zufriedenheitsrate auf Bewerberseite gesteigert werden (vgl. Dudler, L., 2020, S. 110)[34].

Darüber hinaus kann das automatische Auslesen von Daten aus Lebensläufen oder Online-Profilen im Rahmen einer One-Klick-Bewerbung zu einer gesteigerten Zufriedenheit der Bewerber führen. Diese basiert in den meisten Fällen auf der Parsing-Technologie und beschreibt die Möglichkeit, eine Bewerbung in bis zu drei Schritten abzuschließen. Ermöglicht wird dies durch eine Verknüpfung mit dem auf einem sozialen und/oder karriereorientierten Netzwerk hinterlegten Bewerber-Profil oder dem Hochladen des Lebenslaufes durch den Kandidaten und dem anschließenden Überführen der Daten in das Bewerbermanagementsystem des Unternehmens. Die Dauer der Durchführung einer Bewerbung kann durch diesen Prozess deutlich gesenkt werden, da das Ausfüllen von umfangreichen Bewerbungsformularen zum Großteil entfällt. So wird dem Bewerber ein schneller und komfortabler Bewerbungsprozess geboten, während dem betreffenden Unternehmen auf der anderen Seite weiterhin der maximal mögliche Umfang an Bewerberdaten zur Verfügung gestellt wird. CV-Parsing beschreibt dabei die Fähigkeit, unstrukturierte Daten in verschiedenen Formaten durch die Kombination regelbasierter und statistischer Sprachverarbeitungstechniken in ein Konzept und zu einer strukturierten Darstellung zu bringen. Alle CV-Parsing-Technologien

[34] Es lässt sich außerdem noch ein weiterer Einsatzbereich von KI in Form von Bots aufführen. So nutzt das Unternehmen Bayer neben körperlosen Chatbots in der Online-Kommunikation auch seit 2017 einen physischen Roboter. Dieser wird beispielsweise auf Karrieremessen eingesetzt, um das Personal zu entlasten und zusätzliche Aufmerksamkeit zu erzeugen. Dabei kann er mehrere Funktionen erfüllen, wie zum Beispiel die Bereitstellung von Informationen, das Führen von Konversationen mit Besuchern oder die Beantwortung konkreter Fragen. Zudem generiert der Roboter einen zusätzlichen Unterhaltungswert und unterstützt das Unternehmen so in seinen Personalmarketingaktivitäten (vgl. Bernauer, D., 2019, S. 147 ff.).

besitzen die Fähigkeit des strukturierten Auslesens und semantischen Interpretierens von Daten. Dies hat den Vorteil, dass eine vorher unstrukturierte Menge an Daten zu einer strukturierten Datengrundlage formatiert und somit für weitere Technologien, wie beispielsweise Recruiting-Analytics-Systeme oder auf Künstliche Intelligenz basierende Recruiting-Lösungen, leichter nutzbar gemacht wird. Laut Weitzel et al. (2017) verwenden zum aktuellen Zeitpunkt 9,5 % der Unternehmen in Deutschland die Parsing-Technologie. 17,9 % planen die Implementierung (vgl. Goldmann, P. & Verhoeven, T., 2020, S. 13 f.). Auch auf Bewerberseite trifft die Anwendung auf Zustimmung: Gemäß der „Jobsuche im Fokus"-Studie (2018) gaben 76 % der Kandidaten an, dass sie die One-Klick-Bewerbung nutzen würden (vgl. Herman, A. & Pela, P., 2018, S. 33).

2.3.2.3 Mixed Reality und Recruitainment als ergänzende Formate im Recruiting-Prozess

Bereits seit dem Jahr 2015 steigt die Bedeutung von audiovisuellen Formaten im Personalmarketing-Mix (vgl. Jäger, W., 2018, S. 20). Neue, erweiterte Bewegtbildformate wie Virtual Reality, kurz: VR, oder Augmented Reality, kurz: AR, treten dabei immer mehr in den Fokus, da sie dem Rezipienten einen Grad an Immersion und Interaktion bieten, der zuvor durch gängige Formate wie Fotos oder Videos nicht möglich war (vgl. Petry, T. & Jäger, W., 2018, S. 49). Die Technologien werden als „die nächste Welle der digitalen Technologieentwicklung" (Jäger, W., 2018, S. 169 ff.) interpretiert. Mögliche Einsatzgebiete finden sie beispielsweise auf Messen (vgl. Jäger, W., 2018, S. 169 ff.). Virtual Reality gilt als besonders vielversprechend und wird mittlerweile vermehrt im Recruiting eingesetzt (vgl. Goldmann, P. & Verhoeven, T., 2020, S. 19). Die Technologie ermöglicht die Vermittlung von Informationen über ein emotionales Erleben einer computergenerierten Wirklichkeit mithilfe von technischen Hilfsmitteln wie VR-Brillen. Besonders 360-Grad-Videos werden von Unternehmen im Personalmarketing eingesetzt. Der Rezipient wird in die Lage versetzt, aus der Perspektive der Kamera ein real gefilmtes, linear ablaufendes Video aus allen Perspektiven, geführt durch einfache Kopfbewegungen, zu betrachten und sogar mit seiner Umgebung zu interagieren (vgl. Schmitz, B., 2019, S. 228; vgl. Jäger, W., 2018, S. 172). Dies erlaubt dem Interessierten, realitätsnahe Einblicke in die Arbeitsumgebung des potenziellen Arbeitgebers in einer neuen, abwechslungsreichen Erlebnisform zu erhalten und bietet Unternehmen so vielseitige Möglichkeiten der authentischen Selbstdarstellung (vgl. Jäger, W., 2018, S. 20). Darüber hinaus kann es Unternehmen dabei helfen, eine bessere Einschätzung eines Kandidaten durch die Analyse, Dokumentation und Bewertung seines Verhaltens zu erlangen.

Es kann zudem als positiv hervorgehoben werden, dass VR durch die aktive Interaktion einen nachhaltigeren Effekt bei dem Nutzer bewirkt als passiver Konsum, beispielsweise durch das Rezipieren von Videos (vgl. Jäger, W., 2018, S. 172).

Augmented Reality, das heißt die erweiterte Realität, steht für eine computergestützte erweiterte Realitätswahrnehmung über technische Geräte wie etwa AR-Brillen oder Smartphones, wobei die Realität durch digitale Erscheinungen und Informationen ergänzt wird. Im Rahmen eines AR-Erlebnisses kann die reale Umwelt wahrgenommen und auf sie reagiert werden (vgl. Goldmann, P. & Verhoeven, T., 2020, S. 19). Dabei entsteht bei dem Nutzer der AR-Brille der Anschein, nicht real vorhandene AR-Gegenstände befänden sich tatsächlich im Raum (vgl. Jäger, W., 2018, S. 173). Bereits seit einigen Jahren werden umfangreiche Investitionen in Bezug auf die AR-Technologie getätigt. Der „Gartner Hype Cycle 2017" versteht sie als eine von drei Megatrends (vgl. Petry, T. & Jäger, W., 2018, S. 48 f.). Zwar erkennen viele Unternehmen die Vorteile der Nutzung von VR und AR im Personalmarketing bereits, sind jedoch aufgrund des fehlenden Know-hows noch unsicher, wie sie die neuen Technologien geeignet einsetzen können. Da die Nutzung der Technik zum aktuellen Zeitpunkt in der Regel noch mit hohen Kosten verbunden ist, führt auch dieser Aspekt bei Unternehmen noch zu Zurückhaltung (vgl. Agentur junges Herz, 2016: o. S.). Gegenwärtig finden die Technologien besonders in Bezug auf Trainings, Assessments oder Compliance Anwendung (vgl. Jäger, W., 2018, S. 172).

Neben VR- und AR-Anwendungen kann das sogenannte Recruitainment als Trend im Personalmarketing identifiziert werden (vgl. Jäger, W. & Wickel-Kirsch, S., 2015, S. 143 f.). Der Begriff „bezeichnet den Einsatz spielerisch-simulativer und benutzerorientierter Elemente in Berufsorientierung, Employer Branding, Personalmarketing und Recruiting" (Diercks, J. & Kupka, K., 2013, S. 17). Recruitainment kann als eine neue Form des Self-Assessments interpretiert werden, dessen Ziel es ist, Informationen über Aufgaben und Berufsbilder unterhaltsam zu vermitteln sowie das Arbeitsleben abwechslungsreich zu simulieren. Auf diese Weise soll der Prozess des Zusammenfindens von passenden Arbeitgebern und qualifizierten Talents optimiert werden (vgl. Jäger, W. & Wickel-Kirsch, S., 2015, S. 143 f.). Für diesen Zweck werden zum Beispiel Selbsttests, interaktive Events oder speziell entwickelte Computerspiele genutzt. Die Kandidaten erhalten die Möglichkeit, beispielsweise über ein „Serious Game" einen authentischen Eindruck von ihrem potenziellen neuen Arbeitgeber und der Tätigkeit zu erhalten und gegebenenfalls bereits relevante Arbeitsaufgaben bearbeiten zu können (vgl. Hirschfeld, G., 2020, S. 234). Oftmals werden im Rahmen von Berufsorientierungsspielen verschiedene weitere Medien, wie etwa Videokonferenzen, Chats oder Filmausschnitte, eingebracht. So ergibt sich für Unternehmen die Chance, potenzielle Mitarbeiter auf Qualifikationen wie zum Beispiel Problemlösungsfähigkeit oder Stresstoleranz zu testen (vgl. Jäger, W. & Wickel-Kirsch, S., 2015, S. 143 f.; vgl. Diercks, J. & Kupka, K., 2013, S. 17). Doch auch dem Kandidaten wird es ermöglicht, sich selbst und die eigene Passung zu einem Job und /oder einem Unternehmen anhand der realistischen Konfrontation mit relevanten Aufgaben und Problemstellungen zu überprüfen (vgl. Jäger, W. & Hempe, R., 2013, S. 218)[35]. Recruitainment ist inzwischen ein allgemein akzeptiertes Instrument der Personalgewinnung mit voraussichtlich kontinuierlich wachsender Bedeutung. Als begünstigende Einflussfaktoren auf die praktische Relevanz des Themas werden dabei unter anderem die gesellschaftlichen Megatrends, also der demografische Wandel und die Digitalisierung, erkannt. Des Weiteren stellen die zunehmende Wichtigkeit des Wirtschaftsfaktors Gaming sowie der Trend zu Gamification Treiber der Entwicklung dar. Auch spezifische Merkmale der Generation Y, wie die Affinität zu Innovationen, interaktiven Medien und elektronischen Spielen sowie der Wunsch nach Selbsterkenntnis und Transparenz, tragen zu einer zunehmenden Relevanz von Gamification-Ansätzen im Recruiting bei, da Arbeitgeber ihr Personalmarketing den Bedürfnissen der Nachwuchskräfte anpassen müssen (vgl. Mattmüller, R. et al., 2019, S. 150 ff.).

Literatur

Abrell, C., & Rowold, J. (2015). Personalmarketing. In J. Rowold (Hrsg.), *Human Resource Management – Lehrbuch für Bachelor und Master* (2. Aufl., S. 135–143). Springer.

Agentur Junges Herz. (2016). Virtual Reality: Der neue Trend im Personalmarketing. https://www.agentur-jungesherz.de/blog/virtual-reality-der-neue-trend-im-personalmarketing/. Zugegriffen: 2. Mai 2021.

Agof. (2019). AGOF daily digital facts 01.04.2019. https://www.agof.de/?wpfb_dl=7426. Zugegriffen: 2. Mai 2021.

Armutat, S. (2006). Erfolgsorientiertes Personalmarketing – Das Konzept. In DGFP e. V. – Deutsche Gesellschaft für Personalführung e. V. (Hrsg.), *Erfolgsorientiertes Personalmarketing in der Praxis: Konzept, Instrumente, Praxisbeispiele* (Bd. 80, S. 27–36). Bertelsmann.

Bärmann, F. (2012). *Social Media im Personalmanagement: Facebook, XING, Blogs, Mobile Recruiting und Co. erfolgreich einsetzen*. mitp.

[35] Recruitainment kann im weiteren Sinne auch Online- und Offline-Maßnahmen wie Preisausschreibungen, Wettbewerbe oder Diskussionen umfassen (vgl. Braehmer, B. & Dannhäuser, R., 2020, S. 496; vgl. Diercks J. & Kupka, K., 2013, S. 17). Gemeinsam haben diese zumeist einen „Unterhaltungs-, Informations- und/oder Simulationscharakter“ (Diercks J. & Kupka, K., 2013, S. 17).

Becker, N. (2013). Differenzierung: Big Sail Adventures machen die Arbeitgebermarke PwC erlebbar. In H. Künzel (Hrsg.), *Erfolgsfaktor Employer Branding – Mitarbeiter binden und die Gen Y gewinnen* (S. 229–250). Springer.

Beisch, N., & Schäfer, C. (2020). Ergebnisse der ARD/ZDF-Onlinestudie 2020 – Internetnutzung mit großer Dynamik: Medien, Kommunikation, Social Media. https://www.ard-zdf-Onlinestudie.de/files/2020/0920_Beisch_Schaefer.pdf. Zugegriffen: 2. Mai 2021.

Bernauer, D. (2019). Talentrekrutierung über soziale Netzwerke. In M. Busold (Hrsg.), *War for talents – Erfolgsfaktoren im Kampf um die Besten* (2. Aufl., S. 137–150). Springer.

Bieber, P. (2012). *Recruiting im Social Web: Talentmanagement 2.0 – so begeistern Sie Netzwerker für Ihr Mitmach-Unternehmen!* (1. Aufl., S. 87–108). BusinessVillage.

Bitkom. (2018). Jeder Dritte liest Arbeitgeber-Bewertungen Online. https://www.bitkom.org/Presse/Presseinformation/Jeder-Dritte-liest-Arbeitgeber-Bewertungen-Online.html. Zugegriffen: 2. Mai 2021.

Bitkom. (2019). Der Arbeitsmarkt für IT-Fachkräfte. https://www.bitkom.org/sites/default/files/2019-11/bitkom-charts-it-fachkrafte-28-11-2019_final.pdf. Zugegriffen: 2. Mai 2021.

Braehmer, B. (2020). Social Recruiting Erfolg mit LinkedIn – Von Zero to Hero! In R. Dannhäuser (Hrsg.), *Praxishandbuch Social Media Recruiting – Experten Know-How/Praxistipps/Rechtshinweise* (4. Aufl., S. 149–204). Springer Fachmedien.

Braehmer, B., & Dannhäuser, R. (2020). Steigerung des Wirkungsgrades durch Social Recruiting und Active Sourcing in der Praxis. In R. Dannhäuser (Hrsg.), *Praxishandbuch Social Media Recruiting – Experten Know-How/Praxistipps/Rechtshinweise* (4. Aufl., S. 487–530). Spinger Fachmedien.

Brickwedde, W. (2020). Wie kommen Ihre Stellenangebote in Social Media? In R. Dannhäuser (Hrsg.), *Praxishandbuch Social Media Recruiting – Experten Know-How/Praxistipps/Rechtshinweise* (4. Aufl., S. 693–720). Springer Fachmedien.

Buckmann, J. (Hrsg.). (2013). *Einstellungssache: Personalgewinnung mit Frechmut und Können: Frische Ideen für Personalmarketing und Employer Branding*. Springer Gabler (Print-Edition).

Busold, M. (2019). *War for talents – Erfolgsfaktoren im Kampf um die Besten* (2. Aufl.). Springer.

Bürge, C. (2016). *Personalmarketing im Internet: Eine rechtliche und betriebswirtschaftliche Betrachtung*. Springer, Gabler.

Bruhn, M. (1995). *Integrierte Unternehmenskommunikation. Ansatzpunkte für eine strategische und operative Umsetzung integrierter Kommunikationsarbeit* (2. Aufl.). Schäffer-Poeschel.

Chikato, D., & Dannhäuser, R. (2020). So zünden Sie mit XING Ihren Recruiting-Turbo! In R. Dannhäuser (Hrsg.), *Praxishandbuch Social Media Recruiting – Experten Know-How/Praxistipps/Rechtshinweise* (4. Aufl., S. 37–148). Springer Fachmedien.

Christa, H. (2019). *Personalmarketing – Eine Einführung für sozialwirtschaftliche Organisationen*. Springer Fachmedien.

Dahlmanns, A. (2014). *Generation Y und Personalmanagement*. Hampp.

Dannhäuser, R. (Hrsg.). (2020). *Praxishandbuch Social Media Recruiting-Experten Know-How/Praxistipps/Rechtshinweise* (4. Aufl.). Spinger Fachmedien.

Dannhäuser, R., & Braehmer, B. (2020). Active Sourcing in der Praxis. In R. Dannhäuser (Hrsg.), *Praxishandbuch Social Media Recruiting-Experten Know-How/Praxistipps/Rechtshinweise* (4. Aufl., S. 531–559). Spinger Fachmedien.

Diercks, J. (2020). Online-Assessment. In T. Verhoeven (Hrsg.), *Digitalisierung im Recruiting – Wie sich Recruiting durch künstliche Intelligenz, Algorithmen und Bots verändert* (S. 79–100). Springer Fachmedien.

Diercks, J., & Kupka, K. (2013). Recrutainment – Bedeutung, Einflussfaktoren und Begriffsbestimmung. In K. Kupka & J. Diercks (Hrsg.), *Recruitainment – Spielerische Ansätze in Personalmarketing und -auswahl* (S. 1–18). Springer Fachmedien.

DGFP. (Hrsg.). (2015). DGFP-Studie: Megatrends 2015. https://www.dgfp.de/fileadmin/user_upload/DGFP_e.V/Medien/Publikationen/Studien/2015-09-09-StudieMegatrend.pdf. Zugegriffen: 2. Mai 2021.

Dudler, L. (2020). Wenn Bots übernehmen – Chatbots im Recruiting. In T. Verhoeven (Hrsg.), *Digitalisierung im Recruiting* (S. 51–66). Springer Fachmedien.

Felser, G. (2010). *Personalmarketing-Praxis der Personalpsychologie: Human Resource Management kompakt* (Bd. 21). Hogrefe.

Gairing, F. (2020). Transformationskompetenz – Welche Fähigkeiten brauchen Menschen und Organisationen zur erfolgreichen Gestaltung der digitalen Transformation und wie können diese gefördert werden? In A. Haubrock (Hrsg.), *Digitalisierung – Das HR-Management der Zukunft* (S. 166–212). Kohlhammer.

Goldmann, P., & Verhoeven, T. (Hrsg.). (2020). Digitalisierung im Recruiting: Der Status quo. In T. Verhoeven (Hrsg.), *Digitalisierung im Recruiting – Wie sich Recruiting durch künstliche Intelligenz, Algorithmen und Bots verändert* (S. 7–24). Springer Fachmedien.

Grothe, M. (2020). Wie Sie Facebook richtig verankern. In R. Dannhäuser (Hrsg.), *Praxishandbuch Social Media Recruiting – Experten Know-How/Praxistipps/Rechtshinweise* (4. Aufl., S. 205–250). Springer Fachmedien.

Hagen, A. (2011). *Personalmarketing: Rekrutierung von Nachwuchskräften in deutschen Unternehmen, Wismarer Schriften zu Management und Recht* (Bd. 60). Europäischer Hochschulverlag.

Haubrock, A., & Öhlschleger-Haubrock, S. (2009). *Personalmanagement* (2. Aufl.). Kohlhammer.

Haufe Online Redaktion. (2019). Robot Recruiting: Möglichkeiten und Grenzen. https://www.haufe.de/personal/hr-management/robot-recruiting_80_484436.html. Zugegriffen: 2. Mai 2021.

Herman, A., & Pela, P. (2018). JOBSUCHE IM FOKUS. https://www.stepstone.de/hr-studies/stepstone-jobsuche-im-fokus.pdf. Zugegriffen: 2. Mai 2021.

Hesse, G., Mayer, K., Rose, N., & Fellinger, C. (2019). Herausforderungen für das Employer Branding und deren Kompetenzen. In R. Mattmüller & G. Hesse (Hrsg.), *Perspektivwechsel im Employer Branding – Neue Ansätze für die Generationen Y und Z* (2. Aufl., S. 55–100). Springer Fachmedien.

Hirschfeld, G. (2020). Personaldiagnostik im digitalen Zeitalter. In A. Haubrock (Hrsg.), *Digitalisierung – Das HR-Management der Zukunft* (S. 213–241). Kohlhammer.

Hoffmann, A. (2018). *Einführung in die Zukunft von Marketing, PR und CRM* (1. Aufl.). FRANZIS.

Honarfar, J. (2020). Social Media Recruiting in Österreich. In R. Dannhäuser (Hrsg.), *Praxishandbuch Social Media Recruiting – Experten Know-How/Praxistipps/Rechtshinweise* (4. Aufl., S. 581–620). Springer Fachmedien.

IfD Allensbach. (Hrsg). (2012). Bildung und Beruf in Zeiten der Finanzkrise: Studienbedingungen und Jobchancen nach dem Studium. https://reemtsma-stipendium.de/wp-content/uploads/2016/08/2012-allensbachstudie-04.pdf. Zugegriffen: 2. Mai 2021.

IFO-Institut. (2019). Künstliche Intelligenz im Rekrutierungsverfahren – bisher nur vereinzelt im Einsatz (1. Quartal 2019). https://www.ifo.de/node/43123. Zugegriffen: 25. März 2021.

Index Research. (2015). index Stellenanzeigen-Report 2015/2016 DEUTSCHLAND.

Jäger, W. (2018). „Recruiting 1.0–4.0“: Strategien, Prozesse und Systeme im Wandel der Zeit. In C. Kochhan & A. Moutchnik (Hrsg.), *Media Management – Ein interdisziplinäres Kompendium* (S. 1–28). Springer Fachmedien.

Jäger, W., & Hempe, R. (2013). Moderne Inline Recruiting-Kanäle. In W. Appel & B. Michel-Dittgen (Hrsg.), *Digital Natives – Was Personaler über die Generation Y wissen sollten* (S. 213–224). Springer Fachmedien.

Jäger, W., & Wickel-Kirsch, S. (2015). Personalmarketing und Personalgewinnung [-beschaffung und -auswahl]. In D. Wagner (Hrsg.), *Praxishandbuch Personalmanagement* (1. Aufl., S. 98–159). Haufe-Lexware.

Jung, H. (2008). *Personalwirtschaft*. Oldenbourg Wissenschaftsverlag.

Karathanasi, A. (2020). Studie: Wie informieren sich MINT Student*innen über Arbeitgeber? https://www.saatkorn.com/studie-wie-informieren-sich-mint-studentinnen-ueber-arbeitgeber/. Zugegriffen: 2. Mai 2021.

Khan, R., & Das, A. (2018). *Build better chatbots – A complete guide to getting started with chatbots*. Apress Verlag.

Keil, M. (2017). Statistiken zur Social-Media Nutzung in Deutschland. https://blog.hubspot.de/marketing/social-media-in-deutschland. Zugegriffen: 2. Mai 2021.

Königsteiner Gruppe. (2019). MINT-Studienanfänger schon früh auf Arbeitgebersuche – Neue Arbeitsmarktstudie an Hochschulen wirft Blick auf die Karriereperspektiven von MINT-Studierenden. https://www.presseportal.de/pm/105502/4305937. Zugegriffen: 2. Mai 2021.

Kolberg, A. (2011). Zeit und Raum im Wandel. *Personalwirtschaft, 8*. https://www.personalwirtschaft.de/produkte/archiv/magazin/ausgabe-8-2011/0%3A5365559.html. Zugegriffen: 2. Mai 2021.

Konschak, B. (2014). *Professionelles Personalmarketing: Die richtigen Mitarbeiter für Ihr Unternehmen ansprechen und gewinnen*. Haufe-Lexware.

Kriegler, W. (2015). *Praxishandbuch Employer Branding. Mit starker Marke zum attraktiven Arbeitgeber werden* (2. Aufl.). Haufe.

Kroeber-Riel, W., & Weinberg, P. (2003). *Konsumentenverhalten* (8. Aufl.). Vahlen.

Kruse Brandao, T., & Wolfram, G. (2018). *Digital Connection – Die bessere Customer Journey mit smarten Technologien – Strategie und Praxisbeispiele*. Springer Fachmedien.

Kupferschmitt, T. (2018). Ergebnisse der ARD/ZDF-Onlinestudie 2018. https://www.ard-zdf-Onlinestudie.de/files/2018/0918_Kupferschmitt.pdf. Zugegriffen: 2. Mai 2021.

Lüthy, A. (2020). Recruiting und Employer Branding mit den Mitarbeitern: Corporate Influencer als Unternehmensbotschafter. In R. Dannhäuser (Hrsg.), *Praxishandbuch Social Media Recruiting – Experten Know-How/Praxistipps/Rechtshinweise* (4. Aufl., S. 377–412). Springer Fachmedien.

Marquardt, M., & Kaspers, M. (2020). Social Media Recruiting mit Instagram. In R. Dannhäuser (Hrsg.), *Praxishandbuch Social Media Recruiting – Experten Know-How/Praxistipps/Rechtshinweise* (4. Aufl., S. 315–344). Springer Fachmedien.

Mattmüller, R., & Buschmann, A. (2019). Marketing: Das Management aller Zielgruppen. In G. Hesse & R. Mattmüller (Hrsg.), *Perspektivwechsel im Employer Branding – Neue Ansätze für die Generationen Y und Z* (2. Aufl., S. 1–16). Springer Fachmedien.

Mattmüller, R., Reif, M. K., Buchman, J., von Zittwitz, F., Diercks, J., Kupka, K., Bender, J., Berentzen, J., Hoog, P., Grewe, T., Robeck, K., Balke, A., Hahn, K., Kielgas, S., & Herde, A. (2019). Fallstudien zu aktuellen Herausforderungen im Employer Branding und Personalmarketing. In G. Hesse & R. Mattmüller (Hrsg.), *Perspektivwechsel im Employer Branding – Neue Ansätze für die Generationen Y und Z* (2. Aufl., S. 105–202). Springer Fachmedien.

Meister, C. J., & Willyerd, K. (2010). *The workplace 2020 – How innovative companies attract, develop, and keep tomorrow's employees today*. Harper Collins.

Monster. (2015). Bewerbungspraxis 2015 – Eine empirische Studie mit 7.000 Stellensuchenden und Karriereinteressierten im Internet. https://www.uni-bamberg.de/fileadmin/uni/fakultaeten/wiai_lehrstuehle/isdl/Bewerbungspraxis_2015.pdf. Zugegriffen: 2. Mai 2021.

Monster. (2020). Die optimale Stellenanzeige: Storytelling ist ein Muss. https://www.monster.de/mitarbeiter-finden/recruiting-tipps/einstellungsverfahren/personalmarketing/die-perfekte-stellenanzeige-de-035271/. Zugegriffen 21. Jan. 2021.

Mülder, W. (2016). Mobile human ressource management. In T. Barton, C. Müller, & C. Seel (Hrsg.), *Mobile Anwendungen in Unternehmen: Konzepte und betriebliche Einsatzszenarien* (S. 51–64). Springer.

Müller, T., & Rosner, L. (2010). *Gute Mitarbeiter finden, fördern, binden: Personalmarketing in der Altenhilfe*. Hannover: VINCENTZ NETWORK.

Olesch, G. (2012). Erfolgsfaktoren für Arbeitgeberattraktivität. *Personalführung, 11*, 68–70.

O. V. (2021). Recruiting und employer branding. *Personal Magazin*, 5, S. 32–33.

Parment, A. (2013). *Die Generation Y – Mitarbeiter der Zukunft motivieren, integrieren, führen* (2. Aufl.). Springer Fachmedien.

Petry, T. (2018). Social Media Personalmarketing Studie 2018. https://www.hs-rm.de/fileadmin/Home/Fachbereiche/Wiesbaden_Business_School/Forschungsprofil/Forschungsprojekte/HSRM_WBS_Petry-T_Studie_Social-Media_Personalmarketing_2018.pdf. Zugegriffen: 2. Mai 2021.

Petry, T., & Jäger, W. (2018). *Digital HR – Smarte und agile Systeme, Prozesse und Strukturen im Personalmanagement* (1. Aufl.). Haufe-Lexware.

Petry, T., & Vaßen, M. (2017). Personalmarketing 2.0 – State of the Art, Praxisbeispiele und Erfolgsfaktoren. In B. Rosenberger (Hrsg.), *Modernes Personalmanagement. Strategisch – Operativ – Systemisch* (2. Aufl., S. 311–324). Springer Fachmedien.

Raven51 AG. (2018). Stellenanzeigen – Alles, was Sie wissen müssen. https://raven51.de/wiki/stellenanzeige-schreiben/. Zugegriffen: 2. Mai 2021.

Reuter, N., & Junge, C. (2020a). Mehr Erfolg im Recruiting durch Arbeitgeberbewertungsportale. In R. Dannhäuser (Hrsg.), *Praxishandbuch Social Media Recruiting – Experten Know-How/Praxistipps/Rechtshinweise* (4. Aufl., S. 413–486). Springer Fachmedien.

Reuter, N., & Junge, C. (2020b). Multichannel User Experience Design. In R. Dannhäuser (Hrsg.), *Praxishandbuch Social Media Recruiting – Experten Know-How/Praxistipps/Rechtshinweise* (4. Aufl., S. 641–663). Springer Fachmedien.

Rodeck, S. (2020). Social Media Recruiting mit Videos. In R. Dannhäuser (Hrsg.), *Praxishandbuch Social Media Recruiting – Experten Know-How/Praxistipps/Rechtshinweise* (4. Aufl., S. 345–376). Springer Fachmedien.

Röttger, U., & Laukötter, E. (2019). Hochschulmarketing. In M. Schäfer, B. Fähnrich, J. Metag, & S. Post (Hrsg.), *Forschungsfeld Hochschulkommunikation* (S. 165–180). Springer Fachmedien.

Roth, P. (2020). Nutzerzahlen: Facebook, Instagram, Messenger und WhtasApp, Highlights, Umsätze, uvm. [Stand August 2020]. https://allfacebook.de/toll/state-of-facebook. Zugegriffen: 2. Mai 2021.

Rowold, J. (2015). *Human Resource Management – Lehrbuch für Bachelor und Master* (2. Aufl.). Gabler.

Rütten, M. (2020). Nur etwas für Konzerne oder klappt Recruiting Analytics auch im Mittelstand? In T. Verhoeven (Hrsg.), *Digitalisierung im Recruiting – Wie sich Recruiting durch künstliche Intelligenz, Algorithmen und Bots verändern* (S. 161–182). Springer Fachmedien.

Rump, J., & Wagner, M. (2021). Erlebniswelt Arbeitsplatz. *Personal Magazin*, 5, S. 84–88.

Ruthus, J. (2014). *Arbeitgeberattraktivität aus Sicht der Generation Y – Handlungsempfehlungen für das Human Resources Management*. Springer Fachmedien.

Sammis, K. (2015). *Influencer marketing for dummies* (1. Aufl.). Wiley.

Schamberger, I. (2006). *Differenziertes Hochschulmarketing für High Potenzials*. BoD – Books on Demand GmbH.

Schasche, S. (2020). So viele Nutzer hat TikTok in Deutschland. https://www.wuv.de/tech/so_viele_nutzer_hat_tiktok_in_deutschland#:~:text=10%2C7%20Millionen%20TikTok%2DNutzer,ihrer%20Zeit%20mit%20der%20App. Zugegriffen: 2. Mai 2021.

Scheller, S. (2020). Karriere-Blog als Instrument im Social-Media-Mix. In R. Dannhäuser (Hrsg.), *Praxishandbuch Social Media Recruiting – Experten Know-How/Praxistipps/Rechtshinweise* (4. Aufl., S. 251–281). Springer Fachmedien.

Schenk, M. (2007). *Medienwirkungsforschung* (3. Aufl.). Mohr.

Schiebeck, H. (2019). Digitale HR-Kommunikation – Innovatives Video-Recruiting. In A. Ternès & M. Englert (Hrsg.), *Digitale Unternehmensführung – Kommunikationsstrategien für ein exzellentes Management* (S. 319–329). Springer Fachmedien.

Schleiter, A., & Armutat, S. (2004). Was Arbeitgeber attraktiv macht. *Deutsche Gesellschaft für Personalführung e. V. [DGFP]: Praxis Papiere Ausgabe 4*, S. 4.

Schmitz, B. (2019). Employer Branding und Personalmarketing am Beispiel Bayer. In M. Busold (Hrsg.), *War for talents* (S. 221–234). Springer.

Schneider, M., Sadowski, D., Frick, B., & Warning, S. (2020). *Personalökonomie und Personalpolitik – Grundlagen einer evidenzbasierten Praxis*. Schäffer-Poeschel.

Scholz, C. (2014). *Grundzüge des Personalmanagements* (2. Aufl.). Vahlen.

softgarden e-recruiting GmbH. (Hrsg.). (2020). Umfrage. Candidate Experience 2020 – Teil 1: Einstiegspunkte, Eigenmedien, Arbeitgeberbewertungen. https://go.softgarden.de/hubfs/sg-umfrage-candidate_experience-0920-Teil_1-SCREEN.pdf. Zugegriffen: 2. Mai 2021.

Staffler, F. (2013). Mobile: Die Zukunft liegt auf der Hand. In J. Buckmann (Hrsg.), *Einstellungssache: Personalgewinnung mit Frechmut und Können: Frische Ideen für Personalmarketing und Employer Branding* (S. 165–180). Springer Gabler.

statista GmbH. (2017). Anteil der befragten Internetnutzer, die Kununu nutzen, nach Altersgruppe in Deutschland im Jahr 2017. https://de.statista.com/statistik/daten/studie/812622/

umfrage/nutzung-von-kununu-nach-altersgruppen-in-deutschland/#:~:text=Diese%20Statistik%20zeigt%20das%20Ergebnis,Arbeitgeber%2DBewertungsportal%20Kununu%20zu%20nutzen. Zugegriffen: 21. Jan. 2021.

statista GmbH. (2019). Anzahl der Facebook-Nutzer in Deutschland in den Jahren 2017 und 2018 sowie eine Prognose bis 2023. https://de.statista.com/statistik/daten/studie/550596/umfrage/anzahl-der-monatlich-aktiven-facebook-nutzer-in-deutschland/. Zugegriffen: 2. Mai 2021.

Statistisches Bundesamt. (2019). BEVÖLKERUNG IM WANDEL – Annahmen und Ergebnisse der 14. Koordinierten Bevölkerungsvorausberechnung. https://www.destatis.de/DE/Presse/Pressekonferenzen/2019/Bevoelkerung/pressebroschuere-bevoelkerung.pdf?__blob=publicationFile. Zugegriffen: 2. Mai 2021.

Staufenbiel Institut GmbH (Hrsg.) (2017). Recruiting Trends 2017 – Was HR-Verantwortliche wissen müssen. https://www.staufenbiel.de/fileadmin/fm-dam/PDF/Studien/RecruitingTrends_2017.pdf. Zugegriffen: 21. Jan. 2021.

Stritzke, C. (2010). Marktorientierte Gestaltung des Leistungsaustauschs am Arbeitsmarkt und die Relevanz des Employer Branding. In C. Stritzke (Hrsg.), *Marktorientiertes Personalmanagement durch Employer Branding* (1. Aufl.). Gabler.

Tallgauer, M., Festing, M., & Fleischmann, F. (2020). Big Data im Recruiting. In T. Verhoeven (Hrsg.), *Digitalisierung im Recruiting – Wie sich Recruiting durch künstliche Intelligenz, Algorithmen und Bots verändert* (S. 25–41). Springer Fachmedien.

Thoma, C. (2011). Erfolgreiches Retention Management von Millennials. In M. Klaffke (Hrsg.), *Personalmanagement von Millennials – Konzepte, Instrumente und Best-Practice-Ansätze* (1. Aufl., S. 163–181). Springer Fachmedien.

Vbw. (Hrsg.). (2015). Studie – Arbeitslandschaft 2040. https://www.prognos.com/uploads/tx_atwpubdb/20150521_Prognos_Arbeitslandschaft2040-final.pdf. Zugegriffen: 20. Jan. 2021.

Verhoeven, T. (Hrsg.). (2016). *Candidate experience – Ansätze für eine positiv erlebte Arbeitgebermarke im Bewerbungsprozess und darüber hinaus*. Springer Gabler.

Verhoeven, T. (Hrsg.). (2020). *Digitalisierung im Recruiting* (1. Aufl.). Springer Gabler.

We Are Social. (2018). Digital in 2018 in Western Europe. https://www.slideshare.net/wearesocial/digital-in-2018-in-northern-europe-part-1-west-86864045. Zugegriffen: 2. Mai 2021.

Weitzel, T., Eckhard, A., von Westarp, F., von Stetten, A., Laumer, S., & Kraft, B. (2011). *Recruiting 2011: Ergebnisse einer empirischen Befragung der 2000 größten Unternehmen in der Schweiz, Österreich und Deutschland sowie 1000 deutscher Mittelständler und der 900 größten deutschen Unternehmen aus den Branchen Finanzdienstleistung*. CHRIS Verlag.

Weitzel, T. (Hrsg.). (2015). *Recruiting Trends im Mittelstand 2015: Eine empirische Untersuchung mit 1.000 Unternehmen aus dem deutschen Mittelstand*. Bamberg Verlag, Otto-Friedrich-Universität.

Weitzel, T., Eckhard, A., Maier, C., Laumer, S., von Stetten, A., Weinert, C., & Wirth, J. (2015). Recruiting Trends 2015. https://www.uni-bamberg.de/fileadmin/uni/fakultaeten/wiai_lehrstuehle/isdl/Recruiting_Trends_2015.pdf. Zugegriffen: 2. Mai 2021.

Weitzel, T., Maier, C., Oehlhorn, C., Weinert, C., Wirth, J., & Laumer, S. (2018). Digitalisierung der Personalgewinnung. https://www.uni-bamberg.de/fileadmin/uni/fakult

aeten/wiai_lehrstuehle/isdl/Studien_2018_2_Digitalisierung_der_Personalgewinnung_Digital-Version_20180207_ff_a.pdf. Zugegriffen: 2. Mai 2021.

Weitzel, T., Maier, C., Oehlhorn, C., Weinert, C., Wirth, J., & Laumer, S. (2019). Social Recruiting und Active Sourcing – Ausgewählte Ergebnisse der Recruiting Trends 2019. https://www.uni-bamberg.de/fileadmin/uni/fakultaeten/wiai_lehrstuehle/isdl/Studien_2019_01_Social_Recruiting_Web.pdf. Zugegriffen: 2. Mai 2021.

Weitzel, T., Maier, C., Pflügner, K., Oehlhorn, C., Wirth, J., & Laumer, S. (2020). Social Recruiting und Active Sourcing – Ausgewählte Ergebnisse der Recruiting Trends 2020. https://arbeitgeber.monster.de/LiteReg/GatedA.aspx. Zugegriffen: 21. Jan. 2021.

Werding, M. (2019). Talente werden knapp: Perspektiven für den Arbeitsmarkt. In M. Busold (Hrsg.), *War for talents – Erfolgsfaktoren im Kampf um die Besten* (2. Aufl., S. 3–18). Springer.

XING. (2020). Daten und Fakten. https://werben.XING.com/daten-und-fakten. Zugegriffen: 2. Mai 2021.

Young Capital Group B.V. (Hrsg.). (2015). NEW GENERATION RECRUITMENT – GUIDE 2016. https://youngcapital-uploads-production.s3.amazonaws.com/nl/public/Files/recruitmentguide/2016/Youngcapital_NGR2016_EN.pdf. Zugegriffen: 2. Mai 2021.

Zierhofer, R. (2018). Robotics: RPA ist erst der Anfang. Computerwoche Online. https://www.computerwoche.de/a/robotics-rpa-ist-erst-der-anfang,3546290. Zugegriffen: 2. Mai 2021.

Generation Y und Arbeitsmarkt 3

Zusammenfassung

Der Arbeitsmarkt ist durch Arbeitnehmer unterschiedlicher Generationen gekennzeichnet, wobei sich insbesondere die Generation X sowie die Babyboomer gegenwärtig im Erwerbsleben befinden. Allerdings werden vor allem die Vertreter letzterer Generation kontinuierlich vom aktiven Erwerbsleben in den Ruhestand übergehen. Ins Erwerbsleben eingetreten sind in jüngerer Zeit hingegen Vertreter der Generation Y, das heißt diejenigen jungen Menschen, die in den Jahren zwischen 1980 und 2000 geboren wurden – Vertreter einer Generation, die sich durch Einstellungen zu Gesellschaft und Arbeitsmarkt beziehungsweise Arbeitsleben auszeichnen, die von gesellschaftlichen Veränderungen wie etwa Globalisierung oder Digitalisierung geprägt sind: Individualisierung, Flexibilität oder Work-Life-Balance sind Schlagworte, die in diesem Kontext genannt werden können. So stellt sich die Frage, ob diese beziehungsweise welche Werte bei denjenigen Hochschulabsolventen, die sich gegenwärtig im Prozess der Jobsuche befinden, von Bedeutung sind, um sich für oder gegen einen Arbeitgeber zu entscheiden und wie ihre Vorgehensweise im Bereich der Jobsuche und Bewerbung aussieht – welche Kriterien sind somit für die Bewerberkommunikation aus Sicht der Hochschulabsolventen relevant. Hier geht es um Erkenntnisse zum generellen Prozess der Arbeitgeber- beziehungsweise Stellensuche, um die Kriterien, die bei der Arbeitgeberwahl von Bedeutung sind sowie um die Wahrnehmung und Erwartungen im Hinblick auf gegenwärtiges Personalmarketing. Um Antworten auf diese Fragen zu erhalten, wurde ein qualitativer Forschungsansatz mit leitfaden-gestützten Experteninterviews gewählt. Die Interviewpartner waren

© Der/die Autor(en), exklusiv lizenziert durch Springer Fachmedien Wiesbaden GmbH, ein Teil von Springer Nature 2021

C. Kochhan et al., *Bewerberkommunikation für Hochschulabsolventen der Generation Y*, https://doi.org/10.1007/978-3-658-35099-4_3

Hochschulabsolventen der Generation Y aus den Fächergruppen Wirtschaftswissenschaften, Ingenieurwissenschaften und Medien sowie – zur Ergänzung um zwei weitere Perspektiven – Unternehmensvertreter und Karriere-Experten von Hochschulen.

3.1 Charakteristika der Generation Y

3.1.1 Soziologische Einordnung und Eigenschaften der Generation Y

Arbeitnehmer können gegenwärtig in vier nach Altersstufen unterscheidbare Generationen[1] differenziert werden: „Babyboomer", geboren zwischen 1943 und 1960, „Generation X" (Geburtsjahre 1960 bis 1980), „Generation Y" mit Geburtsjahrgängen zwischen 1980 und 2000, sowie zuletzt die „Generation Z". Letztere umfasst alle Menschen mit Geburtsjahren ab 2000 (vgl. Tavolato, 2011, S. 25 f.).

[1] Eine Generation stellt eine Gruppe von Menschen dar, die innerhalb einer festgelegten Zeitspanne zwischen fixierten Jahrgängen geboren wurde und kollektive Ereignisse teilt (vgl. Franz, J., 2010, S. 25; vgl. Klaffke, M., 2014, S. 9). Neben der gemeinsamen Altersstufe werden Generationen also auch durch eine geteilte „Werteklammer" charakterisiert – Vertreter einer Generation sind gekennzeichnet durch einen Kanon gemeinsamer Werte, die grundsätzlich Wünsche und Erwartungen ausdrücken und die Entscheidungsfindung und das Handeln von Individuen beeinflussen (Klaffke, M. & Parment, A., 2011, S. 6 f.). Einzelnen Generationen werden unterschiedliche Charakteristika, beispielsweise spezifische Einstellungen, Bedürfnisse und Erwartungen, zugeordnet (vgl. Mattmüller, R. et al., 2019, S. 178 ff.), die sich oftmals auf gemeinsame, prägende Ereignisse, wie etwa den Zweiten Weltkrieg oder den Berliner Mauerfall, zurückführen lassen. Das kollektive Erleben historisch-gesellschaftlicher Konstellationen wird auch als „Generationszusammenhang" beschrieben (vgl. Klaffke, M., 2014, S. 9 f.). Die sogenannte Sozialisationshypothese beschreibt in diesem Kontext, dass die grundlegenden Wertvorstellungen eine Reflexion der vorherrschenden Bedingungen während der formativen Phase eines Menschen, welche hauptsächlich zwischen dem 16. und 24. Lebensjahr durchlaufen wird, darstellt (vgl. Parment, A., 2013, S. V). Grundsätzlich ist darauf hinzuweisen, dass nicht von einer klaren Abtrennung zwischen den einzelnen Generationen und den ihnen jeweils zugeschriebenen Eigenschaften gesprochen werden kann. Vielmehr handelt es sich um fließende Übergänge (vgl. Mattmüller, R. et al., 2019, S. 178 ff.). Es gilt zudem zu konstatieren, dass keine einheitlich festgelegte, allgemeingültige zeitliche Einteilung einzelner Generationen vorliegt (vgl. Krüger, K.-H., 2016, S. 44). Überdies lässt sich festhalten, dass es sich bei der Generationentheorie um einen orientierungsstiftenden Ansatz handelt, der unterschiedliche Menschen durch das Zusammenfassen in Kategorien systematisiert. Sie stellt jedoch kein Instrument dar, um allgemeingültig das Verhalten und die Denkweisen von Individuen zu erklären (vgl. Klaffke, M. / Parment, A., 2011, S. 6 f.).

Dabei befinden sich die älteren Generationen, also die Babyboomer und die Generation X, gegenwärtig in der Erwerbsphase, wobei insbesondere die Babyboomer kurz vor der Erreichung des Ruhestandes stehen beziehungsweise diesen bereits angetreten haben; im Gegensatz zur Generation Z, die sich zu einem großen Teil in der Phase der Sozialisation befindet und die die zukünftigen Arbeitnehmer darstellt. Die Vertreter der Generation Y sind in vielen Fällen bereits in die Erwerbsphase eingetreten und etablieren sich – gegenwärtig oder in naher Zukunft – im Berufsleben und bestimmen damit zunehmend einen hohen Anteil des Personals in Unternehmen (vgl. Klaffke, M., 2014, S. 12; vgl. Ruthus, J., 2013, S. 7).

Der Begriff „Generation Y" fand erstmals im Jahr 1993 Erwähnung. In einem Artikel der Fachzeitschrift Ad Age wurden diejenigen jungen Menschen unter die Generation subsumiert, die ab dem Jahr 1981 geboren wurden und somit in den 1980er Jahren oder später aufwuchsen (vgl. Parment, A., 2013, S. 7)[2]. Die Namensgebung resultiert zum einen aus der alphabetischen Anknüpfung an die Vorgänger-Generation X und zum anderen aus der Annahme, dass die Vertreter der Generation zunehmend Sachverhalte und Situationen hinterfragen. Das Y im Namen steht demnach für den englischen Begriff „Why" (vgl. Klaffke, M., 2014, S. 59). Weiterhin wird auch die Bezeichnung „Millennials", also „Jahrtausender" genutzt, um die Generation zu beschreiben (vgl. Parment, A., 2013, S. 7, nach Forrester Report, 2006). Zwar beinhaltet eine Stereotypisierung von Menschen nach Gruppen die Gefahr, dass diese nicht jedem Individuum in seiner Ganzheit gerecht werden kann, gleichwohl weisen junge Menschen, die der Generation Y angehören, ein hohes Maß an Ähnlichkeiten auf (vgl. Diercks, J., 2014: o. S.). Um diese (gemeinsamen) Werte und Verhaltensweisen einer Generation verstehen zu können, sind persönliche und gesellschaftliche Lebensumstände, besonders in der Phase des Heranwachsens, zentral: Ab den 1980er Jahren sind vor allem die Entstehung und Etablierung des Internets sowie die fortschreitende Globalisierung bedeutsame und beeinflussende Faktoren in der Gesellschaft (vgl. Parment, A., 2013, S. 21 ff.). Die Generation Y wächst in einer sich stetig weiter global vernetzenden, transparenten Welt auf, geprägt durch Informationsreichtum, Wandel und Individualismus (vgl. Parment, A., 2013, S. 1). Darüber hinaus findet eine weitere entscheidende Entwicklung statt: Die Industriegesellschaft weicht zunehmend der Wissensgesellschaft. Körperliche Tätigkeiten

[2] Anzumerken ist, dass auch für die Generation Y unterschiedliche zeitliche Einordnungen angegeben werden (vgl. Parment, A., 2013, S. 7). Vorliegend werden der Generation Y jene Menschen zugeordnet, deren Geburtsjahre zwischen 1980 bis 2000 liegen, wobei der Fokus auf den Angehörigen der Generation Y liegt, die sich zum aktuellen Zeitpunkt auf die Berufswelt vorbereiten.

verlieren durch die Automation und Umstrukturierung von Arbeitsprozessen kontinuierlich an Bedeutung (vgl. Signium International, 2013, S. 10). Entsprechend wachsen die Millennials – als Nachfolgegeneration der Babyboomer sowie der Generation X – in einer neu strukturierten Gesellschaft auf. Dabei werden sie im Gegensatz zu den meisten ihrer Elternteile bereits in ihren frühen Jahren mit überdurchschnittlich viel Aufmerksamkeit und Wertschätzung behandelt – eine Situation, die mit dem damaligen Trend zur antiautoritären Erziehung einherging. Sie wurden schon im Kindesalter ermutigt, ihre Meinung zu artikulieren, so wurden Werte wie Mitbestimmung, Unabhängigkeit und Individualismus vermittelt (vgl. Mangelsdorf, M., 2014, S. 20). Zudem befindet sich ihre Elterngeneration in der Lage, erstmals durch die Gehälter beider Elternteile ein höheres Haushaltseinkommen zu erwirtschaften und ihren Kindern mehr Wohlstand bieten zu können (vgl. Salt, B., 2007, S. 11 ff.). Weiterhin wirkte sich auch die Situation der deutlich sinkenden Geburtenrate seit den 1960er Jahren begünstigend aus (vgl. Signium International, 2013, S. 14). Die finanzielle und persönliche Aufmerksamkeit der Eltern kann folglich auf weniger Kinder verteilt werden (vgl. Salt, B., 2007, S. 11 ff.) – die Vertreter der Generation Y erfahren eine umfangreiche emotionale und monetäre Unterstützung auf ihrem Weg ins Erwachsenenleben. Das sichere, behütete und fördernde Umfeld führt dazu, dass sie ein hohes Maß an Selbstbewusstsein und Selbstwertgefühl entwickeln können, wobei gleichermaßen das Bedürfnis nach Sicherheit wächst (vgl. Mangelsdorf, M., 2014, S. 20 f.). Durch den finanziellen Rückhalt der zunehmend wohlhabenden Familien sinkt zudem die Notwendigkeit, möglichst schnell ein bezahltes Arbeitsverhältnis eingehen zu müssen, wobei derjenige Arbeitgeber, der für sie interessant erscheint, nicht nur kurzfristigen Gewinn, sondern vielmehr den Wert von Nachhaltigkeit vermitteln sollte (vgl. Grewe, T., 2020, S. 61): Die jungen Menschen gewinnen Zeit und können sich länger einer beruflichen Ausbildung widmen, ohne dabei um ihre Existenzgrundlage fürchten zu müssen. Zudem entstand durch die Entwicklung zur Wissensgesellschaft eine vielfältigere Bildungslandschaft mit vielen Wahlmöglichkeiten an Ausrichtungen und Lebensmodellen. Es entwickelte sich eine Generation, die über einen hohen Wissens- und Ausbildungsstand sowie über mehr Freizeit verfügt. Vertreter der Generation Y sind darüber hinaus oftmals durch den gestiegenen Wohlstand in der Lage, bereits früh ihr Elternhaus zu verlassen. Aufgrund dessen gewinnt bei den jungen Menschen der Freundeskreis immer mehr an Bedeutung, um das soziale Bedürfnis nach Gemeinschaft und Zusammengehörigkeit zu befriedigen (vgl. Schulenburg, N., 2016, S. 12). Ihre finanziellen Mittel erlauben ihnen dabei, ihre Freizeit mit Freunden anders zu nutzen als es ihre Vorgänger-Generationen konnten. Dafür steht ihnen eine zuvor nie dagewesene Vielfalt an Möglichkeiten der Freizeitgestaltung zur Verfügung (vgl. Parment, A., 2013, S. 7 f.). Sie streben nach einem erfüllten, abwechslungsreichen Alltag in Verbindung mit sozialen Kontakten (vgl. Mangelsdorf, M., 2014, S. 26; vgl. Schulenburg, N., 2016, S. 12). Ihre Spaßorientierung lässt sich auch aus dem Umstand ableiten, dass die Generation Y zwar keine Kriege miterleben musste, dennoch aber mit permanenten Bedrohungen durch beispielsweise Terrorismus, Umweltkatastrophen, Finanzkrisen oder der globalen Erderwärmung konfrontiert wird, welche sie tief geprägt hat (vgl. Allihn, L., 2013, S. 20; vgl. Mangelsdorf, M., 2014, S. 20). Politische, soziale und wirtschaftliche Umbrüche erfordern hier ein hohes Maß an Anpassungsvermögen und Flexibilität. Verstärkt wird diese Flexibilität auch aufgrund der fortschreitenden Globalisierung, da die Menschen weltoffener gegenüber Neuem sind und Unterschiedlichkeit zunehmend als Inspirations- und Ideenquelle wahrnehmen (vgl. Schulenburg, N., 2016, S. 14 ff.). Die Vielfalt an Informationen und Wahlmöglichkeiten in der heutigen Gesellschaft führt somit dazu, dass verschieden ausgerichtete Lebenswege in Betracht gezogen werden können (vgl. Parment, A., 2013, S. 4). Dabei strebt der Einzelne nach der Möglichkeit einer maximalen persönlichen Entfaltung sowie der optimalen Förderung der individuellen Fähigkeiten (vgl. Parment, A., 2009, S. 42 f.). Die Selbstverwirklichung ist für die Generation Y ein ebenso zentraler Aspekt wie ihre hohe Freiheitsorientierung (vgl. Schulenburg, N., 2016, S. 16 f.) Mit dem Trend der Individualisierung und der Sinnsuche entsteht außerdem der Wunsch, „einen Unterschied zwischen der Umwelt und dem eigenen Leben zu machen" (Parment, A., 2013, S. 4). Dieser Wille führt in der Alterskohorte zu einem konsistenten Bedürfnis nach permanenter Selbstdisziplinierung und Selbstoptimierung (vgl. Hurrelmann, K. & Albrecht, E., 2014, S. 178 f.). Die Entscheidungsfreiheit und steigende Anzahl an Wahlmöglichkeiten trägt jedoch auch dazu bei, dass sich Angehörige der Generation Y oftmals vor einem Entscheidungsdilemma sehen (vgl. Parment, A., 2013, S. 7, nach Rump, J. & Eilers, S., 2006, S. 15) – die Sorge, nicht alle gegebenen Möglichkeiten optimal ausschöpfen zu können und sich gegebenenfalls nicht für den für die eigene Person „optimalen" Weg zu entscheiden, setzt die Millennials verstärkt unter Druck und sorgt oftmals auch für Orientierungslosigkeit (vgl. Parment, A., 2009, S. 18; 42). Die Transparenz über vielseitige Erfahrungen und Eindrücke anderer, etwa der Freunde, sowie die Informationen über eine Vielzahl an möglichen Perspektiven, beeinflusst die Mentalität junger Menschen dahingehend, jegliche Ambitionen und Träume nicht nur verwirklichen zu können, sondern dies geradezu zu müssen (vgl. Parment, A., 2009, S. 42 f.). Dies führt dazu, dass die Generation Y oftmals vieles gleichzeitig realisieren möchte und sich dementsprechend in einem Spannungsfeld zwischen verschiedenen und zum Teil gegensätzlichen erstrebenswerten Zielen befindet: Sie möchte beispielsweise Flexibilität, sehnt sich jedoch gleichzeitig auch nach Beständigkeit. Sie strebt nach maximalem Lebensgenuss, lebt aber in einer leistungsorientierten Gesellschaft und steht daher unter hohem Leistungsdruck (vgl. Parment, A., 2013, S. 7, nach Rump, J. & Eilers, S., 2006, S. 15)[3] – ein Spannungsfeld, das der Generation auch durch die Inhalte eines vielfältigen medialen Angebots vor Augen geführt wird, das von ihnen im Vergleich zu vorhergehenden Generationen in einer anderen Art und Weise erwartet und genutzt wird.

3.1.2 Mediennutzungsverhalten

Im Rahmen der „ARD/ZDF-Langzeitstudie Massenkommunikation" (2011) konnte bestätigt werden, dass sich unterschiedliche Geburtskohorten in ihrem Mediennutzungsmuster unterscheiden. Dabei beeinflussen insbesondere zeitgeschichtliche Entwicklungen den Umgang mit Medien (vgl. Best, S. & Engel, B., 2011, S. 541): Im Laufe des Heranwachsens der Generation Y wandelt sich die Gesellschaft zu einer globalisierten Informations- und Mediengesellschaft. Mit Geburtsjahren ab 1980 gelten die Millennials als erste Generation, die mit Informationstechnologie aufgewachsen ist (vgl. Schwab, F. et al., 2013, S. 4; 180). Den intuitiven Umgang mit dem Internet, interaktiven Medien und neuen Technologien lernen sie so bereits im Kindesalter (vgl. H. Schiebeck, H., 2019, S. 320 f.). Deshalb bilden sie bereits früh die Fähigkeit der Informationsbeschaffung mithilfe des Internets aus und verfügen über eine ausgeprägte Informationsverarbeitungskompetenz (vgl. Parment, A., 2013, S. 4). Das Internet wird zum Leitmedium der jungen Menschen (vgl. Hilker, C., 2010, S. 21); gegenwärtig finden die meisten Lebensbereiche der Millennials online statt. Dabei ist ihr Alltag bestimmt von einer Mediennutzung über mobile Endgeräte (vgl. Schwab, F. et al., 2013, S. 180). Eine Studie der „Verbrauchs- und Medienanalyse", kurz: VuMa, fand heraus, dass im Jahre 2019 97,2 % der 20- bis 29-Jährigen in Deutschland ein Smartphone besitzen. Der Anteil der Smartphone-Besitzer in der Altersgruppe der 30- bis 39-Jährigen liegt mit 95,7 % nur knapp darunter – entsprechend verfügt nahezu jeder Angehörige der Generation Y über ein Smartphone (vgl. statista GmbH, 2019a: o. S., nach VuMa, 2019: o. S.). Auf diese Weise sind sie ständig erreichbar und stehen in dauerhaftem Austausch mit ihrer Umwelt. Das Bedürfnis nach Informationen kann jederzeit und ortsunabhängig unmittelbar über das

[3] Trotz ähnlicher Ausprägungen von Werten und Verhalten in der Generation Y gilt es zu berücksichtigen, dass persönliche Lebensumstände und zahlreiche weitere Faktoren das Individuum maßgeblich beeinflussen und nicht davon auszugehen ist, dass ein Mensch dem Stereotyp einer Generation vollständig gerecht wird (vgl. Mangelsdorf, M., 2014, S. 23).

Internet befriedigt werden (vgl. Mangelsdorf, M., 2014, S. 28 f.). In diesem Sinne nutzt auch nahezu jeder Vertreter der Generation Y mehrmals die Woche das Internet: In einer deutschlandweiten Studie (2019) der VuMa gaben knapp 90 % der befragten Millennials im Alter von 24 bis 30 Jahren an, in ihrer Freizeit mehrmals pro Woche das Internet zu nutzen. Bei den 31- bis 38-Jährigen liegt der Wert bei rund 85 % (vgl. statista GmbH, 2019b: o. S., nach VuMa, 2019). Die „ARD/ZDF-Onlinestudie" stellte zudem fest, dass die Internetnutzung nicht lediglich zu Hause stattfindet, sondern sich mit der Etablierung des Smartphones auch die „Unterwegsnutzung" des Internets verbreitet hat: „Mindestens selten" nutzen demnach 73 % der Deutschen ab 14 Jahre das Internet außer Haus; ein Wert, der einer Steigerung um 33 Prozentpunkte im Verlauf der Jahre zwischen 2014 bis 2019 entspricht. Am stärksten habitualisiert sich dieses Verhalten in der Altersgruppe der 14- bis 29-Jährigen mit einem Anteil von 69 %. Bei den 30- bis 49-Jährigen gab rund die Hälfte (48 %) an, das Internet unterwegs zu nutzen (vgl. Beisch, N. et al., 2019, S. 375).

Die in Deutschland meistgenutzte Aktivität über Smartphones mit Internetzugang ist dabei die Online-Kommunikation, wobei Messaging- und Social-Media-Apps diejenigen Anwendungen darstellen, die am häufigsten genutzt werden (vgl. Mehner, M., 2019, S. 49). Das Aufkommen von Social Media, basierend auf der Etablierung des Web 2.0, verändert die Art und Weise, wie Menschen miteinander kommunizieren. Das Web 2.0 kann als eine neue Verhaltensweise im Internet beschrieben werden, die sich auf Dialogkommunikation sowie das Erstellen und Teilen eigener Inhalte konzentriert. Soziale Medien sind hierbei als eine Ausprägungsform und Plattform des Web 2.0 zu verstehen, die Internetnutzern die Möglichkeit bietet, sich computergestützt in Echtzeit mit anderen zu vernetzen und auszutauschen (vgl. Meffert et al., 2015, S. 644, nach Bender, G., 2011, S. 145). Diese Form der Kommunikation ermöglicht es der Generation Y, ihr stark ausgeprägtes Bedürfnis nach Gemeinschaft über einen weiteren Kanal zu befriedigen sowie sich soziale Anerkennung und Wertschätzung auch online zu erlangen. Diese Faktoren machen das Web 2.0 dementsprechend zu einem immer beliebteren Medium (vgl. Mangelsdorf, M., 2014, S. 28 f.). Mittlerweile stellt das Vernetzen über soziale Netzwerke für die Generation Y eine Selbstverständlichkeit dar (vgl. Schiebeck, H., 2019, S. 320 f.): Laut der Studie „Datenland Deutschland" (2014) des internationalen Wirtschaftsunternehmens Deloitte in Zusammenarbeit mit dem analytics institute waren bereits im Jahr 2014 über 75 % der Millennials täglich oder mindestens wöchentlich in sozialen Netzwerken aktiv, wobei knapp 50 % in derselben Regelmäßigkeit „Posts" abgesetzt haben (vgl. Deloitte, 2014, S. 6). Neben der Kommunikation über soziale Netzwerke etabliert sich zudem die Messenger-Kommunikation, insbesondere in jüngeren Zielgruppen. Diese ermöglicht es, Nutzern über einen Online-Chat in Echtzeit Text- und Bildmaterial sowie Sprache und Dateien zu übertragen. Im Jahre 2019 nutzen bereits neun von zehn Internetnutzern in Deutschland aktiv Messenger-Applikationen wie WhatsApp oder den Facebook Messenger, die damit zunehmend SMS und Telefongespräche ersetzen (vgl. Mehner, M., 2019, S. 12, 49). In der Altersgruppe der 18- bis 29-Jährigen nutzen zum Beispiel 97,5 % regelmäßig WhatsApp (vgl. Mehner, M., 2020: o. S.).

Gleichwohl läuft nicht nur die Kommunikation untereinander verstärkt über digitale Kanäle ab. Auch die Suche nach Informationen erfolgt in der Generation Y nahezu vollständig online. So nutzen laut der „Datenland Deutschland"-Studie über 80 % der Zielgruppe mindestens wöchentlich Suchmaschinen, um themenübergreifend Informationen oder Produkte zu recherchieren. Die Informationssuche über Jobs, das Studium oder Freizeitaktivitäten wird hierin eingeschlossen. Auch Unterhaltung und die Information über gesellschaftsrelevante Nachrichten erfolgt zu einem großen Teil über digitale Kanäle: Drei Viertel der Generationszugehörigen rufen Online-Bewegtbilder oder Musik ab, ein ebenso großer Anteil liest regelmäßig Online-Medien wie digitale Zeitungen oder Magazine (vgl. Deloitte, 2014, S. 6). Zudem finden elektronische Spiele ein hohes Maß an Anklang innerhalb der Altersgruppe (vgl. Diercks, J., 2014: o. S.). Die „ARD/ZDF-Online Studie" (2019) belegt darüber hinaus, dass junge Menschen immer weniger zum Kauf von beispielsweise Filmen oder einzelnen Musikstücken tendieren, sondern vermehrt Streaming-Dienste abonnieren, die ihnen das temporäre Abrufen von Inhalten ermöglicht (vgl. Beisch, N. et al., 2019, S. 387). Eine Umfrage des BVDW (2019) ergab, dass 71 % der 25- bis 34-Jährigen Video-Streaming über Anbieter wie Netflix oder Amazon Prime durchführen. 52 % rufen über TV-Mediatheken wie der ZDF-Mediathek bewegtes Bildmaterial ab. Musik wird bei 55 % über Anwendungen wie Spotify gestreamt (vgl. BVDW, 2019: o. S.). Trotz der zunehmenden Beliebtheit von internetbasierten Medienangeboten lässt sich feststellen, dass auch der klassische Fernseher im Leben der Generation Y weiterhin eine Rolle spielt. Gemäß der „ARD/ZDF-Onlinestudie" (2019) sowie der Studie „#MeetTheMillennials" (2017) bleibt die Nutzung auf einem konstant hohen Niveau. Begründet werden kann dies zum einen durch die Möglichkeit einer parallelen Nutzung des Fernsehgeräts und mobiler Endgeräte sowie aufgrund kontinuierlicher Weiterentwicklungen: So verfügen gegenwärtig viele Fernseher über einen Internetzugang oder die Möglichkeit des Anschlusses eines TV-Zusatzgeräts wie den Amazon Fire TV Stick, sodass der Zugang zu Streaming-Diensten gewährleistet werden kann (vgl. Beisch, N. et al., 2019, S. 387; vgl. Ipsos SA, 2017, S. 7) – moderne Ansätze, zu denen die Generation Y grundsätzlich eine hohe Affinität besitzt (vgl. Diercks, J.,

2014: o. S.), sodass davon ausgegangen werden kann, dass sie auch im Kontext von Arbeitgeberangeboten aktuelle Standards erwarten.

3.2 Anforderungen an Arbeit und Arbeitgeber: 20- bis 35-Jährige

Die Verbreitung des Internets in unterschiedlichen Lebensbereichen, mediale Vielfalt, Globalisierung oder der Wandel zur Wissensgesellschaft prägen auch die Einstellungen und Werte der Generation Y in Bezug auf die Arbeitswelt (vgl. Hesse, G. et al., 2019, S. 57). Aufgrund des gesellschaftlichen Wohlstands, der ab den 1980er Jahren stetig angestiegen ist, dient Arbeit nicht mehr ausschließlich dem Zweck der reinen Existenzsicherung, da die Befriedigung der Grundbedürfnisse der Menschen weitestgehend als gewährleistet gilt. Neben der extrinsischen Motivation in Bezug auf das Gehalt gewinnt die intrinsische Motivation im Bereich der Arbeit in hohem Maße an Bedeutung. Es entwickeln sich bei der Generation Y zunehmend subjektbezogene Ansprüche an die berufliche Tätigkeit: Arbeit soll hochwertig und sinnvoll sein, bei der Realisierung der eigenen Träume helfen und somit zur Selbstverwirklichung beitragen; Aspekte, die wiederum ihren Ausdruck in dem Wunsch der Generation nach beruflichen Weiterentwicklungsmöglichkeiten findet (vgl. Schulenburg, N., 2016, S. 11 f.). Die Millennials, die bereits in die Arbeitswelt eingestiegen sind und sich im täglichen Arbeitsalltag befinden, zeigen Engagement und ein hohes Interesse an der eigenen beruflichen Entwicklung und sind bereit, dafür entsprechend engagiert zu arbeiten (vgl. Mattmüller, R. et al., 2019, S. 58, nach Hucke, M., 2013, S. 125 ff.). Das bewusste Entscheiden für eine Tätigkeit, basierend auf intrinsischen Motiven, fördert dabei ihre Leistungsbereitschaft (vgl. Comelli, G. & von Rosenstiel, L., 2009, S. 11). Der Sinn einer Tätigkeit wird hinterfragt, ebenso wird ihre Passung mit eigenen Werten, wie etwa nachhaltigem Handeln, und Interessen kritisch überprüft (vgl. Dannhäuser, R., 2020, S. 1 ff.).[4] Baethge (1991) hat diese Entwicklung des subjektiven Anspruches eines Arbeitnehmers an eine sinnhafte, verantwortungsvolle Tätigkeit, die Spaß bereitet, Selbstverwirklichung und Weiterentwicklung ermöglicht, in dem Begriff der „normativen Subjektivierung von Arbeit" zusammengefasst (vgl. Hansen, N. K. & Hauff, S., 2019, S. 38).

---

[4] Entsprechend zeigt sich, dass Führungskräfte in hohem Maße versuchen, ihren Mitarbeitern die Sinnhaftigkeit der auszuführenden Tätigkeit zu vermitteln (82,7 %; vgl. zu den Studienergebnissen der Technischen Universität Darmstadt näher Stock-Homburg, R. et al., 2020, S. 44 ff.).

Der zunehmend hohe Lebensstandard der jungen Menschen führt auch dazu, dass sie ihre Freizeit vergleichsweise anders nutzen können und dieser einen hohen Wert beimessen. Ihnen bieten sich viele Urlaubs- und Freizeitmöglichkeiten, wobei sie entsprechend Spaß haben möchten (vgl. Parment, A., 2013, S. 7 f.). Vor diesem Hintergrund ist der Anspruch an Abwechslung im Berufsleben sowie an eine ausgewogene Work-Life-Balance von Bedeutsamkeit[5]. Trotz der Bereitschaft zu arbeiten und Leistung zu erbringen sowie dem Streben nach Erfolg und Karriere steht nicht mehr die Arbeit als solche im Fokus, sondern die Gestaltung der eigenen Lebenszeit. Das Bedürfnis, neben dem Beruf hinreichend Zeit für die Familie und Freunde zu haben, ohne in dieser von beruflichen Angelegenheiten gestört zu werden, erscheint als ein wesentliches Merkmal der Generation Y in Bezug auf Arbeit. Sie wollen ihre Arbeitskonditionen selbst gestalten und ihren persönlichen Umständen anpassen (vgl. Mattmüller, R. et al., 2019, S. 58). Dabei wird das Ermöglichen dieser Form des persönlichen Freiraums durch den Arbeitgeber als ebenso selbstverständlich betrachtet wie die Option einer zeitlichen und räumlichen Flexibilität (vgl. Dannhäuser, R., 2020, S. 1 ff.). Ferner gaben im Rahmen einer Studie von Signium International – befragt wurden 511 Arbeitnehmer der Generation Y, die mindestens über einen Hochschulabschluss verfügten – knapp 90 % der Befragten an, dass Unabhängigkeit sowie Selbstbestimmung über das eigene Leben besonders wichtig für sie seien. Für 87 % sind die Faktoren „Spaß haben" und „das Leben genießen" von großer Bedeutung. Es lässt sich außerdem festhalten, dass von rund 70 % der Teilnehmer das Einbringen eigener Kreativität und Ideen sowie die aktive Mitgestaltung als wichtiger erachtet wird als der Aufstieg innerhalb eines Unternehmens (vgl. Signium International, 2013, S. 17). Darüber hinaus konnte unter den „Young Professionals" der Wunsch nach Feedback und Anerkennung für erbrachte Leistung sowie einem kollegialen Umfeld festgestellt werden (vgl. Hansen, N. K. & Hauff, S., 2019, S. 38, nach Klaffke, M. & Parment, A., 2011).

Zudem zeigt sich, dass den meisten im Erwerbsleben stehenden Millennials kulturelle und persönliche Werte wichtiger sind als ein überdurchschnittlich hohes Gehalt (vgl. Avantgarde Experts, 2020: o. S.). Es findet somit eine Art von Abkehr von der bisherigen, allgemeingültigen Definition von Erfolg statt (vgl. Mattmüller, R. et al., 2019, S. 58, nach Parment, A., 2013, S. 11 f.). An dessen Stelle tritt ein neues Verständnis des Erfolgsbegriffs, nach welchem – plakativ formuliert – derjenige erfolgreich ist, der glücklich ist. Ein gelungenes Leben bedeutet,

---

[5] Auch die nachfolgende Generation an Arbeitnehmern, Generation Z, bestätigt die Relevanz von Abwechslung und Work-Life-Balance. Dies zeigt beispielsweise der „Swiss Career Survey 2020: University Specific Results Report", im Zuge dessen insgesamt 9.415 Studierenden befragt wurden (vgl. Berghaus, B. & Kühne, M., 2021, S. 4).

persönliche Erfüllung zu finden, unabhängig von einer beruflichen Position (vgl. Signium International, 2013, S. 22). Klassische Statussymbole und Belohnungssysteme sind damit nicht mehr das überzeugende Kriterium für die Zielgruppe. Stattdessen werden bestehende Systeme der Arbeit infrage gestellt und es wird sich zunehmend von festgefahrenen gesellschaftlichen Ansichten, die einen traditionellen Arbeits- und Lebensstil vorschreiben, verabschiedet (vgl. Mattmüller, R. et al., 2019, S. 58; vgl. Dannhäuser, R., 2020, S. 1 ff.). Es wird angenommen, dass nicht zuletzt die Verbreitung des Privatfernsehens sowie die Verfügbarkeit von amerikanischen Serien zu der Mentalität geführt haben, dass jeder auf seine individuelle Weise im Leben erfolgreich sein kann, ohne dieses dabei nach einem konkreten Lebensmodell gestalten zu müssen (vgl. Mattmüller, R. et al., 2019, S. 58, nach Parment, A., 2013, S. 11 f.). Die Generation Y möchte Dinge verändern und die „Strategien der Zukunft neu definieren" (Parment, A., 2013, S. 11). Entsprechend kann festgehalten werden, dass „sowohl Leistung als auch Sinn und Spaß ein unverzichtbarer Teil des (Arbeits-) Lebens dieser Generation darstellen" (Mattmüller, R. et al., 2019, S. 178 ff., nach Schmidt et al., 2011, S. 518). Trotz der steigenden Wichtigkeit einer ausgewogenen Work-Life-Balance und erfüllter Freizeit mit Familie und Freunden ist Arbeit und Leistungserbringung ein Teil des Lebens der Generation Y. Beide Werte sind Bestandteil des Lebensmodells der Generation und müssen in Einklang miteinander gebracht werden: Zwar strebt die Generation typischerweise nicht mehr nach dem klassischen Karriereweg – die Möglichkeit einer maßgeschneiderten, individuellen Karriere jedoch ist auch unter ihren Vertretern ein wichtiger Wert (vgl. Mangelsdorf, M., 2014, S. 26). Die Befriedigung ihrer Bedürfnisse durch den Arbeitgeber besitzt für Millennials einen sehr hohen Stellenwert; werden die Erwartungen nicht erfüllt, zeigt sich bei der Generation Y eine ausgeprägte Bereitschaft, sich umzuorientieren und den Arbeitgeber zu wechseln (vgl. Diercks, J., 2014: o. S.). Gefördert wird dies durch die hohe Verfügbarkeit von Wahlmöglichkeiten, die die Entfaltung des Individualismus zusätzlich bestärkt (vgl. Parment, A., 2013, S. 7 f.).

Bleibt zu fragen, wie sich diese Werte und Einstellungen gegenwärtig bei denjenigen Vertretern der Generation Y darstellen, die in ihr erstes Arbeitsverhältnis nach dem Studium einsteigen werden und sich in der Bewerbungsphase befinden – inwieweit herrscht hier ein Bewusstsein ähnlich derjenigen Generationenvertreter, die bereits im Arbeitsleben stehen? Entsprechend stellt sich die Frage, wie Personalmarketing ausgestaltet sein muss, damit es bei Hochschulabsolventen beziehungsweise angehenden Berufseinsteigern der Generation Y erfolgreich ist. Wie nimmt die Zielgruppe Marketingaktivitäten von Unternehmen wahr, welche Erwartungen stellt sie an Recruiting-Maßnahmen sowie den Inhalt und die Gestaltung von Kommunikations-Maßnahmen? Diese Fragen werden im Zuge einer leitfaden-gestützten Interviewstudie näher untersucht, sowohl aus der Perspektive von Hochschulabsolventen der Generation Y, die in naher Zukunft in das Erwerbsleben einsteigen, als auch aus der Sicht von Unternehmen als potenziellen Arbeitgebern sowie von Karriere-Experten an Hochschulen, die beratend an der Schnittstelle zwischen Studium, Bewerbung und Unternehmenseinstieg agieren.

3.3 Hochschulabsolventen der Generation Y als Berufseinsteiger: Forschungsansatz

3.3.1 Qualitative Interviewstudie

Das Ziel, subjektive Prozesse, Wahrnehmungen, Einstellungen und Erwartungen von Hochschulabsolventen der Generation Y im Hinblick auf ihren Berufseinstieg zu erheben, führte dazu, die Forschungsfrage mittels einer qualitativen Studie zu untersuchen[6], die als eine Forschungsstrategie mit der erkenntnistheoretischen Absicht, ein Verständnis für das Erleben und Interpretieren sowie das Produzieren von Menschen in ihrer sozialen Welt zu erlangen, bezeichnet wird (vgl. Sandelowski, M., 2004, S. 893). Dabei wird das Subjekt nicht auf einzelne Variablen, sondern in seiner Ganzheit betrachtet. Für die Zielerreichung werden relevante Daten grundsätzlich durch soziale Interaktion in Form von Kommunikation gewonnen, wobei kein Anspruch auf statistische Repräsentativität besteht. Vielmehr wird eine inhaltliche Repräsentativität angestrebt, die eine exemplarische Generalisierung durch Typenbildung ermöglicht. Es sollen subjektive Wirklichkeiten und Lebenswelten im Sinne von individuellen Sichtweisen, Motiven, Bedürfnissen und Einstellungen durch eine tiefergehende und differenzierte Analyse mit dem Ziel der verstehenden Nachvollziehbarkeit

[6] Empirische Sozialforschung hat grundsätzlich zum Ziel, anhand des Einsatzes gezielter Erhebungstechniken einen Ausschnitt der Wirklichkeit systematisch sowie regelgeleitet zu analysieren, um „Aussagen über die Struktur und Beschaffenheit der uns umgebenden sozialen Wirklichkeit zu machen" (Misoch, S., 2019, S. 1). Quantitative Zugänge – im Gegensatz zu einem qualitativen Ansatz – beabsichtigen dabei die Ermittlung verallgemeinerbarer, quantifizierbarer und objektiver Aussagen anhand der Untersuchung von empirischen, statistisch repräsentativen Daten und Kausalzusammenhängen, wobei eine umfangreiche Sammlung von Daten angestrebt wird (vgl. Bryman, A., 2008, S. 366). Die Ergebnisse aus den meist großen Stichproben sollen Rückschlüsse auf die Grundgesamtheit geben und zu einer Überprüfung von Hypothesen beitragen (vgl. Misoch, S., 2019, S. 1 ff.).

beschrieben werden. Gekennzeichnet ist qualitative Forschung daher insbesondere durch die Intention der Sinnrekonstruktion und des Sinnverstehens, der Erfassung von Selbstinterpretationen und subjektiven Wirklichkeitstheorien sowie der Herausarbeitung manifester Sinnstrukturen (vgl. Misoch, S., 2019, S. 1 f.). Die Nachvollziehbarkeit der individuellen Haltungen – vorliegend beispielsweise die individuellen Einstellungen gegenüber gegenwärtigen und neueren Trends im Rahmen von Bewerberkommunikation – ist dabei elementar, um ein Verständnis für die Anspruchsgruppe zu gewinnen. Während quantitative Ansätze bereits eine konkrete Vorstellung eines Untersuchungsgegenstandes voraussetzen, gilt es als Ziel der qualitativen Forschung, durch offene Methoden und nicht standardisierte Instrumente Informationen und Kenntnisse über einen Sachverhalt zu gewinnen (vgl. Flick, U. et al., 2000, S. 14 ff.).

Entsprechend können qualitative Interviews als eine geeignete Methode der qualitativen Sozialforschung betrachtet werden, in deren Rahmen subjektive und individuelle Deutungsmuster von befragten Personen rekonstruiert werden können (vgl. Helfferich, C., 2011, S. 23 f.). Als eine besondere Leistung qualitativer Interviews ist dabei anzuerkennen, dass durch offene Fragestellungen explorativ subjektbezogene Handlungsmotive und Deutungsmuster erkannt und nachvollzogen sowie Alltagstheorien und Selbstinterpretationen ermittelt werden können (vgl. Hopf, C., 2000, S. 350). Zentral sind hier sogenannten Leitfadeninterviews, die sich den semi-strukturierenden Formen der verbalen Datenerhebung zuordnen lassen. Das entscheidende Element bildet hier der Interview-Leitfaden, welcher eine inhaltliche Steuerungs- und Strukturierungsfunktion verfolgt und von zentraler Bedeutung für den Prozess ist. Prinzipiell bringt der Forschende bei der den Interviews vorausgehenden Erstellung sein bereits erlangtes theoretisches Vorwissen ein. Der Leitfaden soll dabei vordergründig eine thematische Rahmung bilden, den Kommunikationsprozess strukturieren sowie alle als relevant erkannten Themenkomplexe integrieren. Dies verhilft zudem zu einer optimierten Vergleichbarkeit der erhobenen Daten. Gleichwohl muss ein Leitfaden, der in der qualitativen Forschung angewendet werden soll, dem Grundprinzip der Offenheit folgen und flexibel gestaltet sein. Nur in diesem Fall kann die Gewinnung neuer Informationen gewährleistet werden, welche ein vorrangiges Ziel von qualitativen Interviews darstellt (vgl. Misoch, S., 2019, S. 65 ff.) Gemäß Ahlrichs (2012) bilden die Aussagen der Interviewpartner dabei die Grundlage für die wissenschaftlichen Ergebnisse, welche im späteren Verlauf mit Bezug zu den theoretischen Konzepten analysiert werden (vgl. Ahlrichs, R., 2012, S. 105).

Zu beachten sind – nach Reinders (2005) – bei der Erstellung eines Leitfadens drei Grundprinzipien der qualitativen Forschung: Offenheit[7], Prozesshaftigkeit[8], Kommunikation[9]. Laut Misoch (2019) bedarf es überdies eines strukturellen Aufbaus eines Interviews nach vier Phasen: Im Gesprächseinstieg als erster Phase erfolgt die Information des Befragten über die Studie inklusive ihrer Zielsetzung sowie über den vertraulichen Umgang mit allen Daten (Informationsphase). In der zweiten Phase gilt es, den Befragten durch möglichst offene Fragen zum Erzählen zu bewegen und ihm den Einstieg in die ungewohnte Kommunikationssituation zu erleichtern (Aufwärm- und Einstiegsphase). In der Hauptphase als dritter Phase werden die relevanten Inhalte thematisiert und durch die kommunikative Interaktion mit dem Interviewpartner erörtert. Die Fragen können dabei sowohl im Vorhinein aus bestehendem Wissen entwickelt (induktiv), als auch aus den aus dem Verlauf der Interaktion aufkommenden neuen Informationen abgeleitet werden. Die abschließende, vierte Phase beendet das Interview und führt die Interviewpartner aus der Befragungssituation hinaus (Ausklang- und Abschlussphase). An dieser Stelle kann zudem innegehalten und das Besprochene

[7] Das Prinzip der Offenheit beschreibt die Situation, dass qualitative Forschung nicht zum Ziel haben soll, im Vorhinein formulierte Hypothesen zu überprüfen, sondern die Absicht verfolgt, „subjektive Erlebnisse, Handlungen und Einstellungen und deren Bedeutung für das Individuum zu analysieren" und „zum Inneren des befragten Subjekts" (Misoch, S., 2019, S. 66) zu finden. Für den Leitfaden bedeutet dies, dass er in seiner Gestaltung sowie seiner Handhabung eine Offenheit für neue Informationen und einen flexiblen Ablauf nachweisen muss. Die Reihenfolge der anzusprechenden Themen soll demnach flexibel im Gesprächsverlauf angepasst werden können (vgl. Misoch, S., 2019, S. 66).

[8] Da Bedeutungen erst innerhalb sozialer Interaktion ausgemacht werden, sind diese als prozesshaft, weniger als statisch aufzufassen. Um im Rahmen von Interviews das Prozesshafte zu erklären, sollte der Leitfaden daher Fragen beinhalten, die eine „Analyse des Vergangenheits-Gegenwarts-Prozesses" sowie „des Ich-Andere-Prozesses" (Misoch, S., 2019, S. 67) der Subjekte zulässt. Die gezielte Abfrage von Veränderungen zwischen einem unbestimmten Punkt in der Vergangenheit und der Gegenwart sowie die Wahrnehmung und Veränderung der individuellen Rolle im sozialen Umfeld sollen dabei Aufschlüsse darüber geben, wie Sichtweisen und Sinnzuschreibungen entstehen.

[9] Die Erhebung der verbalen Daten erfolgt anhand von Kommunikation. Um die Interdependenz zwischen dem Interviewer und dem Interviewpartner zu stärken, wird dem Fragenden empfohlen, die eigene Sprache dem Sprachniveau des Befragten möglichst anzunähern. Zudem dienen die verständliche Formulierung der Fragen und eine einfach gehaltene Fragestruktur der besseren Kommunikation zwischen den Kommunikationspartnern. Geraten wird außerdem, den Verlauf des Gespräches den alltäglichen Sprachregeln möglichst anzupassen sowie sich offen gegenüber neuen Inhalten im kommunikativen Prozess zu zeigen. Das Prinzip der Offenheit sollte hinzukommend ein Aufnehmen zusätzlicher Themen in diesem Kontext ermöglichen (vgl. Misoch, S., 2019, S. 67).

reflektiert werden (vgl. Misoch, S., 2019, S. 67). Wichtig zu nennen ist in diesem Zusammenhang, dass keine lückenlose Informationsgewinnung angestrebt wird. Vielmehr soll der offene Charakter der kommunikativen Interaktion den Interviewpartnern die Möglichkeit geben, weitere für sie relevante Informationen einzubringen, um die Gewinnung neuer Erkenntnisse möglich zu machen.

3.3.2 Struktur des Interview-Leitfadens

Den qualitativen Interviews wird ein Leitfaden zugrunde gelegt, um einen gezielten thematischen Rahmen zu setzen und Übereinstimmungen oder Abweichungen in den Einstellungen innerhalb der interviewten Personen besser deuten zu können. Der Interview-Leitfaden wird in drei Themenblöcke nach übergreifenden Leitfragen differenziert, welche mit Hinblick auf die übergeordnete Forschungsfrage (Wie sieht zeitgemäßes und zukünftiges Personalmarketing für Hochschulabsolventen der Generation Y aus?) formuliert werden: Stellen- und Arbeitgebersuche im Allgemeinen, zentrale Kriterien der Arbeitgeberwahl sowie die Wahrnehmung und Erwartungen von Hochschulabsolventen der Generation Y in Bezug auf gegenwärtiges und zukünftiges Personalmarketing.

Der Prozess der Arbeitgeber- und Stellensuche im Allgemeinen

Gemäß Misoch (2019), die in der Aufwärm- und Einstiegsphase eines leitfadengestützten Interviews das Stellen von möglichst „breiten Fragen" mit der Absicht eines erleichterten Einstiegs in das Gespräch für die Interviewpartner, also den Hochschulabsolventen der Generation Y, empfiehlt, werden die Fragen zu Beginn des ersten Themenblocks offen formuliert, um die Befragungsteilnehmer in dieser Phase mit der Thematik vertraut zu machen. Die erste Forschungsfrage „Wie sieht der allgemeine Einstieg beziehungsweise Prozess der Stellen- und Arbeitgebersuche bei Hochschulabsolventen der Generation Y aus?" fokussiert zunächst den Arbeitgeber und hinterfragt, wo sich die Hochschulabsolventen in einem ersten Schritt über potenzielle Arbeitgeber informieren. Darüber hinaus sind Einflussfaktoren relevant, die das erste Interesse, das ein Unternehmen bei den Kandidaten erzielen kann, verstärken (zum Beispiel das Unternehmensimage, nachhaltiges Handeln). In diesem Zusammenhang wird weiterhin erfragt, inwieweit eine Social-Media-Präsenz erwartet wird, um sich über den Arbeitgeber näher informieren zu können. Ergänzt wird dies um die Frage der Bedeutsamkeit, den möglichen Arbeitgeber beziehungsweise Arbeitsplatz im Vorfeld einer Bewerbung „erleben" zu können: Konkret handelt es sich in diesem Kontext etwa um „Take-Over"-Formate über Instagram, Gamification-Ansätze im Rahmen des sogenannten Recruitainments sowie um den Einsatz von Augmented- oder Virtual Reality-Anwendungen im Kontext von Recruiting-Maßnahmen. Die durch die Interviewpartner empfundene Authentizität sowie Glaubwürdigkeit solcher Optionen stellt eine wichtige Erkenntnis im Hinblick auf die Forschungsfrage dar. Es sollen zudem Informationen darüber erhalten werden, wie und in welchen Bereichen sich junge Berufseinsteiger Einblicke in den Arbeitsalltag und den konkreten Tätigkeits- und Aufgabenbereich wünschen. Im zweiten Schritt wird die konkrete Stellensuche näher betrachtet. Hier geht es zunächst darum zu erkennen, ob nach gezielten Arbeitgebern oder nach passenden Stellenangeboten unabhängig vom Anbieter gesucht wird. Darüber hinaus wird die Relevanz einzelner Medienkanäle eruiert, die die Zielgruppe für ihre Recherche nach Stellenangeboten nutzt. Hier stehen sowohl Medienkanäle im Fokus, die Stellenangebote platzieren, zum Beispiel Online-Jobbörsen oder Karriere-Netzwerke, als auch Offline-Möglichkeiten vor Ort, zum Beispiel Karrieremessen, um sich über offene Stellen bei Arbeitgebern zu informieren. Außerdem wird erfragt, wie Karrierenetzwerke – etwa LinkedIn – von den Vertretern der Generation Y für den Berufseinstieg bewertet werden. Die Auskünfte sollen für Recruiter hilfreiche Anreize für die Gestaltung ihrer direkten Kandidatenansprache bieten.

Im Folgenden ein Ausschnitt aus dem Interview-Leitfaden der Absolventen (Forschungsfrage 1):

Wie sieht der allgemeine Einstieg beziehungsweise Prozess der Stellen- und Arbeitgebersuche bei Hochschulabsolventen der Generation Y aus?

A. Arbeitgebersuche

- Wie und wo informieren Sie sich über Arbeitgeber?
  (Bewertungsportale? Karrierenetzwerke? Wie relevant sind Bewertungen für Sie? Würde eine durchschnittliche bis negative Bewertung Sie davon abbringen, sich zu bewerben?)
- Wann und warum wird eine Arbeitgebermarke für Sie interessant?
  (Empfehlung von Freunden? Werbung? Image? Nachhaltigkeit?)
- Inwieweit ist Ihnen wichtig, dass ein Unternehmen über eine Social-Media-Präsenz verfügt? Dient Ihnen dieser Kanal – und konkret welche der Kanäle – generell als Informationsquelle? Welche halten Sie für glaubwürdig?
  (Wahrnehmung von „Take-Over"- Format? Warum ist Social Media interessant/nicht interessant? Warum spezielle Kanäle?)

- Welche Bedeutung wird der „Erlebbarkeit“ eines Unternehmens zugeschrieben? Würden Sie die Möglichkeit wahrnehmen, einen Arbeitgeber in Form von Virtual oder Augmented-Reality-Anwendungen vorher zu „erleben“? (Wahrnehmung spielerische Erprobung bestimmter Funktionen im Unternehmen; Gamification/„Serious Games“)

B. Stellensuche

- Zunächst einmal grundsätzlich in Bezug auf die konkrete Stellensuche: Suchen Sie präferiert nach einer Stelle bei einem/mehreren Arbeitgebern oder nach einer bestimmten Stelle, unabhängig vom Arbeitgeber? Bitte begründen Sie Ihre Antwort.
- Welche Kanäle nutzen Sie bei der Stellensuche? Bitte ordnen Sie die vorliegenden Karteikarten nach Wichtigkeit:
  - Online-Jobbörsen
  - Karriereseiten von Unternehmen
  - Karrierenetzwerke (zum Beispiel XING, LinkedIn)
  - Stellenmarkt in Zeitungen und Zeitschriften
  - soziale Netzwerke (zum Beispiel Facebook)
- Nutzen Sie auch Möglichkeiten wie Events auf dem Campus oder Karrieremessen zur Information? Bitte begründen Sie Ihre Antwort.
- Sind Sie schon einmal von einem Recruiter direkt oder über ein Netzwerk (XING/LinkedIn) angesprochen worden? Wie haben Sie/würden Sie diese Form der Kontaktaufnahme wahrgenommen/wahrnehmen?
  (Wird Active Sourcing als seriös wahrgenommen? Warum? Wie muss die Ansprache gestaltet sein, damit Kandidaten darauf eingehen?)

Quelle: Eigene Erstellung◀

Zentrale Kriterien der Arbeitgeberwahl

Die zweite Forschungsfrage „Welche Werte und Kriterien sind wesentlich bei der Arbeitgeber- beziehungsweise Stellenauswahl von Hochschulabsolventen der Generation Y?“ (vgl. im Detail Tab. 3.2) will zunächst in Erfahrung bringen, inwieweit für die Vertreter der Generation Y die Übereinstimmung der persönlichen Werte mit den Unternehmenswerten eines Arbeitgebers von Bedeutung ist, um sich auf ein Stellenangebot zu bewerben. Zusätzlich werden die Befragten in diesem Zusammenhang dazu angehalten, konkrete Werte zu nennen, die ein potenzieller Arbeitgeber aus ihrer Perspektive vertreten muss, um für sie attraktiv zu sein. Im Anschluss werden unterschiedliche Szenarien vorgestellt, innerhalb derer die Interviewpartner vor die Wahl zwischen zwei Stellenangeboten beziehungsweise Arbeitgebern gestellt werden. Auf diese Weise sollen die Befragten zum Abwägen und Priorisieren in Bezug auf unterschiedliche Kriterien animiert werden und für sich die Wichtigkeit spezifischer Werte im direkten Vergleich einordnen:

- Im Rahmen des ersten Szenarios wird die Relevanz eines internationalen Rufs und hohen Bekanntheitsgrades eines Unternehmens der Bedeutung von Mitbestimmung und -gestaltung gegenübergestellt: Da der aktuelle Forschungsstand von einer hohen Wichtigkeit der Mitgestaltung und Mitbestimmung für die Generation Y ausgeht, soll durch die individuelle Präferenz und die persönliche Begründung der Probanden herausgefunden werden, inwieweit diese Aussage auch auf die Interviewpartner in der Funktion als Vertreter der Generation Y zutrifft und die Gründe für die Entscheidungsfindung aufzeigen.
- Ebenfalls angenommen wird, dass die jungen Berufseinsteiger zunehmend subjektbezogene Ansprüche an eine berufliche Tätigkeit stellen und diese einen Teil zur Selbstverwirklichung beitragen soll. Die individuelle Passung einer Stelle zur Person nimmt demnach einen hohen Stellenwert ein. Das zweite Szenario soll in diesem Zusammenhang Erkenntnisse bringen und aufzeigen, ob die Interviewpartner die Befriedigung ihrer persönlichen Erwartungen an eine Tätigkeit wichtiger empfinden als ein vergleichsweise höheres Gehalt.
- Das dritte Szenario basiert auf der Annahme, dass kulturelle und persönliche Werte für die Generation Y entscheidend bei der Arbeitgeberwahl sind und einen höheren Stellenwert besitzen als ein hohes Gehalt. Den Befragten werden wiederum zwei Alternativen mit der Absicht vorgestellt, die persönlich wahrgenommene Wichtigkeit von gesellschaftlicher Sinnhaftigkeit im beruflichen Kontext zu erfahren.
- Im vierten Szenario soll ein Verständnis dafür entwickelt werden, ob und welche Form von Karriere die Probanden anstreben und inwiefern bei den Vertretern der Generation Y der Anspruch auf Flexibilität im Kontext des Berufslebens besteht.

Die letzte Frage des zweiten Themenblocks fordert die Interviewteilnehmer auf, Kriterien zu beurteilen, die für sie im Kontext einer Bewerbung relevant sind. Es sollen Aufschlüsse darüber gewonnen werden, warum einzelne Aspekte als relevant oder weniger relevant wahrgenommen und wie sie subjektbezogen interpretiert werden.

Im Folgenden ein Ausschnitt aus dem Interview-Leitfaden der Absolventen (Forschungsfrage 2):

Welche Werte und Kriterien sind wesentlich bei der Arbeitgeber- beziehungsweise Stellenauswahl von Hochschulabsolventen der Generation Y?

- Gibt es verschiedene Werte, die ein Unternehmen für Sie vertreten muss beziehungsweise Aspekte, durch die es sich nicht auszeichnen darf? Wie wichtig ist es Ihnen, dass die Unternehmenswerte mit Ihren persönlichen Werten übereinstimmen, um sich zu bewerben?
- Bitte wählen Sie aus den folgenden vier Szenarien eine für Sie passende Option aus und begründen Sie Ihre Entscheidung
  - 1A: Job A bietet Ihnen eine Tätigkeit in einem Konzern mit großer internationaler Präsenz und gutem Ruf an. Allerdings ist der Konzern geprägt von starken hierarchischen Strukturen, alle Entscheidungen werden eher Top-Down getroffen.
  - 1B: Job B bietet Ihnen die Möglichkeit, eigene Ideen einzubringen und Dinge aktiv mitzugestalten, da deutlich flachere Hierarchien vorherrschen. Allerdings ist das Unternehmen in der Öffentlichkeit eher unbekannt und hat keinen großen Namen.
  - 2A: Ein Arbeitgeber bietet Ihnen eine Stelle (Stellenbeschreibung) an, die nicht zu 100 % Ihren Vorstellungen entspricht. Das angebotene Gehalt wird Ihren Erwartungen jedoch gerecht.
  - 2B: Ein Stellenprofil eines anderen Unternehmens entspricht genau Ihren Vorstellungen. Das Gehalt ist jedoch niedriger als bei Job A.
    (Was sind die Erwartungen an ein Gehalt?)
  - 3A: Job A befähigt Sie dazu, eine gesellschaftlich sinnvolle Tätigkeit auszuführen und die Welt ein Stückchen besser zu machen. Das Gehalt ist durchschnittlich.
  - 3B: Job B bietet Ihnen ein überdurchschnittliches Gehalt, allerdings wird in Rahmen der Tätigkeit kein Wert auf gesellschaftliche Sinnhaftigkeit gelegt. Diese Werte tauchen im Set der Unternehmenswerte nicht auf.
  - 4A: Ein Arbeitgeber bietet Ihnen eine Tätigkeit an, innerhalb der Sie sich in einem klassischen Karriereweg weiterentwickeln können. Die Personalentwicklung wird Sie bei weiteren Schritten in eine Führungsposition mit geeigneten Maßnahmen unterstützen.

  - 4B: Ein anderes Unternehmen verspricht Ihnen bei einem durchschnittlichen Gehalt Arbeitszeiten, die sie flexibel an Ihre Lebenssituation anpassen können, sowie Möglichkeiten zum mobilen Arbeiten.
- Bitte bringen Sie die folgenden Kriterien in eine Reihenfolge nach absteigender Wichtigkeit. Bitte erläutern Sie anschließend das gewählte Ranking.
  - Faire Bezahlung
  - Weiterbildungsmöglichkeiten
  - Flexibilität (Arbeitszeiten, HO)
  - Arbeitsplatzsicherheit
  - Nette Kollegen/ angenehme Arbeitsatmosphäre
  - Spaß an der Arbeit
  - Sinnhaftigkeit einer Tätigkeit (Gesellschaftlich)
  - Zusätzliche Benefits, zum Beispiel Jobticket, Obst, Sportangebote
  - Herausfordernde Tätigkeit
  - Sinnhafte Tätigkeit

Quelle: Eigene Erstellung◀

Wahrnehmung aktueller und Erwartungen an zukünftige Bewerberkommunikation

Der dritte Fragenkomplex geht folgender Frage nach: „Wie werden aktuelle Personalmarketingmaßnahmen von Hochschulabsolventen der Generation Y wahrgenommen und welche Erwartungen bestehen an künftige Marketingaktivitäten?" (vgl. im Detail Tab. 3.3). Im ersten Schritt wird eine Frage bezüglich der Wahrnehmung der eigenen Position auf dem Arbeitsmarkt gestellt. Dies zielt darauf ab, zunächst die persönlichen Erfahrungen der Befragten zu ermitteln. Anschließend werden die informativen Bedürfnisse der Zielgruppe untersucht. Dabei werden insbesondere Stellenanzeigen fokussiert, da diese als wichtigstes Instrument des Recruitings gelten, und es wurde zunächst gefragt, wie relevant Bewerber allgemeine Informationen zu einem Unternehmen einschätzen. Spezifiziert wird dies über eine Anschlussfrage, die einzelnen Aspekte in Stellenangeboten, etwa Informationen zum Team oder Gehaltsangaben, beleuchtet. Neben den inhaltlichen werden auch Erwartungen an die Gestaltung von Stellenanzeigen in Erfahrung gebracht. Die Interviewpartner werden gefragt, ob sie im Allgemeinen auf die Gestaltung von Stellenanzeigen achten beziehungsweise Wert legen. In diesem Kontext werden die

Befragten auch aufgefordert, Stellenangebote mit unterschiedlichen Gestaltungselementen, zum Beispiel mit Bild oder Bewegtbild, zu beurteilen[10]. Nachdem die Probanden ihre Meinungen zu der visuellen Gestaltung dargelegt haben, werden ihnen zwei weitere Stellenanzeigen gezeigt. Sie erhalten den Hinweis, dass sie ihre Aufmerksamkeit nur dem Sprachgebrauch in der jeweiligen Anzeige sowie der Form der Anrede zuwenden sollen. Im Nachgang an die Betrachtung werden sie darum gebeten, eine Präferenz hinsichtlich der genutzten verbalen Ansprache auszusprechen.

Die weiteren Fragen fokussieren gezielt den Bewerbungsprozess. Die Interviewpartner werden etwa nach ihrer Erfahrung, Wahrnehmung und Einstellung bezüglich Chatbot-Kommunikation im Verlauf eines Bewerbungsprozesses gefragt. Es soll ersichtlich werden, ob und an welchen Stellen des Prozesses die Integration eines Chatbots als hilfreich betrachtet wird. Des Weiteren zielen die Fragen darauf ab, ein Verständnis dafür zu entwickeln, über welche Kanäle sich die Generation Y präferiert bewirbt. Speziell sollen die Interviewpartner dabei ihre Erfahrungen und Einstellungen gegenüber E-Mail-Bewerbungen und Bewerberportalen teilen und damit empfundene Hürden aufgedeckt werden sowie darüber hinaus ihre Meinung zu Aspekten wie Tracking, Motivationsfragen statt Anschreiben, One-Click-Bewerbung oder mobile Bewerbung zu Protokoll geben.

Im Folgenden ein Ausschnitt aus dem Interview-Leitfaden der Absolventen (Forschungsfrage 3):

Wie werden aktuelle Personalmarketingmaßnahmen von Hochschulabsolventen der Generation Y wahrgenommen und welche Erwartungen bestehen an künftige Marketingaktivitäten?

- Generell: In der Literatur wird oft vom sogenannten „War for Talents“ und Fachkräftemangel gesprochen. Nehmen Sie diese Situation auch wahr? Fühlen Sie sich in der Position, auswählen zu können? Hat die gegenwärtige Pandemie etwas in Ihrer Wahrnehmung verändert?
- Kommen wir konkret zu Stellenangeboten: Wie wichtig sind Ihnen generelle Informationen über das Unternehmen?

[10] Die Interviewteilnehmer erhalten Zeit, sich die einzelnen Anzeigen auf einem Notebook anzusehen. Um eine Antizipation auszuschließen, werden die einzelnen Elemente nicht gezielt abgefragt. Stattdessen werden die Befragten gebeten, ihre Wahrnehmung zu den verschiedenen Stellenausschreibungen zu erläutern. Auf diese Weise sollen Erkenntnisse darüber gewonnen werden, auf welche Elemente oder Inhalte die Vertreter der Generation Y im ersten Moment bei der Betrachtung einer Stellenanzeige achten und was ihre Aufmerksamkeit im Positiven oder Negativen gewinnt.

- Welche Informationen erwarten Sie in einer Stellenanzeige?
  - Beschreibung der Unternehmenskultur
  - Gehaltsangabe
  - Informationen zum Team
  - Mitarbeitervorteile
  - Angabe zur Lage des Unternehmens
  - Anforderungsprofil
  - Stellenbeschreibung
  - Konkrete Aufgabenbeschreibung
  - Allgemeine Firmenbeschreibung
  - Kontaktdaten
  - Angaben zum Bewerbungsweg
  - Beschreibung von Entwicklungsmöglichkeiten und Perspektiven

  (Bitte beschreiben Sie Ihre aktuelle Wahrnehmung von Stellenanzeigen – vermissen Sie grundsätzlich Elemente oder Angaben, in Stellenanzeigen, die Sie jetzt gerade vor Ihrem geistigen Auge haben?)
  (Haben sie im Vergleich dazu andere Ansprüche an eine Karriereseite? Welchen Unterschied machen Sie zu einer Stellenanzeige? Welche Elemente beziehungsweise Informationen erwarten Sie auf der Karriereseite?)
- Achten Sie bei einer Stellenanzeige auf deren Gestaltung?
  (Vorzeigen verschieden gestalteter Stellenanzeigen, Abfrage und Begründung der Präferenz, Überprüfung der Wahrnehmung von Stockbildern, Bewegtbild, Authentizität von Bildern)
  - 1 × ohne Gestaltungselement, ausschließlich Text
  - 1 × mit Gestaltungselement, neben Text ein Foto
  - 1 × mit Gestaltungselement, neben Text ein Imagefilm
  - 1 × mit mehreren Gestaltungselementen, neben Text ein Foto und ein Imagefilm
- Präferieren Sie eine eher formale oder „lockere" Sprache in einer Stellenanzeige und -beschreibung?
  (Vorzeigen verschieden formulierter Stellenanzeigen und Abfrage der Präferenz und einer Begründung der Präferenz)
  - 1 × „Sie"-Ansprache und formale Sprache
  - 1 × „Du"-Ansprache und „umgangssprachliche" Sublines
- Sind Sie schon einmal in Berührung mit einem Chatbot im Rahmen eines Bewerbungsprozesses gekommen? Wenn ja, wie haben Sie es wahrgenommen? Wenn nein, wie würden Sie die Nutzung von KI im Rahmen eines Bewerbungsprozesses wahrnehmen?

(Für welchen Zweck könnte ein Chatbot gut eingesetzt werden? Fragen zum Bewerbungsprozess? Zu offenen Stellen? Zum Unternehmen?)

- Favorisieren Sie einen Recruiting-Prozess per E-Mail oder innerhalb eines Bewerberportals?
  Bitte begründen Sie Ihre Antwort.
- Inwieweit wünschen Sie sich die Möglichkeit, den Stand Ihrer Bewerbung über ein Portal tracken zu können?
- Favorisieren Sie die Beantwortung von Motivationsfragen oder das Senden eines persönlichen Anschreibens? Wieso die gewählte Option? Würden Sie einen Unterschied bei einer Bewerbung machen, wenn Sie bei dem einen Unternehmen ein Anschreiben einreichen müssten, bei dem anderen aber nicht für eine vergleichbare Stelle?
- Empfinden Sie es als Erleichterung, nicht mehr alle Angaben händisch eintragen zu müssen, sondern einfach eine Verknüpfung mit Ihrem Profil einzustellen?
  (Hürden in Bewerbungsprozessen?)
- Über welches Endgerät führen Sie Bewerbungsprozesse durch? Warum? Würden Sie sich einen vollständig mobilen Prozess wünschen?
  (Unterschied Stellensuche & Bewerbungsprozess?)

Quelle: Eigene Erstellung◀

Der Interview-Leitfaden, der für die Befragung der Hochschulabsolventen der Generation Y entwickelt wurde, wurde jeweils für die Interviews der Unternehmensvertreter sowie Karriere-Experten aus Hochschulen entsprechend angepasst. Ergänzt wurde hier bei den Unternehmensvertretern die Frage, inwiefern Unterschiede bei Bewerbern aus technischen, management- oder medienaffinen Fächergruppen zu finden sind. Der Interview-Leitfaden für Karriere-Experten wurde um die Frage erweitert, welche konkrete Unterstützung das jeweilige hochschuleigene Career Center den Absolventen im Hinblick auf ihren Berufseinstieg bietet. Sowohl Unternehmensvertreter als auch Karriere-Experten wurden abschließend gefragt, wie sie einen optimalen Bewerbungsprozess beschreiben würden, um Hochschulabsolventen der Generation Y sowie – perspektivisch – Absolventen der nachfolgenden Generation Z zukünftig erfolgreich ansprechen zu können.

3.3.3 Interviewteilnehmer und Ergebnisauswertung

Bei der Auswahl der Interviewpartner[11], also den Vertretern der Generation Y, den Vertretern von Unternehmen sowie den Karriere-Experten von Hochschulen galt es zu beachten, dass eine qualitative Forschung keinen Anspruch auf Repräsentativität erhebt. Stattdessen soll das Kriterium der „inneren Repräsentation" berücksichtigt werden. Dieses Prinzip umfasst eine enge und präzise Fassung der Bezugsgruppe mit Hinblick auf die inhaltlichen Interessen der Forschung, welche jedoch innerhalb des Personenkreises Variationen aufweisen soll (vgl. Helfferich, 2011, S. 174). Gemäß Helfferich (2011) umfasst ein „mittlerer" Stichprobenumfang bei qualitativen Interviews eine Größenordnung von sechs bis dreißig Interviews (vgl. Helfferich, C., 2011, S. 173).

Für die Untersuchung der Forschungsfrage wurden in Bezug auf die Hochschulabsolventen der Generation Y als Berufseinsteiger zwölf Interviews geführt. Die engere Fassung der Gruppe wird durch zwei wesentliche Kriterien begründet. Das erste Auswahlkriterium stellt dabei die altersbezogene Zugehörigkeit der Interviewpartner zu der Generation Y (Geburtsjahre zwischen 1980 und 2000) dar. Alle Interviewpartner verfügen über einen Bachelorabschluss und befinden sich in ihrem weiterführenden Masterstudium, oder haben dieses gegebenenfalls gerade vor kurzem abgeschlossen. Da ein gewisses Maß an Variation innerhalb der Gruppe angestrebt wird, wurden Studierende und Absolventen verschiedener Fachbereiche ausgewählt. Als relevante Studienbereiche wurden Wirtschafts- und Sozialwissenschaften, Ingenieurwesen sowie Medienmanagement und -wissenschaften festgelegt, die jeweils durch vier Probanden vertreten werden. Diese Einteilung wurde vorgenommen, da davon ausgegangen werden kann, dass Absolventen dieser Fachbereiche in Deutschland häufig von klassischen Arbeitgebern und Dienstleistungsunternehmen für ihre Stellenbesetzung gesucht werden. So kommt auch die Studie JobTrends 2017 zu dem Ergebnis, dass speziell Wirtschaftswissenschaftler und Ingenieure gesucht werden (vgl. Staufenbiel Institut GmbH, 2017, S. 22). Darüber hinaus soll eine Gleichverteilung zwischen den Geschlechtern „männlich" und „weiblich" gewährleistet werden. Die Unterteilung nach Fachbereichen und Geschlechtern gibt ferner die Möglichkeit, etwaige Unterschiede in der Wahrnehmung auszumachen. Bei den Interviewpartnern handelt es sich folglich um jeweils zwei männliche und zwei weibliche Masterstudierende oder -absolventen der Fachbereiche Wirtschafts- und

[11] Aufgrund der gegenwärtigen Corona-Pandemie wurden die Interviews in Teilen Face-to-face sowie in Teilen per Video-Telefonat durchgeführt, so dass eine synchrone Kommunikation über die Distanz gewährleistet war – Optionen, die gegenwärtig beide im Kontext qualitativer Forschungsansätze Verwendung finden (vgl. Ruppel, P. S., 2020, S. 218).

Tab. 3.1 Interviewpartner Absolventen[13]

Name	Geschlecht	Geburtsjahr	Fachrichtung
Tim	Männlich	1994	Wirtschaftswissenschaften (Wiwi)
Laura	Weiblich	1995	Wirtschaftswissenschaften (Wiwi)
Sarah	Weiblich	1995	Wirtschaftswissenschaften (Wiwi)
Alexander	Männlich	1995	Wirtschaftswissenschaften (Wiwi)
Felix	Männlich	1994	Ingenieurwesen (Ing)
Lea	Weiblich	1997	Ingenieurwesen (Ing)
Maximilian	Männlich	1992	Ingenieurwesen (Ing)
Julia	Weiblich	1995	Ingenieurwesen (Ing)
Lisa	Weiblich	1993	Medienmanagement (Medien)
Jan	Männlich	1995	Medienmanagement (Medien)
Lukas	Männlich	1993	Medienwissenschaften (Medien)
Anna	Weiblich	1996	Medienwissenschaften (Medien)

Quelle: Eigene Erstellung

Sozialwissenschaften, Ingenieurwesen und Medienwissenschaften/-management mit Geburtsjahren zwischen 1980 und 2000 (vgl. Tab. 3.1)[12].

Flankiert wurden die Interviews der Zielgruppe „Hochschulabsolventen der Generation Y" zum einen durch die leitfaden-gestützte Befragung von Unternehmensvertretern. Hier wurden zwei Großkonzerne, einmal international aufgestellt, sowie ein mittelständisches Unternehmen als Interviewpartner ausgewählt, um verschiedene Strukturen abzubilden (vgl. Tab. 3.2). Dabei wurde darauf geachtet, dass die Unternehmen Stellen aus den zuvor bei den Absolventen definierten Bereichen Wirtschaft, Medien oder Ingenieurwissenschaften anbieten und Absolventen der oben beschriebenen Zielgruppe rekrutieren. Hier soll zum einen eruiert werden, inwieweit Unternehmenswerter mit den Wünschen und Bedürfnissen von Hochschulabsolventen als Berufseinsteiger vertraut sind. Zu fragen ist dabei, welche Mittel der Personalgewinnung – sowohl inhaltlich als auch gestalterisch – sie als zielführend für diese Zielgruppe einschätzen. Zum anderen soll erfragt werden, welche Aspekte ihrer Meinung nach in Zukunft im Kontext von erfolgreichem

[12] Anzumerken ist in diesem Zusammenhang, dass die tatsächliche Altersspanne der realen Interviewpartner zwischen 23 und 28 liegt.

[13] Aus Gründen der Anonymisierung wurden die Namen der Interviewten jeweils durch die beliebtesten Vornamen ihrer Geburtsjahre ersetzt.

Tab. 3.2 Interviewteilnehmer Unternehmen

Name	Geschlecht	Unternehmen	Unternehmensbereich
UN-11 UN-12	Weiblich Männlich	Mittelständisch	Personal Personal
UN-21 UN-22	Weiblich Weiblich	National	Personal Personal
UN-3	Weiblich	International	Personal

Quelle: Eigene Erstellung

Tab. 3.3 Interviewteilnehmer Karriere-Experten an Hochschulen

Name	Geschlecht	Hochschulform	Position
KE-1	Weiblich	Hochschule für Angewandte Wissenschaften	Leitung Career Service
KE-2	Weiblich	Technische Universität	Leitung Career Service
KE-3	Männlich	Forschungsuniversität	Leitung Career Service

Quelle: Eigene Erstellung

Recruiting der Generation Y und gegebenenfalls der Nachfolgegeneration Z an Bedeutung gewinnen.

Zum anderen wurden Karriere-Experten von Hochschulen, die als Intermediäre zwischen Studierenden beziehungsweise Absolventen sowie potenziellen Arbeitgebern fungieren, um ihre Perspektive auf die gegenwärtige und zukünftige Thematik „Recruiting von Hochschulabsolventen" gebeten (vgl. Tab. 3.3). Diese Personengruppe ist aufgrund ihrer Tätigkeit an der Schnittstelle von Hochschule und Arbeitsmarkt sowohl mit den Wünschen und Bedürfnissen der Absolventen als auch den Anforderungen von Unternehmen vertraut.

Um die insgesamt 18 leitfaden-gestützt geführten Interviews mit Vertretern von Hochschulabsolventen der Generation Y, Unternehmensvertretern und Karriere-Experten auszuwerten[14] wird die qualitative Inhaltsanalyse nach Mayring (2010) ausgewählt, die ein strukturiertes und nachvollziehbares qualitatives Arbeiten ermöglicht (vgl. Mayring, P., 2010, S. 98). Das Ziel der qualitativen Inhaltsanalyse besteht darin, das Grundmaterial mit Blick auf die Forschungsfrage in seiner

[14] Alle Interviews werden jeweils durch vorher angekündigte Audio-Aufnahmen dokumentiert und im Anschluss nach den wissenschaftlichen Standards transkribiert.

inhaltlichen Menge so zu reduzieren und zu abstrahieren, dass konkrete Kernaussagen daraus abgeleitet werden können (vgl. Mayring, P., 1994, S. 164). Dabei ist die Grundlage für das Material immer eine Art von Kommunikation (vgl. Mayring, P., 2010, S. 11). Für den Zweck der qualitativen Inhaltsanalyse muss im Vorhinein die Richtung der Analyse festgelegt werden. Es braucht eine spezifische Fragestellung, auf welche hin das Material untersucht wird (vgl. Mayring, P., 2015, S. 58).

Zur Untersuchung der Forschungsfrage wird eine strukturierende Inhaltsanalyse angewandt. Diese hat „das Ziel, bestimmte Aspekte aus dem Material herauszufiltern und unter vorher festgelegten Ordnungskriterien einen Querschnitt durch das Material zu legen oder das Material unter bestimmten Kriterien einzuschätzen“ (Mayring, P., 1991, S. 213). Im Kern werden dafür einzelne Schritte durchlaufen, die zum Teil im Prozess mehrfach absolviert werden. Zu Beginn gilt es, sich mit dem gewonnenen Material vertraut zu machen. Aus dem Interview-Leitfaden werden im Anschluss Oberkategorien abgeleitet, die die abgefragten Oberthemen[15] aufgreifen (vgl. Schreier, M., 2014, S. 5). Es folgt die Festlegung von Kodiereinheiten und die Bestimmung von Fundstellen im Textmaterial (vgl. Scheier, M., 2014, S. 5). Die Kodiereinheit definiert dabei, „welches der kleinste Materialbestandteil ist, der ausgewertet werden darf, was der minimale Textteil ist, der unter eine Kategorie fallen darf“ (Mayring, P., 2015, S. 61). Für die Datenauswertung mit Hinblick auf den Forschungsgegenstand wird als kleinster Materialbestand eine Aussage in Form eines Satzes oder die Verneinung oder Bejahung einer durch den Interviewer gestellten Frage definiert. Anzumerken ist, dass die Antwort des Befragten in einen Kontext gesetzt werden muss, um die Verständlichkeit zu gewährleisten. Demnach können auch Interviewfragen mit in die Auswertung aufgenommen werden. Im nächsten Schritt werden anhand der festgelegten Fundstellen im Text und der inhaltlichen Aussagen Unterkategorien entwickelt, die sich thematisch unter eine der Oberkategorien subsumieren lassen. Das entwickelte Kategoriensystem wird anschließend erprobt und gegebenenfalls modifiziert (vgl. Scheier, M., 2014, S. 7). Die einzelnen „Kategorien werden [so] in einem Wechselverhältnis zwischen der Theorie (der Fragestellung) und dem konkreten Material entwickelt, durch Konstruktions- und Zuordnungsregeln definiert und während der Analyse überarbeitet und rücküberprüft“ (Mayring, P., 2015, S. 61). Auf Basis des festgelegten Kodierschemas und des überarbeiteten Kategoriemodells wird das gesamte Material kodiert (vgl. Scheier, M., 2014, S. 6),

[15] Im vorliegenden Fall werden die Oberkategorien in den Leitfragen des Interview-Leitfadens gefunden und wie folgt festgelegt: Prozess der Arbeitgeber- und Stellensuche, wesentliche Kriterien bei der Arbeitgeberwahl, Wahrnehmung und Erwartungen an das Personalmarketing.

wobei die Aussagen in ein Tabellensystem eingetragen werden (vgl. Mayring, P., 2015, S. 70).

Die qualitative Inhaltsanalyse gibt weiterhin vor, dass die inhaltstragenden Textstellen im Anschluss paraphrasiert werden (vgl. Mayring, P., 2015, S. 70). Laut Mayring ist dieser Schritt notwendig, um eine Generalisierung der Aussagen zu ermöglichen (vgl. Mayring, P., 2015, S. 70). Um eine strukturierte Ergebnisdarstellung zu gewährleisten, werden des Weiteren alle eine spezifische Kategorie betreffenden zentralen Aussagen der Interviewten in Form von direkten Zitaten auf- und zusammengeführt und inhaltlich in erklärenden Zwischenabschnitten zusammengefasst. Die Vergleichbarkeit der individuellen Angaben durch die Befragten wird dabei durch den vorgegebenen thematischen Rahmen des Interview-Leitfadens ermöglicht. Anschließend werden die Ergebnisse der qualitativen Interviews mit Hinsicht auf die übergeordnete Fragestellung dargestellt sowie im nachfolgenden Schritt entsprechend interpretiert (vgl. Mayring, P., 2015, S. 61).

Literatur

Ahlrichs, R. (2012). *Zwischen sozialer Verantwortung und ökonomischer Vernunft – Unternehmensethische Impulse für die Sozialwirtschaft*. Springer Fachmedien.

Allihn, L. (2013). Gen Y – Kinder unserer Zeit. In H. Künzel (Hrsg.), *Erfolgsfaktor Employer Branding – Mitarbeiter binden und die Gen Y gewinnen* (S. 17–34). Springer.

Avantgarde Experts. (2020). Generation Y: Wie die Millennials der „Gen Y" in der Arbeitswelt ticken. https://www.avantgarde-experts.de/de/magazin/generation-y/. Zugegriffen: 2. Mai 2021.

Baethge, M. (1991). Arbeit, Vergesellschaftung, Identität. Zur zunehmenden normativen Subjektivierung der Arbeit. *Soziale Welt, 43*(1), 6–19.

Beisch, N., Koch, W., & Schäfer, C. (2019). ARD/ZDF-Onlinestudie 2019: Mediale Internetnutzung und Video-on-Demand gewinnen weiter an Bedeutung. https://www.ard-zdf-Onlinestudie.de/files/2019/0919_Beisch_Koch_Schaefer.pdf. Zugegriffen: 2. Mai 2021.

Bender, G. (2011). Die Marketingrevolution in Zeiten von Web 2.0 – Herausforderungen und Chancen für ein neues beziehungsaktives Kundenmanagement. In B. Walsh, B. Hass, & T. Kilian (Hrsg.), *Web 2.0: Neue Perspektiven für Marketing und Medien* (2. Aufl., S. 143–157). Springer.

Berghaus, B., & Kühne, M. (2021). *Swiss Career Survey 2020: University Specific Results, Report*. Universität Zürich, Zürich.

Best, S., & Engel, B. (2011). Alter und Generation als Einflussfaktoren der Mediennutzung. https://www.ard-werbung.de/fileadmin/user_upload/media-perspektiven/pdf/2011/11-2011_Best_Engel.pdf. Zugegriffen: 2. Mai 2021.

Bryman, A. (2008). The end of the paradigm wars? In P. Alasuutari, L. Bickman, & J. Brannen (Hrsg.), *The sage handbook of social research methods* (S. 1–20). Sage.

BVDW. (2019). Jeder zweite deutsche Onliner schaut mittlerweile Videos über einen Streaming-Dienst. Bei den Jungen sind es sogar knapp drei Viertel. https://www.bvdw.org/fileadmin/user_upload/Grafik_4.JPG. Zugegriffen: 2. Mai 2021.

Comelli, G., & von Rosenstiel, L. (2009). *Führung durch Motivation – Mitarbeiter für Unternehmensziele gewinnen*. Vahlen.

Dannhäuser, R. (Hrsg.). (2020). *Praxishandbuch Social Media Recruiting-Experten Know-How/Praxistipps/Rechtshinweise* (4. Aufl.). Springer Fachmedien.

Deloitte. (Hrsg.). (2014). Datenland Deutschland – Die Generationslücke – Generation Y bereit zum Datentausch. https://www2.deloitte.com/content/dam/Deloitte/de/Documents/deloitte-analytics/DAI-Datenland-Deutschland-Generationenluecke-s.pdf. Zugegriffen: 2. Mai 2021.

Diercks, J. (2014). Wie die Generation Y das Recruiting verändert. https://www.springerprofessional.de/management---fuehrung/recruiting/wie-die-generation-y-das-recruiting-veraendert/6593462. Zugegriffen: 2. Mai 2021.

Flick, U., von Kardorff, E., & Steinke, I. (2000). Was ist die qualitative Forschung? Eine Einleitung und Überblick. In U. Flick, E. von Kardorff, & I. Steinke (Hrsg.), *Qualitative Forschung Ein Handbuch* (S. 13–29). Rowohlt.

Forrester Report. (2006). Is Europe ready for the millennials? Innovate to meet the needs of the emerging generation. Cambridge.

Franz, J. (2010). *Intergenerationelles Lernen ermöglichen: Orientierungen zum Lernen der Generationen in der Erwachsenenbildung*. Bertelsmann.

Grewe, T. (2020). Marketing trifft Wirklichkeit. *Personal Magazin, 9*, S. 60–63.

Hansen, N. K., & Hauff, S. (2019). Talentmanagement – Trends, Herausforderungen und strategische Optionen. In M. Busold (Hrsg.), *War for talents – Erfolgsfaktoren im Kampf um die Besten* (2. Aufl., S. 35–47). Springer.

Helfferich, C. (2011). *Die Qualität qualitativer Daten – Manual für die Durchführung qualitativer Interviews* (2. Aufl.). Springer.

Hesse, G., Mayer, K., Rose, N., & Fellinger, C. (2019). Herausforderungen für das Employer Branding und deren Kompetenzen. In R. Mattmüller & G. Hesse (Hrsg.), *Perspektivwechsel im Employer Branding – Neue Ansätze für die Generationen Y und Z* (2. Aufl., S. 55–100). Springer Fachmedien.

Hilker, C. (2010). *Social Media für Unternehmer: Wie man XING, Twitter, Youtube und Co. erfolgreich im Business einsetzt*. Linde Internat.

Hopf, C. (2000). Qualitative Interviews – Ein Überblick. In U. Flick, E. von Kardorff, & I. Steinke (Hrsg.), *Qualitative Forschung – Ein Handbuch* (S. 349–359). Rohwoldt Taschenbuch.

Hucke, M. (Hrsg.). (2013). Generation Y – Wie man die Berufseinsteiger von morgen erreicht. In R. Stock-Homburg (Hrsg.), *Handbuch Strategisches Personalmanagement*. Springer Gabler. https://doi.org/10.1007/978-3-658-00431-6_8. Zugegriffen: 2. Mai 2021.

Hurrelmann, K., & Albrecht, E. (2014). *Die heimlichen Revolutionäre – Wie die Generation Y unsere Welt verändert*. Verlagsgruppe Beltz.

Ipsos SA. (2017). #MeetTheMillennials – Aktuelle Insights zu Einstellungen, Mediennutzung und Markenkommunikation. https://www.ipsos.com/sites/default/files/%23MeetTheMillennials_Teaser.pdf. Zugegriffen: 2. Mai 2021.

Klaffke, M. (2014). Erfolgsfaktor Generationen-Management – Handlungsansätze für das Personalmanagement. In M. Klaffke (Hrsg.), *Generationen-Management: Konzepte Instrumente, Best-Practice-Ansätze* (S. 3–26). Springer Gabler.

Klaffke, M. (Hrsg.)., & Parment, A. (2011). Charakteristika von Millennials. In M. Klaffke (Hrsg.), *Personalmanagement von Millennials – Konzepte, Instrumente und Best-Practice-Ansätze* (1. Aufl.). Springer Fachmedien.

Krüger, K.-H. (2016). Gesellschaftlicher Wertewandel: Generation X, Y, Z – und dann? In H. Klaus & H. J. Schneider (Hrsg.), *Personalperspektiven – Human Resource Management und Führung im ständigen Wandel* (12. Aufl., S. 39–72). Springer, Fachmedien.

Mangelsdorf, M. (2014). *30 Minuten: Generation Y*. GABAL.

Mattmüller, R., Reif, M. K., Buchman, J., von Zittwitz, F., Diercks, J., Kupka, K., Bender, J., Berentzen, J., Hoog, P., Grewe, T., Robeck, K., Balke, A., Hahn, K., Kielgas, S., & Herde, A. (2019). Fallstudien zu aktuellen Herausforderungen im Employer Branding und Personalmarketing. In G. Hesse & R. Mattmüller (Hrsg.), *Perspektivwechsel im Employer Branding – Neue Ansätze für die Generationen Y und Z* (2. Aufl., S. 105–202). Springer Fachmedien.

Mayring, P. (1991). Qualitative Inhaltsanalyse. In U. Flick, E. von Kardoff, H. Keupp, L. von Rosenstiel, & S. Wolff (Hrsg.), *Handbuch qualitative Forschung: Grundlagen, Konzepte, Methoden und Anwendungen* (S. 209–213). Beltz-Psychologie Verl. Union.

Mayring, P. (1994). Qualitative Inhaltsanalyse. In A. Boehm, A. Mengel, & T. Muhr (Hrsg.), *Texte verstehen: Konzepte, Methoden, Werkzeuge* (S. 159–175). UVK.

Mayring, P. (2010). *Qualitative Inhaltsanalyse. Grundlagen und Techniken* (11. Aufl.). Beltz.

Mayring, P. (2015). *Qualitative Inhaltsanalyse. Grundlagen und Techniken* (12. Aufl.). Beltz.

Meffert, H., Burmann, C., & Kirchgeorg, M. (2015). *Marketing-Grundlagen marktorientierter Unternehmensführung. Konzepte-Instrumente – Praxisbeispiele* (12. Aufl.). Springer Gabler.

Mehner, M. (2019). *Messenger Marketing – Wie Unternehmen WhatsApp & Co erfolgreich für Kommunikation und Kundenservice nutzen*. Springer Fachmedien.

Mehner, M. (2020). Immer aktuell: WhatsApp Nutzerzahlen, Daten und Statistiken für Deutschland. https://www.messengerpeople.com/de/whatsapp-nutzerzahlen-deutschland/#:~:text=Weitere%20Fakten%20zu%20WhatsApp%20Nutzerzahlen,j%C3%A4hrigen%20nutzen%20die%20App%20regelm%C3%A4%C3%9Fig. Zugegriffen: 2. Mai 2021.

Misoch, S. (2019). *Qualitative Interviews* (2. Aufl.). De Gruyter.

Parment, A. (2009). *Die Generation Y – Mitarbeiter der Zukunft-Herausforderung und Erfolgsfaktor für das Personalmanagement* (1. Aufl.). Gabler|GWV Fachverlage.

Parment, A. (2013). *Die Generation Y – Mitarbeiter der Zukunft motivieren, integrieren, führen* (2. Aufl.). Springer Fachmedien.

Reinders, H. (2005). *Qualitative Interviews mit Jugendlichen führen: Ein Leitfaden*. Oldenbourg.

Rump, J., & Eilers, S. (2006). Managing employability. In J. Rump, T. Sattelberger, & H. Fischer (Hrsg.), *Employability Management: Grundlagen, Konzepte, Perspektiven* (S. 13–73). Springer Gabler.

Ruppel, P. S. (2020). Die Forschungswerkstatt als kooperatives Lehr-Lern-Arrangement: Potenziale und Herausforderungen einer hybriden Form der On- und Offline-Zusammenarbeit. *Zeitschrift für Qualitative Forschung, 21*(2), 217–232.

Ruthus, J. (2013). *Arbeitgeberattraktivität aus Sicht der Generation Y – Handlungsempfehlungen für das Human Resources Management*. Springer Fachmedien.

Salt, B. (2007). *Jenseits der Babyboomer: Der Aufstieg der Generation Y*. KPMG Australien.

Sandelowski, M. (2004). Qualitative research. In M. Lewis-Beck, A. Bryman, & T. Liao (Hrsg.), *The sage encyclopedia of social science research methods* (S. 1–20). Sage.

Schiebeck, H. (2019). Digitale HR-Kommunikation – Innovatives Video-Recruiting. In A. Ternès & M. Englert (Hrsg.), *Digitale Unternehmensführung – Kommunikationsstrategien für ein exzellentes Management* (S. 319–329). Springer Fachmedien.

Schmidt, C., Möller, J., Schmidt, M., Gerbershagen, F., Wappler, F., Limmroth, V., Padosch, S., & Bauer, M. (2011). Generation Y. Rekrutierung, Entwicklung und Bindung. *Der Anästhesist, 60*(6), 517–524.

Schreier, M. (2014). Varianten qualitativer Inhaltsanalyse: Ein Wegweiser im Dickicht der Begrifflichkeiten. https://www.researchgate.net/profile/Margrit_Schreier/publication/264788264_Varianten_qualitativer_Inhaltsanalyse_Ein_Wegweiser_im_Dickicht_der_Begrifflichkeiten/links/58c15a9592851c2adfee9609/Varianten-qualitativer-Inhaltsanalyse-Ein-Wegweiser-im-Dickicht-der-Begrifflichkeiten.pdf. Zugegriffen: 2. Mai 2021.

Schulenburg, N. (2016). *Führung einer neuen Generation – Wie die Generation Y führen und geführt werden sollte*. Springer Fachmedien.

Schwab, F., Carolus, A., & Brill, M. (2013). 12 Irrtümer, die Sie womöglich schon immer über junge Mediennutzende pflegten und nun zu hinterfragen wagen. In W. Appel & B. Michel-Dittgen (Hrsg.), *Digital Natives – Was Personaler über die Generation Y wissen sollten* (S. 179–204). Springer Fachmedien.

Signium International. (Hrsg.). (2013). Generation Y – Das Selbstverständnis der Manager von morgen. https://www.zukunftsinstitut.de/fileadmin/user_upload/Publikationen/Auftragsstudien/studie_generation_y_signium.pdf. Zugegriffen: 2. Mai 2021.

statista GmbH. (2019a). Anteil der Smartphone-Nutzer in Deutschland nach Altersgruppe im Jahr 2019. https://de.statista.com/statistik/daten/studie/459963/umfrage/anteil-der-smartphone-nutzer-in-deutschland-nach-altersgruppe/#:~:text=Anteil%20der%20Smartphone%2DNutzer%20in%20Deutschland%20nach%20Altersgruppe%202019&text=Rund%2097%2C1%20Prozent%20der,%2DJ%C3%A4hrigen%2095%2C7%20Prozent. Zugegriffen: 2. Mai 2021.

statista GmbH. (2019b). Millennials in Deutschland nach Häufigkeit der Internetnutzung im Jahr 2019. https://de.statista.com/statistik/daten/studie/712852/umfrage/umfrage-unter-millennials-zur-haeufigkeit-der-internetnutzung/. Zugegriffen: 2. Mai 2021.

Staufenbiel Institut GmbH. (Hrsg.). (2017). JobTrends 2017 – Was Berufseinsteiger wissen müssen. https://www.staufenbiel.de/fileadmin/fm-dam/PDF/Studien/JobTrends_2017.pdf. Zugegriffen: 2. Mai 2021.

Stock-Homburg, R., Wolf, F., & Walczynski, C. (2020). Alleingelassen oder befähigt? *Personal Magazin, 12*, S. 44–47.

Tavolato, P. (2011). Voraussetzung Flexibilität: Erfolgreiche Zusammenarbeit unterschiedlicher Altersgruppen. https://tavolato.com/wp-content/uploads/2013/05/Vorraussetzung-Flexibilit%C3%A4t.pdf. Zugegriffen: 4. Apr. 2021.

VuMa. (2019). Markenverzeichnis VuMA Touchpoints 2019. https://www.vuma.de/fileadmin/user_upload/Markenverzeichnis_VuMA_Touchpoints_2019.pdf. Zugegriffen: 4. Apr. 2021.

Hochschulabsolventen der Generation Y und Berufseinstieg

4

Zusammenfassung

Die Kenntnis von Wünschen und Erwartungen von Hochschulabsolventen der Generation Y ist für Arbeitgeber essentiell, um in einer Wissensgesellschaft, die aus Arbeitgebersicht von einem „War for Talents" geprägt ist, gute und für die jeweilige Arbeitsherausforderung adäquate Mitarbeiter gewinnen zu können. Im Rahmen von leitfaden-gestützten Interviews mit zwölf Hochschulabsolventen aus den Fächergruppen Wirtschaftswissenschaften, Ingenieurwissenschaften sowie Medien wurden in einem ersten Schritt Erkenntnisse zum allgemeinen Vorgehen der Hochschulabsolventen im Bereich der Arbeitgeberbeziehungsweise Stellensuche gewonnen, das heißt etwa zur Relevanz von Empfehlungen aus dem Freundeskreis oder im Hinblick auf die Nutzung von Online-Aktivitäten eines Arbeitgebers, also beispielsweise der Schaltung von Online-Stellenangeboten oder der Präsenz auf privaten oder sozialen Netzwerken. Ebenso zeigte sich, welche Rolle Offline-Aktivitäten, etwa Karrieremessen, aus Sicht der Hochschulabsolventen der Generation Y besitzen. In einem zweiten Schritt spiegeln die Ergebnisse Informationen zu relevanten Kriterien im Kontext der Wahl eines Arbeitgebers wider. Dabei wurden neben dem Unternehmensimage auch Faktoren wie zum Beispiel authentisches Handeln in den Bereichen Nachhaltigkeit und Diversität oder auch die Zukunftsfähigkeit des Unternehmens als wichtig für das individuelle Vorgehen bei der Stellensuche beziehungsweise Bewerbung identifiziert. Erfragt wurde zudem, welche Erwartungen in Bezug auf den konkreten Arbeitsplatz beziehungsweise die Arbeitsaufgabe vorhanden sind und welche Relevanz weitere Arbeitgeberleistungen, wie etwa Weiterbildungsangebote oder Jobtickets, in

© Der/die Autor(en), exklusiv lizenziert durch Springer Fachmedien Wiesbaden GmbH, ein Teil von Springer Nature 2021

C. Kochhan et al., *Bewerberkommunikation für Hochschulabsolventen der Generation Y*, https://doi.org/10.1007/978-3-658-35099-4_4

Bezug auf die Arbeitgeberwahl besitzen. Im dritten Schritt werden Erwartungen an die Gestaltung von Stellenanzeigen und Karrierewebseite beleuchtet und es wurde ebenso erfragt, wie sich der Bewerbungsprozess optimal darstellen sollte. In Bezug auf Stellenausschreibung und Karrierewebseite werden zunächst inhaltliche Aspekte fokussiert – zum Beispiel wird von den Vertretern der Generation Y grundsätzlich ein Anforderungsprofil erwartet – und darüber hinaus formale Aspekte: (Bewegt-)Bild scheint für die Ansprache der Generation Y essentiell. Auch die Erwartungen an den Bewerbungsprozess werden abschließend skizziert – die Ansichten der Generation Y in Bezug auf Anschreiben und Motivationsfragen, die Automatisierung von Bewerbungsverfahren oder die Nutzung von mobilen Endgeräten im Bewerbungsprozess. Detailliert gewonnene Einsichten im Rahmen der qualitativen Studie geben einen ersten Aufschluss über Motivation, Wünsche und Erwartungshaltungen der befragten Hochschulabsolventen der Generation Y. Die Erkenntnisse sind zur besseren Veranschaulichung im Folgenden mit Zitaten der im Rahmen der qualitativen Studie Befragten untermauert. (Die im Rahmen der Studie gewonnenen Aussagen werden nachfolgend aufgrund einer besseren Lesbarkeit vom gesprochenen Deutsch in die Schriftsprache überführt).

4.1 Prozess der Arbeitgeber- und Stellensuche

4.1.1 Stellensuche im Allgemeinen

Entsprechend ihrer (Medien-)Sozialisation sind für die Vertreter der Generation Y insbesondere Online-Quellen von Bedeutung, um sich über potenzielle Stellenangebote zu informieren. Im Rahmen der Interviewstudie zeigte sich bei den Teilnehmern dabei eine hohe Übereinstimmung unabhängig von Geschlecht oder Fachrichtung des Studiums. Hier suchen Absolventen im ersten Schritt gezielt nach Stellentiteln, die das Aufgabenfeld umfassen, in dem sie sich zukünftig sehen. Alexander (1995, Wiwi) äußert in diesem Zusammenhang beispielsweise: *„Tatsächlich suche ich sehr stark erst einmal über den Titel. Also, die Stellenausschreibung muss prinzipiell passen.“*

Neben dem tatsächlichen Stellenangebot ist in vielen Fällen auch der anbietende Arbeitgeber ein Kriterium für die Jobsuche. Oftmals wird von einem Wunscharbeitgeber gesprochen, dessen Stellenofferten zunächst näher betrachtet werden – resultierend aufgrund von persönlichen Präferenzen für ein Unternehmen, die beispielsweise durch einen Kontakt während des Studiums entstanden sind.

Im ersten Schritt der Stellensuche – dem allgemeinen Informieren über aktuell vorhandene Angebote – ist es zudem auffällig, dass ein Großteil der befragten Vertreter der Generation Y ihre jeweilige Suche geografisch eingrenzt. Viele Berufseinsteiger haben für sich bereits im Vorfeld auf eine konkrete Region oder Stadt festgelegt, in der sie später präferiert ihrer Arbeit nachgehen möchten. Gleichwohl ist auch eine örtliche Flexibilität sowie eine Bereitschaft bei den Befragten vorhanden, für den „richtigen" Job den Wohnort zu wechseln und andere Regionen in Betracht zu ziehen. Dabei wird der Job-Passung ein entscheidender Stellenwert zugeschrieben; auch wird vereinzelt der erste Job als „Einstieg" gesehen mit der Möglichkeit, sich nach zwei bis drei Jahren an einen persönlich beliebteren Arbeitsort hinzuorientieren.

Trotz dieser im Rahmen der Interviewstudie grundsätzlich erkennbaren regionalen Flexibilität zeigt sich, dass insbesondere Großstädte im Fokus der befragten Absolventen der Generation Y stehen. So äußerte beispielsweise Sarah (1995, Wiwi): *„Ja, also damals habe ich schon auch in Hamburg, Nürnberg, München ein bisschen geguckt. Aber ich habe mich jetzt nicht auf eine Stadt begrenzt."* Ebenso ist Julia (1995, Ing) die Stadt, in der sie ihren Beruf ausüben wird, wichtig: *„Es geht eher darum: Okay, bist du noch in Deutschland und in welcher Stadt, ist es wirklich eine Stadt oder irgendwo in der Pampa."*

Die Studienergebnisse verdeutlichen damit in der Gesamtheit, dass ein Großteil der Absolventen aus der Generation Y im Rahmen ihrer Stellensuche zunächst einen genauen Stellentitel in Kombination mit einer Auswahl an Arbeitgebern und oftmals Wunsch-Arbeitsorten angibt.

4.1.2 Klassische Kanäle zur Informationssuche

Online

Die für sie passenden Stellenangebote finden die Interviewpartner meist auf Jobbörsen – genannt werden hier Angebote wie Indeed oder StepStone. Diese werden genutzt, um einen ersten Blick auf die Marktsituation zu werfen – unabhängig von der Fachrichtung, die die Absolventen im Rahmen ihres Studiums eingeschlagen haben: Tim (1994, Wiwi) aus dem Bereich Wirtschaftswissenschaften *(„Als erstes benutze ich diese ganzen Onlineportale, von Stepstone bis Indeed",)* ebenso wie Lisa (1993, Medien) aus dem Bereich Medien *(„Online Jobbörsen wie Stepstone – da würde ich auf jeden Fall auch gucken, was es so aktuell gibt.")* verwenden hier die vorhandenen Online-Jobportale für den Informationseinstieg im Hinblick auf potenzielle Arbeitgeber.

Haben Absolventen hingegen bereits gezielt und primär einen konkreten Arbeitgeber im Fokus, stellen für sie die Karrierewebseiten von Unternehmen eine primäre Informationsquelle dar. Außerdem ist die Internetseite dann von Bedeutung, wenn die Absolventen im Rahmen ihrer Online-Stellensuche auf ein Angebot eines interessanten Arbeitgebers gestoßen sind. Tim (1994, Wiwi), Felix (1994, Ing) sowie Lea (1997, Ing) geben in diesem Kontext zudem an, dass sie Karrierewebseiten von Unternehmen als die vertrauenswürdigere und sicherere Quelle im Vergleich zu Online-Jobbörsen wahrnehmen. Tim (1994, Wiwi), Sarah (1995, Wiwi) und Felix (1994, Ing) äußern darüber hinaus, dass sie sich ausschließlich über Karrierewebseiten bewerben würden, da sie dies als *„professioneller"* und *„sicherer"* empfinden.

Neben digitalen Jobbörsen sowie den Karrierewebseiten von Unternehmen erweisen sich auch Karrierenetzwerke für die Berufseinsteiger als ein wichtiges Instrument im Kontext ihrer Stellenrecherche. Während Online-Jobbörsen für die klassische Stellensuche relevant sind, sind Karrierenetzwerke wie LinkedIn und Xing ihrer Meinung nach zusätzlich hilfreich, um nähere Informationen über potenzielle Arbeitgeber zu erhalten.

Über diese professionellen Angebote hinaus werden zum Teil auch privatorientierte soziale Netzwerke von den Vertretern der Generation Y genutzt – Unternehmensprofile von Arbeitgebern auf Social-Media-Kanälen. Relevanz haben diese, da die Absolventen hier detailliertere Informationen über das Unternehmen und sein Produkt- beziehungsweise Dienstleistungsangebot erwarten. Entsprechend erklärten Laura (1995, Wiwi) und Julia (1995, Ing) in diesem Zusammenhang, private soziale Netzwerke zwar nicht primär zur Information über Arbeitgeber zu nutzen, allerdings gaben beide an, sich gegebenenfalls im weiteren Bewerbungsverlauf, also beispielsweise vor einem Bewerbungsgespräch, die Unternehmensprofile des Arbeitgebers auf privaten sozialen Netzwerken anzusehen, um einen Eindruck über die Art und Weise der Kommunikation und der angewandten Sprache zu gewinnen.

Insbesondere Instagram besitzt eine Relevanz in der Zielgruppe der Berufseinsteiger der Generation Y. Ein dort vorhandenes Unternehmensprofil signalisiert für die Teilnehmer der Studie eine Art der Verbundenheit zur Zielgruppe – Jan (1995, Medien) zum Beispiel beschreibt Unternehmen, die den Kanal Instagram nutzen, als *„zielgruppennah"*. Auch Lea (1997, Ing) sieht einen Vorteil für Unternehmen mit einem ansprechenden Instagramprofil. Ihrer Meinung nach besteht die Chance, damit das Unternehmensimage positiv zu fördern. Nach Ansicht der Befragten kann sich die Beliebtheit einzelner Unternehmen dann etwa in der Anzahl von Followern ausdrücken. Gleichwohl werden die Glaubwürdigkeit und Authentizität der

Inhalte, die über soziale Netzwerke wie Instagram verbreitet werden, in der Zielgruppe auch mit Skepsis betrachtet wie zum Beispiel Lea ((1997, Ing): „*Aber ich glaube, dass Social Media wenig über die Arbeit selber aussagt und dass dort natürlich – wie auch in ‚normalen' Profilen – total beschönigt wird*") oder Lukas ((1993, Medien): „*Authentisch ist Instagram nicht.*") zu Protokoll geben. Social-Media-Auftritte gewinnen in der Generation Y jedoch an Authentizität, wenn sie in der Darstellung beziehungsweise Informationsvermittlung auf eigene Mitarbeiter zurückgreifen und entsprechende Aussagen formuliert werden, die die Zielgruppe als glaubwürdig einstuft. Die Vertreter der Generation Y nehmen über die sozialen Netzwerke hinweg die Unternehmensdarstellung durch Mitarbeiter als hilfreich und vertrauenswürdig wahr.

Es zeigt sich auch, dass die Generation Y „Take-Over"-Formaten – ein oder mehrere Mitarbeiter übernehmen für einen Zeitraum den Account des Unternehmens und geben Einblicke in die Unternehmenswelt – gegenüber offen ist und grundsätzlich Interesse zeigt, sich die präsentierten Inhalte anzusehen. Auch werden ein Mehrwert sowie die Möglichkeit erkannt, Einblicke in das Unternehmen über „Take-Overs" zu gewinnen. Trotz der Offenheit gegenüber dem Format sprechen einige Befragte aber auch hier wieder ihre Zweifel im Hinblick auf die Authentizität von „Take-Over"-Inhalten durch Mitarbeiter von Unternehmen aus.

Letztlich ist somit eine übergreifend glaubwürdige Darstellung relevant. Über Stellenangebote, Unternehmens-, Karrierenetzwerk- und Social-Media-Seiten hinaus können die Absolventen im Rahmen ihrer Informationssuche Arbeitgeberbewertungsportale nutzen, um unternehmerische Informationen zu validieren. Die Mehrheit der befragten Vertreter der Generation Y gibt an, Arbeitgeberbewertungsportale bereits besucht zu haben. Es wurden dabei Glassdoor sowie Kununu genannt. Grundsätzlich werden Arbeitgeberbewertungsportale vorrangig als Informationsquelle betrachtet, wenn das Unternehmen, das die Stelle anbietet, den Befragten nicht bekannt ist. Sind die Unternehmen jedoch bereits vertrauter, die Bewertungen erhalten, zeigt sich, dass durchschnittliche oder negative Bewertungen eines Arbeitgebers in diesen Fällen geringere negative Auswirkungen auf die Absolventen besitzen. Lisa (1993, Medien) reflektiert in diesem Zusammenhang, dass Mitarbeiterbewertungen oftmals eher subjektiv eingeordnet werden, und der Eindruck sich auf eine konkrete Abteilung, einen gezielten Bereich des Unternehmens bezieht, der nicht pauschal auf das gesamte Unternehmen bezogen werden kann. Mit Blick auf negative Mitarbeiterbewertungen stellen Laura (1995, Wiwi) und Lukas (1993, Medien) zudem die Vermutung auf, dass insbesondere Personen mit negativen Erfahrungen diese auch teilen, sodass es differenziert betrachtet werden muss, wenn sich in einem Arbeitgeberbewertungsportal viele durchschnittliche oder negative Bewertungen befinden. Laura (1995, Wiwi) formuliert dies wie folgt: „*Meistens ist es wirklich so, dass die Leute, die eine schlechte Erfahrung gemacht haben, solche Bewertungen schreiben und ich es deswegen schon eher subjektiv einordnen würde.*" Daneben sei es wichtig, die Aussagekraft von negativen Arbeitgeberbewertungen auch an ihrem zahlenmäßigen Anteil an der Anzahl der gesamten Bewertungen zu bemessen – Sarah (1995, Wiwi) äußert in diesem Zusammenhang:

> „Also es kommt immer ein bisschen drauf an, wie viele Bewertungen es in Summe schon gibt. Wenn es richtig viele Bewertungen gibt und die sind eher negativ, dann würde das mich auf jeden Fall negativ beeinflussen. Wenn es jetzt aber nur zehn gibt und da sind zwei irgendwie nicht so gut, dann muss das nicht zwingend heißen, dass es dann – auch wenn die Bewertung eine schlechte ist –, dass das für mich dann eine negative Bewertung hat."

Offline – Karrieremessen und karriereorientierte Veranstaltungen am Uni-Campus

Online-Kanäle als präferierte Informationsquellen im Kontext der Stellensuche werden flankiert von Karrieremessen und Infoveranstaltungen am Hochschul-Campus. Als Vorteile solcher Offline-Angebote wird der persönliche Kontakt zu potenziellen Kollegen erkannt sowie die Möglichkeit, gezielte Fragen an die Repräsentanten der Unternehmen stellen zu können. Karrieremessen bieten zudem die Möglichkeit, dass neue, potenzielle Arbeitgeber in das Blickfeld der Absolventen rücken können, denen zuvor noch keine Relevanz zugeschrieben wurde. Dabei informieren sich die Vertreter der Generation Y oftmals bereits im Vorhinein über die ausstellenden Arbeitgeber, um gezielt abwägen zu können, ob der Besuch von Karrieremessen oder -veranstaltungen für sie einen Mehrwert im Kontext des Bewerbungsprozesses bringt.

Zwar sehen die Absolventen mehrheitlich einen Vorteil in der Möglichkeit eines persönlichen Gesprächs und dem Kennenlernen neuer Unternehmen. Gleichwohl werden Karrieremessen einschränkend auch mit Attributen wie *„abstrakt"* und *„sehr entfernt"* (Julia 1995, Ing), *„Stress"* oder *„anstrengend"* (Tim 1994, Wiwi) belegt. Dies lässt sich darauf zurückführen, dass aus Wahrnehmung der Absolventen von ihnen ein proaktiver Aufwand erwartet wird. Lukas (1993, Medien) ergänzt, dass er sich grundsätzlich gerne selbst einen persönlichen Eindruck über entsprechende Recherche oder Kontakte über Arbeitgeber macht, da er das *„Fachgeplänkel"* von Recruitern auf Karrieremessen, die versuchen, von dem eigenen Unternehmen zu überzeugen, als *„anstrengend"* empfindet und *„nicht so eingewickelt werden"* möchte. Zudem merkt Julia (1995, Ing) an, dass sie den Mehrwert in Karrieremessen eher in ihrer beruflichen Orientierungsphase erkannt hat. Zum aktuellen Zeitpunkt konkreter Arbeitssuche nimmt sie diesen nicht mehr wahr, da ihres

Erachtens grundsätzlich zu viele für sie irrelevante Angebote und Informationen auf Karrieremessen dargeboten werden:

> „Ich finde es einfach schwer, auf Karrieremessen einen persönlichen Zugang zu finden. Weil man dahin kommt und es sind tausend Stände. Du hast tausende Informationen, wovon wahrscheinlich 95 Prozent sowieso nicht relevant für das ist, was du dir anschauen möchtest – besonders, wenn man ein bisschen Arbeitserfahrungen schon gesammelt hat. Und dann ist es nicht unbedingt ein Mehrwert, auf einer Karrieremesse zu sein."

Im Vorfeld von konkreten Bewerbungsphasen werden von Hochschulen organisierte Veranstaltungen als positiv erachtet, um Unternehmen kennenzulernen beziehungsweise Kontakte aufzubauen. Der Vorteil von karriereorientierten Veranstaltungen im Kontext einer Hochschule wird darin gesehen, dass die dort teilnehmenden Unternehmen *„fokussiert auf Absolventen beziehungsweise auf Einstiegspositionen"* (Maximilian, 1992 Ing) sind. Der Befragte Lukas (1993, Medien) betont darüber hinaus, dass sich die *„engere Bindung"* der Unternehmen zur Universität beziehungsweise Hochschule positiv auf die eigenen beruflichen Chancen bei entsprechenden Arbeitgebern auswirken könnte. Auch von Hochschulen organisierte Unternehmensbesichtigungen werden als interessant erachtet. Aufgrund solcher Aktivitäten ergeben sich Möglichkeiten, erste Kontakte zu potenziellen Arbeitgebern zu knüpfen wie Felix (1994, Ing) formuliert: *„Ich habe das damals im Bachelor gemacht. Da gab es das für Frühstarter. Es ging darum, dass man einfach als Student ein paar Unternehmen kennenlernt. Da macht man Besichtigungen bei denen und kann sich auch bewerben, wenn was ausgeschrieben ist; das habe ich damals gemacht."*. Neben Live-Besuchen von Unternehmen besteht zunehmend die Möglichkeit, diese im Vorfeld der Bewerbung – etwa im Rahmen von Karrieremessen – auch in virtueller Form kennenzulernen.

4.1.3 Neuere Angebote der Informationsvermittlung

Vertreter der Generation Y sind grundsätzlich aufgeschlossen gegenüber neuen Technologien. Bereiche der „erweiterten Realität" sehen sie als Möglichkeit, bereits einen ersten Eindruck von einem für sie relevanten Arbeitgeber und dem vorhandenen Arbeitsumfeld zu erhalten. Ebenso erkennen sie in diesen modernen Kommunikationsmöglichkeiten die Chance, dass das Unternehmen einen Hinweis auf seine Zukunftsorientierung gibt und damit in ihren Fokus gelangt. Einschränkend ist in diesem Zusammenhang jedoch zu erwähnen, dass die Befragten der Generation Y Virtual- und Augmented-Reality-Angebote zwar grundsätzlich positiv bewerten, sie jedoch letztlich keinen entscheidenden Einfluss auf die Arbeitgeberauswahl im Hinblick auf die eigentliche Bewerbung besitzen und von ihnen eher als *„cooles Zusatzangebot"* (Lisa, 1993 Medien) wahrgenommen werden.

Auch die Realitätsnähe und Glaubwürdigkeit der durch Virtual und Augmented Reality dargestellten Inhalte wird durch die Berufseinsteiger der Generation Y hinterfragt. Felix (1994, Ing) gibt zu bedenken: *„Also die Idee finde ich witzig. Aber ich weiß nicht, wie real das dann wirklich ist, weil die entscheiden ja genau, was in diesem Virtual Reality abgebildet wird. Und ich glaube, das Einzige, was man da zeigen kann, sind wirklich die Räumlichkeiten; wie die Leute sind, das kannst du ja nicht abbilden. Das ist für mich dann schon ein Fake."* Ergänzend weist Sarah (1995, Wiwi) darauf hin, dass in derartigen Anwendungen jeweils ein spezieller Teil eines Unternehmens und dieses nicht in seiner Gesamtheit vermittelt werden könne: *„Inwiefern AR- / VR-Angebote irgendwie meine Entscheidung beeinflussen würde, weiß ich nicht. Ich kann nicht einschätzen, wie real sich das anfühlt. Da wird eher dann nur eine Seite gezeigt. Man kann es selbst nicht so hundertprozentig erleben. Es ist immer ein Teil des Bildes oder Teil der Firma, der dargestellt wird."*

Im Zusammenhang mit der Möglichkeit, ein Unternehmen „zu erleben", spielen im Kontext von Bewerberkommunikation auch Recruitainment- beziehungsweise Gamification-Ansätze eine Rolle. Insbesondere die Option des Erprobens von realitätsnahen Problemlösungsszenarien in Form eines unternehmensspezifischen Computerspiels wird dabei von den befragten Vertretern der Generation Y als Mehrwert erkannt und entsprechend positiv beurteilt. Lisa (1993, Medien) bemerkt, dass sie Unternehmen, die neue Ansätze, also zum Beispiel Gamification, einsetzen, als *„modern"* wahrnimmt und es ihr positiv auffällt, dass ein Arbeitgeber sich *„mitentwickelt"*. Obgleich ein Gamification-Szenario im Rahmen des Recruitainments in der Regel positiv betrachtet wird, hinterfragen die Interviewpartner zum Teil dessen Authentizität. Zudem zeigt sich weiterhin, dass einige Vertreter der Generation Y den Gamification-Ansatz als *„zeitintensiv"* (Laura 1995, Wiwi) sowie *„stressig"* (Lukas 1993, Medien) empfinden und mit *„viel Aufwand"* (Anna 1996, Medien) verbinden.

Unabhängig von dem Kanal, über den die Vertreter der Generation Y von Unternehmen angesprochen werden, haben sie Vorstellungen, welche Werte und Kriterien für sie bei der Arbeitgeberwahl von hoher Bedeutung sind.

4.2 Zentrale Werte und Kriterien bei der Arbeitgeberwahl

4.2.1 Unternehmen

Wunsch I: Positives Image und Unternehmenswerte

Das Image eines Arbeitgebers hat für nahezu alle Vertreter der Generation Y im Kontext der Stellensuche Relevanz: Die Berufseinsteiger verbinden mit einem Job bei einem bekannten Unternehmen beziehungsweise Konzern eine positive Auswirkung auf den eigenen Lebenslauf und damit auf zukünftige berufliche Perspektiven. Auch für Jan (1995, Medien) sind ein positives Image und ein hoher Bekanntheitsgrad eines Unternehmens bedeutsam. Trotzdem betont er, dass diese keine entscheidenden Faktoren bei seiner Arbeitgeberwahl sind und andere Aspekte, wie das gute Arbeitsumfeld, im Vordergrund stehen: *„Es ist schon cool, für ein bekanntes Unternehmen zu arbeiten. Aber solange ich mich wohlfühle und ein gutes Umfeld habe, ist es mir wichtiger einen tollen Arbeitgeber zu haben als sein Ruf nach außen."* Lediglich Alexander (1995, Wiwi) aus dem Bereich der Wirtschaftswissenschaften äußert, dass das Image und der hohe Bekanntheitsgrad eines Unternehmens für ihn keine Wichtigkeit besitzen. Er begründet seine Aussage damit, dass er sich selbst lieber in der Position sehen möchte, ein Unternehmen *„mit aufzubauen"* und *„Teil des Ganzen zu sein"*, als sich in ein *„gemachtes Nest"* bei einem bekannten Unternehmen oder Konzern zu setzen:

> „Also ich würde aktuell sagen, ich würde nicht in ein großes Unternehmen gehen, was bei 200, 250 Mitarbeitern anfängt. Ich habe das Gefühl, dass ich mich da nicht aufgehoben fühle, weil ich aktuell lieber eng mit dem Team zusammenarbeiten will. Und ich glaube, das hat ja dann auch wieder ein bisschen mit der Kultur zu tun, die gelebt wird. Also ist das Ganze eher freundschaftlich, oder alles sehr business-orientiert, streng. Also, aktuell würde ich es bevorzugen, in einem kleineren, jüngeren Team zu arbeiten. Man schafft es gemeinsam, man arbeitet das Unternehmen gemeinsam hoch, und man verwaltet nicht nur, beziehungsweise hat einen großen Konkurrenzkampf intern."

Eng verknüpft mit dem Unternehmensimage sind die Werte und Leistungen eines Unternehmens. Diese werden von den Vertretern der Generation Y als wichtig erachtet – sie geben zu Protokoll, sich mit den Werten und Leistungen identifizieren zu wollen. Nur in diesen Fällen gehen die Interviewteilnehmer davon aus, dass ein Unternehmen in die nähere Wahl als potenzieller Arbeitgeber kommt. Im Grundsatz erscheint damit eine Übereinstimmung der Unternehmenswerte mit den persönlichen Werten wünschenswert und stelle den *„Idealfall"* dar wie etwa Sarah (1995,

Wiwi) beschreibt: *„Also der Idealfall wäre natürlich, dass die Firma die gleichen Werte vertritt, die ich auch persönlich vertrete."*

Für die Vertreter der Generation Y sind unterschiedliche Werte bedeutsam – eine zentrale Rolle spielt beispielsweise die ökologische Nachhaltigkeit eines Unternehmens. Es wird betont, dass ein Arbeitgeber, der nachweislich nicht ökologisch handelt oder durch sein Handeln einen negativen Effekt auf die Umwelt hat, für sie nicht in eine engere Auswahl kommt, da dieses Verhalten negativ bewertet wird – ein Ergebnis, das sich über alle Fachbereiche der Absolventen zeigt. Auch Lukas (1993, Medien) nennt Nachhaltigkeit im Kontext von positiven Unternehmenswerten: *„Also im Idealfall das das Unternehmen halt auch nachhaltig ist oder Wohltätigkeit zeigt oder sonst etwas."* Laura (1995, Wiwi) gibt in diesem Zusammenhang an, dass Unternehmen, die sich für die Verbesserung der Umweltsituation einsetzen, in ihrer Wahrnehmung positiv auffallen: *„Ansonsten fällt es mir positiv auf, wenn das Unternehmen auch etwas für die Umwelt tut und guckt, wie man nachhaltiger wirtschaften kann."*

Neben ökologischen Werten werden von der Generation Y besonders kulturelle ebenso wie politische Werte als wichtig erachtet. Alexander (1995, Wiwi) und Lea (1997, Ing) erwähnen in diesem Kontext explizit, dass sie bei keinem Arbeitgeber einsteigen würden, der eine nationalsozialistische Gesinnung vorweist. Sarah (1995, Wiwi) und Julia (1995, Ing) geben an, für kein Unternehmen arbeiten zu wollen, welches *„moralisch verwerfliche"* Produkte herstellt oder sich für *„moralisch Verwerfliches"* einsetzt – genannt werden hier sowohl die Waffen- als auch die Energiebranche, mit Ausnahme von erneuerbaren Energien. Relevant sind zudem die Arbeitsbedingungen in Unternehmen. Sarah (1995, Wiwi) und Lisa (1993, Medien) nennen schlechte Arbeitsbedingungen und Benachteiligung von Menschen als Ausschlusskriterium, um sich bei einem Unternehmen zu bewerben. Laura (1995, Wiwi) und Alexander (1995, Wiwi) aus dem Fachbereich der Wirtschaftswissenschaften weisen zudem auf Diskriminierung als nicht vertretbaren Wert hin. In diesem Kontext führt Laura (1995, Wiwi) an, dass für sie Toleranz und Diversität wichtige Aspekte sind. Sie äußert darüber hinaus, dass Arbeitgeber sich in ihrer Wahrnehmung positiv hervorheben, wenn sie an Veranstaltungen, die die genannten Themen unterstützen, teilnehmen und ihre positive Haltung diesen Werten gegenüber nach außen repräsentieren: *„Was mir sehr positiv auffällt, wenn Unternehmen auf Diversität gehen und gerade auch wenn sie beim Christopher Street Day oder so mitmachen und einfach sagen und zeigen, dass sie total tolerant sind in allen Hinsichten. Das finde ich sehr, sehr wichtig."* Die Befragten achten somit auf die Werte, die von Unternehmen vertreten werden. Entsprechend zeigt sich, dass eine negative Presse Auswirkungen besitzt. Zwar lässt sich erkennen, dass negative Schlagzeilen hinterfragt werden, jedoch gaben die Interviewpartner auch an, sich aufgrund von Kritik in der Gesellschaft gegen Arbeitgeber entschieden zu haben. Die skizzierten Wertvorstellungen werden um ein weiteres Kriterium ergänzt, das explizit von Absolventen der Ingenieurwissenschaften genannt wird: Zukunftsfähigkeit und Innovationskraft eines Unternehmens. Die Befragten gaben zu Protokoll, dass sie bei potenziellen Arbeitgebern darauf achten, dass die Branche, beziehungsweise das Tätigkeitsfeld, auch fortschrittlich und langfristig attraktiv ist. Julia (1995, Ing) beschreibt dies wie folgt: *„Das Unternehmen muss irgendetwas zu tun haben mit Exzellenz, würde ich sagen. Also einen Bereich, wo sie irgendwo fortschrittlich, innovativ sind. Das finde ich sehr wichtig. Es muss gute Perspektiven geben als Arbeitnehmer. Und ich finde auch den internationalen Kontext relativ wichtig."*

Allerdings zeigt sich, dass sich Berufseinsteiger eher „nebenbei" über Unternehmenswerte von potenziellen Arbeitgebern informieren. Maximilian (1992, Ing) sagt in diesem Zusammenhang, dass er es als „selbstverständlich" ansieht, dass *„ein deutsches oder ein westliches Unternehmen grundlegende Werte vertritt."* Auch er informiert sich selten gezielt über die Unternehmenswerte eines potenziellen Arbeitgebers. Ein weiterer Grund wird in einer fehlenden Glaubhaftigkeit von durch den Arbeitgeber kommunizierten Werten gesehen. Die Interviewpartner betrachten diese durchaus kritisch und sehen darin oftmals den Versuch der Image-Aufbesserung.

Wunsch II: Gute Arbeitsatmosphäre und Arbeitsplatzsicherheit

Vertreter der Generation Y verbinden den Spaß an der Arbeit unmittelbar mit einem angenehmen Kollegium und einer guten Atmosphäre am Arbeitsplatz. Ein gutes Team-Verhältnis stellt sich im Rahmen der Befragung als elementares Kriterium bei der Arbeitgeberwahl heraus. Ein kollegial-angenehmes Verhältnis wird im Beruf als „fördernd" wahrgenommen und führt nach Meinung der Vertreter der Generation Y zu einem gesteigerten persönlichen Wohlbefinden am Arbeitsplatz sowie zu einer besseren Arbeitsleistung. Zudem zeigt sich, dass der Austausch unter Kollegen für Berufseinsteiger wichtig ist, um *„stressige Zeiten viel besser durchstehen zu können"* (Laura 1995, Wiwi). Alexander (1995, Wiwi) und Laura (1995, Wiwi) äußern zudem, dass die Ausführbarkeit einer leitenden Position im Zusammenhang mit einem guten Team steht. Für beide ist es eine Voraussetzung für gute Führung, dass eine gute Zusammenarbeit unter Kollegen besteht. Alexander (1995, Wiwi) beschreibt dies wie folgt: *„Und wenn ich schon nicht mit den Leuten gut kann und normal zusammenarbeite, dann ist einfach die Frage, kann ich die gut führen und macht es dann für die Zusammenarbeit wirklich Sinn?"* Auch Laura (1995, Wiwi) formuliert ihre Aussage vor dem Hintergrund einer möglichen Karriere im Unternehmen, bei dem sie sich bewirbt: *„Und auch wenn man Karriere machen will und den Weg einschlagen will, dann ist es ja auch immer gut, wenn man mit Menschen irgendwie gut kann. Und deswegen sollten die Kollegen einfach Leute* *sein, die ich sehr respektiere und die ich auch gut finde und die ich irgendwie inspirierend finde, an denen ich mich gerne irgendwie orientieren würde. Das wäre mir schon wichtig."*

Im Kontext von beruflicher Laufbahn sowie Arbeitsatmosphäre spielt auch das Thema Arbeitsplatzsicherheit eine Rolle. Letztere wird aus unterschiedlichen Perspektiven betrachtet. Lea (1997, Ing) beispielsweise führt aus, dass sie Arbeitsplatzsicherheit in ihrer aktuellen Lebensphase als Berufseinsteiger als weniger wichtig empfindet, jedoch *„in Richtung älter werden und dann ein Leben aufbauen"* als sehr relevanten Aspekt bewerten würde. Laura (1995, Wiwi) gibt außerdem an, dass die Arbeitsplatzsicherheit einen Beitrag zu der allgemeinen Atmosphäre in einem Unternehmen leistet: *„Wenn die ganze Zeit Leute gekündigt werden oder so, ist die Stimmung im Unternehmen ja auch einfach super schlecht. Deswegen würde ich schon fast sagen, dass es mit zur Arbeitsatmosphäre zählt, dass es dem Unternehmen wirtschaftlich einfach gut geht."* Sie beschreibt die Situation, nicht in ständiger Sorge um den eigenen Arbeitsplatz sein zu müssen, zudem als *„eine gewisse Grundvoraussetzung"*. Hinzu kommt die Aussage der Befragten Lisa (1993, Medien), die dem Kriterium Arbeitsplatzsicherheit vor dem Hintergrund der Covid 19-Pandemie eine höhere Wichtigkeit zuschreibt:

> „Was ich auch noch wichtig finde, ist die Arbeitsplatzsicherheit. Gerade jetzt in Zeiten von Corona hat man bei einigen auch mitbekommen, dass sie leider ihren Job verloren haben. Und ich habe auch ein bisschen Angst nächstes Jahr, wenn man dann Berufseinsteiger ist, dass man vielleicht am Ende seinen Job wieder recht schnell verliert, weil da natürlich eben die Neusten gehen müssen. Das wäre es mir natürlich auch wichtig, dass mir eine entsprechende Sicherheit gegeben wird."

Gleichwohl wird das Kriterium „Arbeitsplatzsicherheit" grundsätzlich als weniger wichtig bei einem Einstiegsjob erachtet – die Sicherheit des Jobs sei auch abhängig von der eigenen Arbeitsleistung und man sei in jungen Jahren mit guten Qualifikationen nicht abhängig von einem einzigen Arbeitsplatz.

4.2.2 Arbeitsaufgabe

Wunsch I: Gesellschaftliche und persönliche Sinnhaftigkeit

Grundsätzlich bewerten die Vertreter der Generation Y die gesellschaftliche Sinnhaftigkeit hinter einer Tätigkeit oder einem Arbeitgeber positiv, indem sie es mit der Zuweisung von Attributen wie *„schön"* (Julia 1995, Ing), *„toll"* oder *„super"* (Jan 1995, Medien) ausdrücken – ein Ergebnis, das mit den Vorstellungen hinsichtlich unternehmerischer Wertorientierungen korrespondiert. Zudem verbinden die Befragten die gesellschaftliche Sinnhaftigkeit einer Arbeit mit *„einem guten Gefühl"* (Jan 1995, Medien) und einer *„Wunschvorstellung"* (Sarah 1995, Wiwi). Trotzdem zeigt sich, dass der Aspekt generell kein entscheidendes Kriterium bei der Wahl einer Stelle, beziehungsweise eines Arbeitgebers, darstellt. Tim (1994, Wiwi) gibt als einziger Befragter an, gezielt nach einer gesellschaftlich sinnvollen Tätigkeit gesucht zu haben: *„Ich glaube, ich könnte mehr aufgehen in der gesellschaftlich sinnvollen Tätigkeit. Ich habe sogar danach gesucht und hatte für solche Jobs mein Gehalt auch nach unten angepasst."* Auf die Frage, was für ihn eine „gesellschaftlich sinnvolle Tätigkeit" sei, antwortet er, dass er gezielt nach Stellen gesucht habe, die vegane Ernährung unterstützen.

Neben der gesellschaftlichen Sinnhaftigkeit einer Arbeit, die von den Probanden zwar als wünschenswert, gleichwohl nicht entscheidend empfunden wird, wurden sie zusätzlich zu ihren Einstellungen gegenüber einer persönlich wahrgenommenen Sinnhaftigkeit der potenziell eigenen Tätigkeit befragt. Dabei stellt sich heraus, dass dieses Kriterium unter den Vertretern der Generation Y eine hohe Wichtigkeit aufweist – die tägliche Arbeit sollte eine Bedeutung besitzen und nicht lediglich Routine sein. Alle Befragten sagen aus, dass sie es als wichtig empfinden, eine sinnhafte Tätigkeit auszuüben. Mehrere Interviewpartner setzen dabei Spaß an der Arbeit mit der Sinnhaftigkeit einer Tätigkeit in eine unmittelbare Korrelation.

Wunsch II: Mitgestaltung und Herausforderung

Mitgestaltung ist für die Vertreter der Generation Y bedeutsam. Mit einem hohen Grad an Mitgestaltung sei eine *„höhere Lernkurve"* (Tim 1994, Wiwi) sowie ein Gefühl von *„Teilhabe"* (Alexander 1995, Wiwi) und *„Selbstverwirklichung"* (Lukas 1993, Medien) verbunden. Auch wird geäußert, dass die Befragten sich als Berufseinsteiger die Möglichkeit zur *„persönlichen Entfaltung"*, zum *„Ausprobieren"* (Lisa 1993, Medien) und *„Experimentieren"* (Sarah 1995, Wiwi) wünschen und diese eher in im Rahmen des Interviews vorgelegten Version 1B (aktive Mitgestaltung) sehen – Sarah (1995, Wiwi) begründet ihre Wahl von Option 1B wie folgt: *„Aber schon jetzt würde ich sagen B, eher unbekanntes Unternehmen und hoher Grad der Mitgestaltung. Also mir ist es schon sehr wichtig, dass ich mich weiterentwickle. Dass ich aber auch selbst ein bisschen in die Hand nehme, dass ich da nicht so in vorgefertigten Schienen stecke, sondern dass ich auch vielleicht ein bisschen experimentieren kann, in welche Richtung es gehen soll."* Alexander (1995, Wiwi) und Sarah (1995, Wiwi), beide aus dem Fachbereich Wirtschaftswissenschaften, geben außerdem an, dass sie die Möglichkeit, ein Unternehmen mit *„aufzubauen"* und mit zu *„formen"* als sehr positiv erachten. Jan (1995, Medien) betont ergänzend, dass sich für ihn der Sinn einer Tätigkeit nur erschließt, wenn der Arbeitgeber die Ideen seiner Mitarbeiter berücksichtigt und wertschätzt:

„Aber natürlich dann eher B. Ich finde, man fühlt sich auch besser, wenn man Dinge aktiv mitgestalten kann und auch einbringen kann. Man soll schon ein Gefühl bekommen, dass man auch gebraucht wird, von dem Unternehmen, dass auch irgendwie das, was man sagt, Gehör findet und gegebenenfalls auch daran gearbeitet wird, es vielleicht umzusetzen. Wenn man den Mund verboten bekommt und nichts gemacht wird von dem, was man sagt, dann braucht man auch nicht da arbeiten, meiner Meinung nach."

Zusammenfassend lässt sich folgern, dass Absolventen und Berufseinsteiger in ihrem ersten Job eine Lernkurve durchlaufen möchten – dies verdeutlicht etwa die Aussage von Tim (1994, Wiwi): *„Das ist jetzt der erste Job nach dem Master und du willst erst einmal möglichst viel lernen, du willst möglichst viel mitnehmen von dieser Zeit."* In diesem Zusammenhang scheuen die Vertreter der Generation Y auch keine Herausforderung. Lukas (1993, Medien) und Lisa (1993, Medien) äußern in diesem Zusammenhang weiterhin, dass für sie die Herausforderung einer Tätigkeit nicht primär im Fokus steht, sie damit allerdings Spaß und Abwechslung verbinden.

Wunsch III: Spaß an der Arbeit und Karrieremöglichkeiten

Als elementar stellen die Vertreter der Generation Y den Aspekt „Spaß an der Arbeit" heraus; keiner der Probanden möchte darauf verzichten. Der Spaß an der Arbeit steht in der Generation Y oftmals unmittelbar mit netten Kollegen und einer angenehmen Arbeitsatmosphäre in Zusammenhang – Faktoren, die den Berufseinsteigern wichtig sind und die ihrer Meinung nach miteinander einhergehen. Zudem lässt sich erkennen, dass die Berufseinsteiger ihre eigene Arbeitsleistung als besser und produktiver wahrnehmen, wenn sie einer Aufgabe nachgehen, die ihnen Freude bereitet.

Eng verknüpft mit einer guten Arbeitsleistung ist in der Regel das Thema Karriere. Dabei stellt sich bei den befragten Absolventen aller Fachrichtungen eine grundsätzliche Karriereorientierung heraus. Allerdings sind die konkreten Vorstellungen, was Karriere letztlich bedeutet, individuell unterschiedlich. Lukas (1993, Medien) aus dem Fachbereich Medien versteht beispielsweise unter einer Karriere, *„dass die Arbeit, die man macht, eine entsprechende Würdigung bekommt oder dem Ganzen ein entsprechender Ruf zugeordnet wird."* Auch Tim (1994, Wiwi) hat ein individuelles Verständnis von Karriere, welches sich nicht durch die *„klassische Karriereaussicht Führungsposition"* definiert, sondern vielmehr durch den Umstand, „auf ein gewisses Gehalt hoch vorzustoßen". Er betont, nicht auf *„diesem getrimmten Karriereweg, dieses strikte Karriereleben leben"* zu wollen. Auch Sarah (1995, Wiwi) und Jan (1995, Medien) äußern, sich karrieretechnisch weiterentwickeln zu wollen, dabei aber weniger den „klassischen" Karrierepfad anzustreben.

Andere Befragte sehen in einer Karriere beispielsweise die „klassische" persönliche Entwicklung zur Führungsposition.

Unabhängig davon, wie Karriere genau definiert wird, sind die Rahmenbedingungen, die ein Unternehmen bietet, mitentscheidend, ob die Vertreter der Generation Y es als potenziellen Arbeitgeber für ihre Zukunft in Betrachtung ziehen.

4.2.3 Rahmenbedingungen

Bezahlung, Zusatzangebote und Weiterbildungsmöglichkeiten

Ein hohes Gehalt ist zwar nicht der entscheidende Faktor im Kontext von Stellenangeboten, jedoch zählt eine faire Bezahlung zu den wichtigsten Auswahlkriterien. Dem Spaß an der Arbeit in Verbindung mit persönlicher Erfüllung und Zufriedenheit wird von den Vertretern der Generation Y jedoch ein höherer Stellenwert beigemessen als dem Gehalt. Gleichwohl verbinden sie mit einem fairen Gehalt *„ein Zeichen des Respekts"* (Sarah 1995, Wiwi), der *„Anerkennung"* (Julia 1995, Ing) und *„Würdigung"* (Lukas 1993, Medien) durch den Arbeitgeber. Tim (1994, Wiwi) formuliert dies wie folgt: *„Fair ist die richtige Bezeichnung, es geht nicht darum, dass es überdurchschnittlich gut ist, oder dass ich am meisten von meinen Freunden verdiene, sondern ich denke, wenn du jemand bist, der wirklich viel, viel Arbeit reinstecken möchte, dass der auch fair vergütet werden soll."* Absolventen, die sich während ihrer Studienlaufbahn bereits einzelne Qualifikationen durch Berufserfahrungen und das Master-Studium angeeignet haben, möchten auch mit einem angemessenen Gehalt belohnt werden. Etwa äußert Lea (1997, Ing): *„Ich meine, ich habe meinen Master jetzt nicht umsonst gemacht und ich will dann auch mit einem guten Gehalt einsteigen. Das muss schon nach meinem Master rumkommen."*

Das potenzielle Einkommen ist für die Berufseinsteiger zudem in denjenigen Fällen mitentscheidend, in denen das Angebot als Abweichung von den eigenen Gehaltsvorstellungen betrachtet wird. Die Ingenieurwesen-Studierenden Maximilian (1992, Ing) und Julia (1995, Ing) geben beispielsweise an, zehn bis 15 % weniger Gehalt für die passende Stelle zu akzeptieren, sich bei einer Überschreitung dieser Grenze jedoch eher für eine Stelle zu entscheiden. Alexander (1995, Wiwi) aus dem Bereich Wirtschaftswissenschaften äußert in diesem Zusammenhang:

> „Eine Schmerzgrenze ist für mich eigentlich so 55.000 Euro brutto im Jahr, wo ich auf jeden Fall hin will. Das hätte ich auch vor zwei Jahren verdienen können, als ich mich für meinen Master entschieden habe. Und deswegen wäre es falsch, jetzt quasi einen Rückschritt in eine andere Richtung zu machen. Ich muss aber tatsächlich sagen, dass ich mich da nicht so richtig mit beschäftigt habe, was genau drin ist oder drin sein

sollte. Aber ich denke, zwischen 55 bis 60.000 Euro brutto im Jahr sollten es schon sein."

Ebenso hat auch Felix (1994, Ing) eine persönliche „Schmerzgrenze": *„Also es geht um meinen ersten Job? Ja, ich habe die Schmerzgrenze, die ist unter 45.000 Euro brutto im Jahr."*

Über das Gehalt hinausgehende zusätzliche Benefits durch den Arbeitgeber nehmen die Absolventen der Generation Y zwar positiv wahr, jedoch werden sie nicht als unbedingt erforderlich erachtet. Sportangebote, Unterstützung für die öffentlichen Verkehrsmittel oder etwa Obst werden als *„Nice-to-have"* (Julia 1995, Ing), *„ein nettes Goodie"* (Sarah 1995, Wiwi), *„ein Plus"* (Tim 1994, Wiwi) oder *„ein cooler Zusatz"* (Maximilian 1992, Ing) betrachtet, als Entscheidungsfaktor für einen Arbeitgeber sind sie für sie jedoch nicht relevant. Weiterbildungsmöglichkeiten im Rahmen eines Jobs hingegen erscheinen den Vertretern der Generation Y von Bedeutung. Hiermit verbinden sie die Möglichkeit, dazuzulernen, die persönliche Arbeit besser ausführen, die eigenen Qualifikationen zu erweitern, aufzusteigen zu können und nicht zuletzt wiederum Spaß an der Arbeit. Zudem zeigt sich, dass Weiterbildungsmöglichkeiten auch mit einer herausfordernden Tätigkeit in Verbindung gebracht werden. Sarah (1995, Wiwi) beispielsweise äußert: *„Und eine herausfordernde Tätigkeit geht auch, finde ich, mit Weiterbildungsmöglichkeiten einher, dass man eben nicht einfach so eine eintönige Arbeit hat, die man tagtäglich mit halbgeschlossenen Augen erledigen kann."* Alexander (1995, Wiwi) hingegen schreibt Weiterbildungsmöglichkeiten durch den Arbeitgeber keine große Bedeutung zu, da er seines Erachtens nach *„täglich schon neue Sachen dazulernt"* und zum Beispiel zusätzliche Kurse nicht als notwendig erachtet.

Work-Life-Balance, Freizeit und Flexibilität

Es zeigt sich unter den angehenden Berufseinsteigern, dass diese eine Bereitschaft aufweisen, in ihrem ersten Job mehr zu arbeiten und der Arbeit eine höhere Priorität zuzuweisen im Vergleich zu einem hohen Freizeitgehalt, da sie dies mit einer schnelleren beruflichen Weiterentwicklung verbinden. Dennoch ist erkennbar, dass die Freizeit den Vertretern der Generation Y grundsätzlich wichtig ist und sie diese nicht vollständig aufgeben würden – die wöchentliche Arbeitszeit sollte im Rahmen bleiben. Maximilian (1992, Ing) hat dies wie folgt formuliert: *„Okay, ich fange jetzt an zu arbeiten, und das ist jetzt erst mal meine Priorität. Aber jetzt auch nicht in dem übertriebenen Sinne, dass man so 24/7 jetzt auf der Arbeit hängt oder bis – was weiß ich – elf, zwölf Uhr nachts irgendwie noch was macht. Das sollte auf jeden Fall nur die reine Ausnahme sein."* Aus den Aussagen der Befragten lässt sich folgern, dass Work-Life-Balance zum aktuellen Zeitpunkt ihres Berufseinstiegs zwar noch keine erste Priorität hat, der Aspekt jedoch eine steigende Wichtigkeit im Verlauf ihres Lebensweges mit Hinblick auf die Familiengründung einnehmen wird – dies äußerten insbesondere die weiblichen Interviewteilnehmer wie etwa Lisa (1993, Medien): *„Also dadurch, dass ich mich eben gerade noch nicht als Mutter sehe. Ich habe noch keine Kinder und habe jetzt auch nicht vor, schon in den nächsten Jahren Mutter zu werden. Von daher wäre ich schon bereit, erst einmal den Karriereweg einzuschlagen, schon mal Geld zu machen, damit ich mir dann auch eine entsprechend schöne Wohnung oder Haus mit meiner Familie leisten kann."*

Für die Interviewpartner der Generation Y ist die individuelle Flexibilität im ersten Job weniger bedeutend als die Möglichkeit, die eigene Karriere voranzutreiben. Die Mehrzahl der Interviewpartner entschied sich in einem ihnen vorgestellten Szenario für einen Arbeitgeber, der sie mit Personalentwicklungsmaßnahmen auf einem Karrierepfad begleitet, und gegen einen Job, der sie dazu befähigt, Arbeitszeiten und Arbeitsort flexibel selbst zu bestimmen und an die persönliche Lebenssituation anzupassen. Dennoch erwähnten die Befragten vermehrt, dass das Kriterium der Flexibilität ihnen in ihrer aktuellen Lebenslage zwar weniger wichtig ist, sich dieser Aspekt jedoch mit der Gründung einer eigenen Familie in seiner Bedeutung verstärken wird. Als positiv werden durch die Generation Y Möglichkeiten wie *„Gleitzeit"* (Anna 1996, Medien) oder *„Homeoffice"* (Lisa 1993, Medien) wahrgenommen.

4.3 Erwartungen an Bewerberkommunikation und Bewerbungsprozess

4.3.1 Stellenanzeige

4.3.1.1 Inhaltlich

Beschreibung von Unternehmen und Unternehmenskultur

In der Regel erwarten die Vertreter der Generation Y in einer Stellenanzeige Informationen über das Unternehmen, die über den Namen des potenziellen Arbeitgebers und das Anforderungsprofil des Stellenangebots hinausgehen. Tim (1994, Wiwi) formuliert deutlich: *„Ich schreibe das Unternehmen nicht an, wenn darüber nichts drinsteht. Da würde ich sagen, okay, das Unternehmen will auch irgendwo mich, und deshalb sollte es sich auch ein bisschen Mühe geben. Generell: Wenn es anfängt, ohne zu sagen, was es überhaupt macht – dann habe ich, ehrlich gesagt, schon ein bisschen die Lust verloren, mich mit dem Unternehmen auseinanderzusetzen."* Maximilian (1992, Ing) äußert, dass das Fehlen von allgemeinen Informationen über das Unternehmen in einer Stellenanzeige auf ihn wirkt, *„als würde sich das*

Unternehmen schützen wollen" – dies führt für ihn dazu, andere Stellenangebote mit mehr Informationen über den Arbeitgeber zu präferieren.

Die Bedeutung der Unternehmensbeschreibung wird unterschiedlich eingeschätzt. Diese empfinden die Befragten tendenziell eher bei unbekannteren und kleineren Unternehmen als wichtig, während sie bei bekannten Arbeitgebern darauf in einer Stellenanzeige verzichten könnten. Trotz der grundsätzlichen Erwartungshaltung, dass allgemeine Informationen über das Unternehmen in der Stellenanzeige kommuniziert werden, nehmen die Berufseinsteiger das Fehlen dieses Aspekts nicht generell negativ wahr. Dies setzt allerdings voraus, dass ihnen die Informationen über weitere Kommunikationskanäle des Unternehmens zugänglich gemacht und beispielsweise durch eine Verlinkung in der digitalen Stellenanzeige bereitgestellt werden. Jan (1995, Medien) beschreibt dies wie folgt:

> „Also komplett abschreckend ist das Fehlen von Informationen nicht, wenn auf die Webseite oder einen anderen Kommunikationskanal verlinkt wird, wo man sich selbst informieren kann. Wenn sie gar nichts machen und ich nur die Stelle sehe, dann weiß ich gar nicht, auf was ich mich bewerbe. Und wenn ich auch im Internet nichts dazu finde, was die machen, dann würde ich davon Abstand nehmen. Also das finde ich schon wichtig, dass man auch informiert."

Die Beschreibung der Unternehmenskultur wird von den Vertretern der Generation Y in der Stellenanzeige nicht als zentraler Faktor erwartet. Gleichwohl wird sie im weiteren Bewerbungsprozess als relevant erachtet. Entsprechend sollte sie etwa auf der Unternehmensseite oder im Bewerbungsgespräch vermittelt werden. Sarah (1995, Wiwi) beschreibt die Unternehmenskultur als ein entscheidendes Indiz, um *„festzustellen, ob das Unternehmen was für einen ist."* Entsprechend nimmt sie die Integration dieses Themas in einer Stellenanzeige als *„spannend"* wahr. Auch Lukas (1993, Medien) empfindet die Identifikation mit der Unternehmenskultur eines Unternehmens als bedeutsam. Jan (1995, Medien) aus dem Fachbereich Medien betont, dass er sich mehr *„Lebhaftigkeit"* und *„Greifbarkeit"* in Stellenanzeigen wünscht und die Skizzierung der Unternehmenskultur oder der Integration eines Leitbildes und Unternehmenswerten als eine Möglichkeit sieht, dies zu erreichen: *„Die Unternehmenskultur könnte man vielleicht skizzieren. Vielleicht so ein schönes Unternehmensleitbild, dass man die Kultur auch als Bild darstellt; so, dass das Unternehmen einen positiven Eindruck bei dem Bewerber hinterlässt, das sollte man mit reinnehmen."* Allerdings sieht auch er die Information über tiefergehende Details über die Unternehmenskultur *„erst im Gespräch oder in den nächsten Schritten."*

Stellenbeschreibung und Anforderungsprofil
Eine nähere Beschreibung der angebotenen Stelle ist für die Vertreter der Generation Y ein elementares Detail einer Stellenanzeige. Jan (1995, Medien) beschreibt die Stellenbeschreibung als *„den Kopf, den Kern"* einer Stellenanzeige. Neben dem Ziel der Stelle und der mit ihr übergeordnet verbundenen Aufgabe ist das Anforderungsprofil ein relevanter Bestandteil einer Stellenanzeige, der unbedingt erwartet wird. Die Berufseinsteiger nennen diesbezüglich insbesondere die Möglichkeit, ihre individuelle Passung auf eine Stelle einschätzen zu können, als wichtigen Grund. Tim (1994, Wiwi) und Felix (1994, Ing) sprechen zudem den Wunsch aus, bereits im Anforderungsprofil mehr über die im Job angewendeten Computerprogramme zu erfahren, um auch in diesem Bereich die eigenen Fähigkeiten besser einschätzen zu können. Felix (1994, Ing) sagt:

> „Was eigentlich ganz interessant ist, ist mit welchen Programmen beim Arbeitgeber gearbeitet wird. Das ist etwas, was manchmal mit dabei ist, weil es in dem Anforderungsprofil mit erwähnt wird, was man können muss, dann kannst du dir das ableiten. Aber das habe ich jetzt nirgendwo gesehen, dass man schreibt, wir arbeiten mit dem und dem System. Aber das ist halt schon recht wichtig, es zeigt ein bisschen, wie dieses Unternehmen sich demnächst entwickelt."

Hingegen werden von den angehenden Berufseinsteigern in der Regel keine Angaben zum Bewerbungsweg im Sinne des Verlaufes eines Bewerbungsprozesses in einer Stellenanzeige erwartet.

Zugleich werden solche Informationen in einer Stellenanzeige jedoch als positiv und sehr hilfreich bewertet. Laura (1995, Wiwi) gibt an, die Informationen über den Bewerbungsweg als sehr wichtige Orientierungshilfe zu empfinden, um einschätzen zu können, *„was auf sie zukommt."* Allerdings sagt sie aus, dass sie diese Angaben nicht zwingend in einer Stellenanzeige erwartet, diese jedoch auf der Karriereseite des Unternehmens einsehbar sein sollten:

> „Beim Bewerbungsweg finde ich auch total wichtig, dass man das vorher weiß. Das muss für mich aber jetzt nicht in der Stellenausschreibung selbst stehen. Es würde mir reichen, wenn zur Orientierung auf der Unternehmenswebsite zu sehen ist, was auf mich zukommt. Ob das jetzt erst mal kurz ein Telefongespräch wird oder wie viele Gespräche ich zu erwarten habe. Wie lange so etwas dauert, bis man eine Rückmeldung bekommt und so weiter. Ich finde es wichtig, dass man es einsehen kann."

Auch Julia (1995, Ing) findet es *„hilfreich"*, Einblicke über den Bewerbungsprozess – zumindest auf der Karrierewebseite –, insbesondere bei großen Unternehmen, zu bekommen. Auch sie setzt die Information nicht in einer Stellenanzeige voraus.

Konkrete Aufgaben und Information über das Team

Die Beschreibung von konkreten Aufgaben, die mit der angebotenen Stelle einhergehen, ist für den Großteil der befragten Absolventen von Bedeutung. Sie dient den Vertretern der Generation Y zur besseren eigenen Einschätzung hinsichtlich der Entsprechung der persönlichen Fähigkeiten in Verbindung mit den gesuchten Qualifikationen, die es für die Ausführung der geforderten Aufgaben bedarf. Anna (1996, Medien) beschreibt in diesem Kontext, dass sich *„viele Stellen immer gleich anhören und nicht auf die Arbeit zugeschnitten sind."* Für sie ist eine konkrete Aufgabenbeschreibung sehr wichtig, da sie sich erhofft, dadurch *„mehr Geschmack vom Unternehmen"* zu bekommen und klar zu erkennen, *„inwiefern man im Unternehmen mitwirken kann."* Um dies zu erreichen, wünscht sie sich anstelle von *„allgemeinen Traits"* detailliertere, spezifische Aufgabenbeschreibungen durch die Unternehmen. Hingegen sehen Julia (1995, Ing) und Laura (1995, Wiwi) die konkreten Aufgaben nicht als nennenswert in einer Stellenanzeige. Sie begründen dies damit, dass sie diese Information präferiert in einem Bewerbungsgespräch abfragen würden und man die realen Aufgaben einer Tätigkeit nicht im Vorhinein genau quantifizieren könne. Julia (1995, Ing) sagt: *„‚Konkrete Aufgaben' ist genau so etwas wie ‚Team'. Ich glaube, das kann man so am Anfang kaum quantifizieren, und es verändert sich ja sowieso."*

Ein Aspekt, den die Vertreter der Generation Y hingegen insgesamt als unwichtig in der Stellenanzeige empfindet, ist die Information über das Team. Lukas (1993, Medien) bezeichnet die Information zwar als *„interessant"*, zweifelt jedoch ebenfalls an der Realitätsnähe der Angaben in einer Stellenanzeige: *„Okay, Informationen zum Team sind sicherlich interessant, weil man sich dann ein bisschen mehr rein denken kann. Aber jetzt auch nicht primär. Weil es am Ende in der Realität oftmals ja auch anders ist oder man die Dynamiken nicht unbedingt rauslesen kann."* Laura (1995, Wiwi) sagt aus, dass Informationen über das Team dann relevant in einer Stellenanzeige sind, wenn *„so etwas Besonderes oder außergewöhnlich Erwähnenswertes"* in diesem Zusammenhang genannt werden kann. Ist dem nicht so, erachtet auch sie die Angaben als nicht wichtig im Stellenangebot. Die Mehrheit der Interviewpartner empfindet die Information erst im Bewerbungsgespräch als bedeutsam. Lediglich Anna (1996, Medien) aus dem Fachbereich Medien gibt an, Informationen zum Team in der Stellenanzeige als sehr wichtig zu bewerten. Als relevante Informationen nennt sie die Größe des Teams, die Arbeitsweise sowie die Möglichkeit der eigenen Einbringung innerhalb des Kollegenkreises.

Entwicklungsmöglichkeiten und Perspektiven

Im Hinblick auf die Entwicklungsmöglichkeiten in einem Unternehmen und mögliche Perspektiven zeigt sich ein geteiltes Meinungsbild. Zum einen werden

Entwicklungsmöglichkeiten als weniger bedeutend in der Stellenanzeige selbst bewertet, aber Informationen über Weiterbildungsoptionen werden im weiteren Bewerbungsverlauf für die Berufseinsteiger als sehr relevant erachtet. Zum anderen wird argumentiert, dass Entwicklungsmöglichkeiten und Perspektiven bereits in der Stellenanzeige erwähnt werden sollten und an dieser Stelle einen Mehrwert für die Bewerber besitzt – das Aufzeigen schafft einen positiven Eindruck bei den Rezipienten der Generation Y und zeigt ihrer Meinung nach, dass die Organisation gewillt ist, die Mitarbeiter in ihrer Entfaltung zu fördern und zu unterstützen.

Gehaltsangaben und Mitarbeitervorteile

In einer Stellenanzeige erwarten die Absolventen in der Regel keine konkreten Gehaltsangaben, wenngleich sie darin einen Mehrwert sehen würden. Ebenso sagen die Befragten der Generation Y in der Mehrzahl, dass sie die Nennung von Mitarbeitervorteilen durch einen Arbeitgeber in einer Stellenanzeige zwar *„nett"* (Tim 1994, Wiwi) und *„cool"* (Lukas 1993, Medien) finden, deren Darstellung jedoch nicht im Stellenangebot erwartet wird. Lea (1997, Ing) empfindet die Information über Mitarbeitervorteile in der Stellenanzeige als wichtig und interessant. Sie führt außerdem anhand eines Beispiels eines Tochterunternehmens eines internationalen Automobilunternehmens auf, dass die Nennung von Mitarbeitervorteilen, in diesem Fall die Bereitstellung von gebrandeter Kleidung, in einer Stellenanzeige einen Arbeitgeber für sie noch interessanter macht.

Ort der angebotenen Stelle und Kontaktdaten

Absolventen nutzen im Kontext ihrer Stellensuche zumeist eine Filterfunktion und suchen gezielt nach Stellen in ausgewählten Orten oder Umkreisen. Diese Angabe wird erwartet – die meisten Interviewteilnehmer geben an, die Information über die Lage des Unternehmens als wichtig im Stellengebot zu erachten. Tim (1994, Wiwi) betont, dass die Lage seines Erachtens *„definitiv mit rein gehört"* und nennt das Integrieren eines Google Maps Standorts in der Stellenanzeige als hilfreich.

Die detaillierte Information über die genaue Lage eines Unternehmens innerhalb einer Stadt wird von den Befragten nur teilweise als wichtig in einer Stellenanzeige erachtet und gewinnt eher im weiteren Bewerbungsprozess an Relevanz wie Lukas (1993, Medien) aussagt:

> „Also, wenn man jetzt ein paar Schritte weiter denkt, dann spielt die konkrete Lage schon eine Rolle. Wenn man zum Beispiel nur die eine S-Bahnlinie nehmen kann und ist dementsprechend doppelt so lange unterwegs, als man es vielleicht anders wäre. Dann ist das schon ein Faktor – aber jetzt nicht in erster Instanz, wenn ich mich über die Jobs informiere und bewerbe, sondern quasi erst, wenn ich verschiedene Optionen offen habe und mich entscheiden muss."

Das Vorhandensein von Kontaktdaten bewerten die Vertreter der Generation Y in der Regel als wichtig in einer Stellenanzeige. Sie werden insbesondere als hilfreich angesehen, um Fragen unmittelbar an einen Ansprechpartner stellen zu können sowie als Orientierungshilfe für die Formulierung der Ansprache in der Bewerbung. Julia (1995, Ing) und Jan (1995, Medien) äußern außerdem, dass die Möglichkeit des persönlichen Kontakts zu einem Ansprechpartner in ihrer Wahrnehmung Unsicherheit und Anstrengung im Rahmen des Bewerbungsprozesses nimmt. Julia (1995, Ing) formuliert: *„Natürlich ist es immer gut, wenn man auch einen persönlicheren Kontakt von einem Recruiter hat, weil es eben viel Unsicherheit nimmt und auch Seriosität gibt, als wenn man da jetzt irgendwie so eine wilde HR-Mail anschreibt, wo man nicht weiß, wo es landet.“* Auch Jan (1995, Medien) beschreibt dies in ähnlicher Art und Weise:

> „Also ich finde es anstrengend, wenn man nicht genau weiß, wen man wirklich kontaktieren muss, wer bearbeitet eigentlich meine Sache. Und du denkst, das hat überhaupt keine Wichtigkeit. Und ich finde, man sollte eine klare Bezugsperson haben, die sich irgendwie um die Bewerbung kümmert, die dich dann auch mit Namen anspricht. Weil sonst, hängt man irgendwie in der Luft, [...] das finde ich immer nicht so gut.“

Alexander (1995, Wiwi) wünscht sich die Möglichkeit des direkten Kontaktes, von dem seiner Meinung nach auch die Unternehmen profitieren würden:

> „Ich finde, viele schreiben nicht ihren Ansprechpartner hin. Und auf der einen Seite wollen sie ja, dass man sich die Mühe schon mal gemacht hat. Das verstehe ich. Aber auf der anderen Seite – ihr wollt ja auch, dass ich mich bewerbe, warum muss ich erst dann so krampfhaft irgendjemandem raussuchen und vielleicht noch jemand falsches raussuchen? Macht für mich irgendwie nicht wirklich Sinn. Tatsächlich finde ich es auch gut, wenn manche Unternehmen so eine Möglichkeit machen, wo sie direkt sagen, ‚Ja oder rufen Sie uns doch direkt an‘. Also, man macht zum Beispiel vielleicht direkt ein erstes Telefonat oder so aus. Aus Bewerbersicht finde ich das zum Beispiel auch superspannend. Ich würde es machen. Ich glaube, Unternehmen würden davon auch profitieren, weil sie sich besser vorstellen können.“

4.3.1.2 Gestaltung

Struktur

Die optische Gestaltung einer Stellenanzeige wird von den Befragten nicht zwangsläufig als wichtig erachtet. Vielmehr sind die Meinungen zweigeteilt und zeigen eher, dass ein Layout, das als unübersichtlich wahrgenommen wird, als negativ betrachtet wird. Sarah (1995, Wiwi) äußert beispielsweise, keine bewusste positive Wahrnehmung von der Gestaltung von Stellenanzeigen zu haben, ihr jedoch ein wenig ansprechend aufbereitetes Layout durchaus negativ auffallen würde. Auch Anna (1996, Medien) achtet nicht explizit auf Gestaltung. Sie geht jedoch davon aus, dass sie eine unstrukturierte oder überladene Stellenanzeige abschrecken würde. In diesem Kontext spricht sich Lukas (1993, Medien) dafür aus, dass eine positiv wirkende Gestaltung einer Stellenanzeige einen Wettbewerbsvorteil ausmachen kann:

> „Ich achte nicht unbedingt auf Gestaltung. Aber wenn du natürlich eine Stellenanzeige gerade gesehen hast, die sehr ansprechend gestaltet ist, sehr simpel, übersichtlich... Und danach hast du eine die unansprechend gestaltet ist, viel Text oder nicht klar herauskristallisiert, was die Keyfacts sind und so weiter. Dann macht es auf jeden Fall schon etwas aus. Also es sollte schon durchaus ansprechend und klar sein, worum es geht."

Außerdem betonen auch die Interviewpartner Alexander (1995, Wiwi), Lisa (1993, Medien) und Julia (1995, Ing), dass eine nicht ansprechende Stellenanzeige zum Ausschlusskriterium für eine Stelle werden kann. Für Lea (1997, Ing) hat eine *„coole"* Gestaltung einen positiven Einfluss, allerdings sagt sie aus, dass eine weniger ansprechende Visualisierung einer Stellenanzeige für sie kein Ausschlusskriterium sei. Jan (1995, Medien) und Lisa (1993, Medien) messen aufgrund der von ihnen gewählten Studienfachrichtung im Bereich Medien und Design der Gestaltung von Stellenanzeigen einen Wert bei – Jan (1995, Medien) formuliert dies beispielsweise wie folgt: *„Da ich jetzt aus dieser Medienkommunikations-, Gestaltungsecke komme, achte ich schon auf Gestaltung. Das Auge bewirbt sich mit."* Tim (1994, Wiwi) und Alexander (1995, Wiwi) geben an, dass fettgedruckte Headlines zu einer guten Struktur einer Stellenanzeige beitragen.

Eine Integration von „Sterne"-Bewertungen in die Stellenanzeige wird von den Befragten der Generation Y aus dem Gesichtspunkt der Gestaltung eher negativ wahrgenommen und mit einer Produktseite assoziiert. Alexander (1995, Wiwi) sagt in diesem Zusammenhang: *„Also, das sieht aus wie eine Produktseite, mit den Bewertungen hier an der Seite und den Sternen."* Julia (1995, Ing) zieht Assoziationen zu einem Online-Händler: *„Die Bewertung vom Unternehmen – ja, das ist nicht sehr attraktiv, weil man irgendwie das Gefühl hat, dass es so eine Bewertung auf [Namensnennung Online-Händler] ist."* Dennoch können auch ein Mehrwert und Informationszugewinn in der Integration von Bewertungen in einer Stellenanzeige gefunden werden wie etwa Lisa (1993, Medien) beschreibt:

> „Da ist es jetzt so, dass es zum Beispiel nur 3,7 Sterne sind. Und es wäre dann schon etwas, wo ich sage, da gucke ich doch mal, was darüber vielleicht schon gesagt wurde. Warum sind es denn nicht fünf Sterne, sondern nur 3,7? Das finde ich ganz gut, dass

es da eingebettet ist, weil ich jetzt nicht irgendwie noch selbst auf eine andere Seite gehen muss, sondern mich direkt darüber informieren kann."

Text

Übergreifend stellt sich heraus, dass die Masterstudierenden der Generation Y eine sehr textlastige Stellenanzeige negativ wahrnehmen – mitunter schreckt sie zu viel Text davon ab, ein Angebot näher zu betrachten. In diesem Kontext stellt sich auch die Frage, in welcher Anredeform die befragten Probanden angesprochen werden möchten. Generell wird von den Studienteilnehmern aus allen Studienrichtungen die „Du"-Ansprache präferiert. Dabei werden der geduzten Adressierung insbesondere Attribute wie *„offener"* (Laura 1995, Wiwi), *„netter"* (Felix 1994, Ing), *„näher"* (Jan 1995, Medien), *„angenehmer"* (Sarah 1995, Wiwi), *„einladender"* (Jan 1995, Medien) und *„locker"* (Lukas 1993, Medien) zugeschrieben. Außerdem äußern mehrere Probanden, sich durch das „Du" persönlicher angesprochen zu fühlen. Auch Sarah (1995, Wiwi) fühlt sich durch das „Du" in einer Stellenanzeige eher angesprochen und verbindet mit einer gesiezten Anrede das Aufzeigen von Hierarchien in einem Unternehmen. Sie sagt dennoch aus, dass eine gesiezte Ausschreibung sie nicht von einer Bewerbung abschrecken würde, wenn die Stelle passt. Andere Befragte empfinden die gesiezte Form auch als *„Form von Respekt"* (Lukas 1993, Medien) und *„Höflichkeit"* (Alexander 1995, Wiwi) und verbinden mit ihr eine *„Höflichkeits-Distanz"* (Tim 1994, Wiwi). Lea (1997, Ing), Masterstudentin des Faches Ingenieurwesen, gibt als einzige Probandin an, das „Du" in einer Stellenanzeige als *„unprofessionell"* und *„unseriös"* wahrzunehmen. Sie begründet ihre Aussage auch mit den Verhaltensmustern ihrer Branche: *„Aber das hängt halt jetzt auch von meiner Branche ab. Ich glaube, in meiner Branche ist es schon unseriös, dass man direkt geduzt wird. Also vor allem bei alt eingestandene Mitarbeitern, wenn man die duzen würde, in der Werkstatt oder sowas, und das halt nicht generell erlaubt ist, dann bist du sofort unten durch."* Zudem gibt sie an, sich ihres Erachtens nach die Höflichkeitsform und Anrede mit „Sie" durch sieben Jahre Studium und einem Masterabschluss erarbeitet zu haben: *„Ich finde halt, ich habe jetzt nicht sieben Jahre lang studiert, damit ich immer noch mit ‚Du' – als wäre ich ein Schüler oder sowas – angesprochen werde und da will ich dann schon das ‚Sie' haben. Jetzt, wenn ich arbeiten gehe, hätte ich dann meinen Master-Titel und da muss ich jetzt nicht von allen geduzt werden."*

Insgesamt kommt der Passung des generellen Unternehmensbildes mit der Form der Ansprache sowie sprachlichen Formulierung eine große Bedeutung zu. Die Interviewpartner äußern beispielsweise, dass sie von unterschiedlichen Arten von Unternehmen, etwa Konzernen, Unternehmensberatungen oder Start Ups, gezielte

Formen der Ansprache erwarten und ein gegensätzliches Verhalten zu negativer Wahrnehmung führen kann. Es zeigt sich, dass die Erwartungshaltung der Berufseinsteiger an Konzerne und traditionelle, größere Unternehmen eine gesiezte Ansprache umfasst, während bei Start Ups und jungen Unternehmen eine geduzte Adressierung als authentischer und adäquat empfunden wird. Es wird zudem deutlich, dass die Interviewteilnehmer sich bezüglich der Ansprache durch Unternehmen über den gesamten Bewerbungsverlauf hinweg eine Konsistenz wünschen. Laura (1995, Wiwi) sagt:

> „Was mir aber auch schon negativ aufgefallen ist: wenn in den Stellenausschreibungen geduzt wird und im Gespräch plötzlich gesiezt wird. Das finde ich einfach total inkonsequent, inkonsistent und irritierend. Ich finde, wenn man auf der Stellenausschreibung duzt, sollte das auch die Unternehmenskultur sein. Und wenn das nicht der Fall ist, ist mir auch lieber, wenn da gesiezt wird, damit man einfach weiß, worauf man sich einstellt."

In Zusammenhang mit der Anredeform wurde auch der generelle Sprachgebrauch in den jeweiligen Stellenangeboten betrachtet: Umgangssprachliche Formulierungen, wie in diesem Beispiel die Frage: „Hast du's drauf?", werden in der Zielgruppe als „zu locker" und nicht seriös im Rahmen einer Stellenanzeige wahrgenommen.

(Bewegt-)Bild

Zwar werden Stellenanzeigen mit integriertem Bild oftmals als *„positiver"*, *„besser"* (Lisa 1993, Medien), *„sympathischer"* und *„cooler"* (Sarah 1995, Wiwi) wahrgenommen als solche ohne Bild, zugleich wird jedoch betont, dass dies kein ausschlaggebendes Kriterium für oder gegen eine Stelle ist – Bildelemente werden in diesem Zusammenhang als *„nicht wichtig"* (Tim 1994, Wiwi) oder *„egal"* (Felix 1994, Ing) beschrieben. Zwar äußert Tim (1994, Wiwi), dass er davon ausgeht, dass *„unterbewusst eine Stellenanzeige mit Bild besser"* wahrgenommen wird, räumt dem aus seiner Perspektive jedoch keine bewusst wahrgenommene Wichtigkeit ein. Es kristallisiert sich zudem heraus, dass die Berufseinsteiger sogenannte Stockfotos als solche erkennen und diesen keinen Mehrwert in einer Stellenanzeige beimessen oder sogar als *„störend"* (Anna 1996, Medien) empfinden. Vielmehr wünschen sich die Vertreter der Generation Y von den in einer Stellenanzeige verwendeten Fotos einen Bezug zu dem Unternehmen, den Leistungen oder der Tätigkeit sowie authentische Motive. Tim (1994, Wiwi) bewertet es zudem als positiv, wenn es für ihn ersichtlich ist, dass ein Arbeitgeber *„was gemacht und nicht nur irgendwie dieses Standardbild von einem Arbeitgeber genommen hat, das jeder kaufen kann."* Auf die Frage, wie die Einstellung der Befragten gegenüber Imagefilmen sei, ergibt sich im Resultat, dass entsprechende Videos zwar grundsätzlich von Interesse sind und von vielen auch angesehen werden, bei den Betrachtenden der Generation Y jedoch Skepsis über die Glaubwürdigkeit besteht – es wird im Allgemeinen von einem großen Teil der Befragten davon ausgegangen, dass Imagefilme oftmals der Selbstdarstellung und Vermarktung dienen und nur eine positive Seite eines Unternehmens aufzeigen, welches es präsentieren möchte. Dennoch werden Imagefilmen Attribute wie *„nett“* (Sarah 1995, Wiwi) und *„cool“* (Lisa 1993, Medien) zugeschrieben. Alexander (1995, Wiwi), Lea (1997, Ing), Jan (1995, Medien), Laura (1995, Wiwi) und Julia (1995, Ing) teilen eine positive Wahrnehmung gegenüber Imagefilmen im Allgemeinen und empfinden die durch sie gewonnenen Einblicke in ein Unternehmen als Mehrwert. Maximilian (1992, Ing) hingegen stellt dar, dass er Imagefilme tendenziell nicht anschauen würde. Er geht eher von einem negativen Einfluss von Arbeitgeberfilmen auf ein Stellenangebot aus:

> „Ein Imagefilm würde jetzt keinen Einfluss darauf nehmen. Also entweder gefällt mir die Stelle durch die Beschreibung, oder halt nicht. Aber wenn mir eine Stelle nicht gefällt und ich mir dann den Film dazu anschaue, dann gehe ich jetzt sehr stark davon aus, dass es keinen Einfluss darauf haben wird – eher sogar andersrum, dass, falls mir eine Stelle gefällt und ich mir den Film anschaue und der mir vielleicht nicht gefällt, weil da irgendwas Komisches drin vorkommt, es vielleicht sogar eher negativen Einfluss darauf hat.“

Auch Laura (1995, Wiwi) gibt zu bedenken, dass *„ein unauthentischer Imagefilm auch negativ wirken kann.“* Jan (1995, Medien) ergänzt in diesem Zusammenhang, dass ein zu langer Imagefilm abschreckend wirken würden und nennt drei Minuten als eine ideale Filmlänge: *„Also, wenn das so ein 15-minütiger Film über das Unternehmen ist, da habe ich keine Lust, den anzugucken. Wenn es aber so drei Minuten lang ist, also kurz und knapp, dann finde ich das gut.“*

4.3.2 Karrierewebseite

Als ein wesentliches Element, welches auf einer Karrierewebseite zu finden sein sollte, wird von den Interviewpartnern die allgemeine Firmenbeschreibung zu Protokoll gegeben. Auch die Beschreibung der Unternehmenskultur sollte auf den Unternehmensseiten nach Meinung der Befragten einen höheren Stellenwert einnehmen. Lisa (1993, Medien) aus dem Fachbereich Medien führt in Bezug auf die Inhalte einer Karrierewebseite aus, sich insbesondere Einblicke in die Themen Organisationsaufbau, Mitarbeiterzahl, Tätigkeitsbereiche, Funktionen und Mitarbeiter auf der Karrierewebseite zu wünschen:

„Was ich zum Beispiel auch immer ganz gut finde: Welche Bereiche gibt es eigentlich in dem Unternehmen? Wo ist wer? Vielleicht auch irgendwie so etwas wie, 20.000 Mitarbeiter verteilen sich auf die und die Bereiche. Einfach, dass man selber so einen Eindruck bekommt, was macht das Unternehmen eigentlich? Beziehungsweise wie schafft es das Unternehmen am Ende, solche Produkte auch auf den Markt zu bringen? Also wen brauchen sie dafür letztendlich? Dass man da vielleicht irgendwie auch nochmal so einen Überblick bekommt über die Mitarbeiter oder über die die Jobs an sich.“.

Auch Julia (1995, Ing) findet es *„schön zu sehen, wie vielfältig die Tätigkeitsfelder in einem Unternehmen sind“* und sagt aus, es *„immer ganz cool“* zu finden, wenn diese auf der Karriereseite eines Arbeitgebers beschrieben werden. Zudem erhoffen sich die Berufseinsteiger weitere Einsichten in das Unternehmen durch Imagefilme, die sie auf den Karriereseiten von Arbeitgebern als Mehrwert empfinden. Während Angaben über das zukünftige Team in einer Stellenanzeige von den Interviewteilnehmern als wenig relevant eingestuft wurden, erwarten sie auf der Karrierewebseite von Unternehmen in der Regel Informationen über die Mitarbeiter des Unternehmens in Form von Bildern oder Videos. Als weitere nennenswerte Aspekte auf einer Karriereseite werden Termine und Ankündigungen sowie Mitarbeitervorteile genannt. Im Hinblick auf die Stellensuche sagen weitere Interviewteilnehmer aus, dass auf einer Karrierewebseite eines Arbeitgebers eine übersichtliche Struktur der Stellenangebote erwünscht ist und die Stellenbörse durch Filterfunktionen ein gezieltes Auffinden relevanter Jobgebote ermöglichen sollte. Es wird ferner deutlich, dass Angaben zum Bewerbungsverlauf und -ablauf auf einer Karriereseite als *„hilfreich“* (Julia 1995, Ing) und *„angenehm“* (Tim 1994, Medien) wahrgenommen werden.

4.3.3 Bewerbungsprozess

4.3.3.1 Anschreiben und Motivationsschreiben

Motivationsfragen werden im Vergleich zu einem geforderten Anschreiben von einem Teil der Befragten als *„gezielter“* (Maximilian 1992, Ing), *„spannender“* (Jan 1995, Medien), *„angenehmer“* (Alexander 1995, Wiwi), *„spezifischer“* oder *„persönlicher“* (Anna 1996, Medien) beschrieben. Sarah (1995, Wiwi) äußert zudem, dass man für die Beantwortung von Motivationsfragen im Vergleich zu einem freien Anschreiben *„nochmal genauer nachdenken“* muss. Maximilian (1992, Ing) empfindet es als Erleichterung und *„entspannter“*, konkrete Fragen gestellt zu bekommen, anstatt frei ein Anschreiben formulieren zu müssen. Auch die Befragten Jan (1995, Medien) und Lisa (1993, Medien) aus dem Fachbereich

Medien beschreiben das Verfassen von Anschreiben als *„nervig"* und *„unnötig"*. Lisa (1993, Medien) formuliert: *„Ich finde grundsätzlich die Anschreiben total unnötig. Man sitzt da den ganzen Tag dran. Und letztendlich habe ich das Gefühl, dass sich das kein Mensch durchliest. Und letztendlich ist es eigentlich auch nur nochmal eine Beschreibung des Lebenslaufs, den man sich ja eh angucken kann. Letztendlich hat das Anschreiben nicht so eine große Funktion."* Jan (1995, Medien) sagt: *„Ich finde dieses klassische Anschreiben manchmal auch ein bisschen nervig. Dann soll man sich irgendetwas aus den Fingern saugen, warum man jetzt unbedingt diese Stelle haben will und man erzählt da seine halbe Geschichte."* Auf der anderen Seite äußeren Interviewpartner auch, dass das Einreichen eines Anschreibens für sie die vermeintlich weniger aufwendige und dadurch angenehmere Variante ist, da sie ein Grundgerüst eines Anschreibens bereits erstellt haben und dieses auf verschiedene Unternehmen lediglich entsprechend anpassen.

Entsprechend zeigt sich, dass trotz verschiedener Präferenzen die Vertreter der Generation Y sowohl Motivationsfragen beantworten als auch ein Anschreiben verfassen würden, wenn sie sich für eine Stelle interessieren, und keine der beiden Optionen eine gänzlich „abschreckende" Wirkung auf die potenziellen Bewerber besitzt.

4.3.3.2 Endgerät-Optionen

Für die Stellensuche oder eine vorgelagerte Marktrecherche nutzen die Vertreter der Generation Y das Smartphone oder das iPad. Mehrere Befragte äußern in diesem Zusammenhang, Karrierenetzwerke wie LinkedIn oder Xing auf dem Smartphone, zum Beispiel über die LinkedIn-App, zu nutzen.

Im Anschluss an die eigentliche Stellensuche verwenden alle Interviewteilnehmer ausschließlich Notebooks, um in die weiteren Bewerbungsschritte einzusteigen. Als Gründe hierfür führen die Befragten an, dass sie ihre Unterlagen auf dem Notebook gespeichert haben und die Bedienung durch die Tastatur und den vergleichsweise großen Bildschirm gegenüber dem Smartphone bevorzugen. Zudem betont Julia (1995, Ing), dass ein Bewerbungsprozess *„nichts Beiläufiges"* ist und sie die Smartphone-Nutzung mit *„beiläufigen Sachen"* verbindet, weswegen sie sich für das Notebook als *„Arbeitsgerät"* entscheidet und ausschließlich über dieses Endgerät eine Bewerbung durchführt: *„Am Handy sind es viele beiläufige Sachen, die man macht. Sich mit einem Unternehmen und einem Job auseinanderzusetzen, ist für mich nichts Beiläufiges. Da setzt man sich schon mal hin und nimmt sich die Zeit. Und wie gesagt, dadurch, dass ich immer an meinem Laptop arbeite, verbinde ich das dann auch eher mit, sagen wir mal, mehr Konzentration und Fokus auf eine Aufgabe."* Anna (1996, Medien) und Lea (1997, Ing) begründen ihr Vorgehen ähnlich und merken an, dass sie sich beim Verfassen von Bewerbungen, welches sie als aufwendig und zeitintensiv empfinden, vorzugsweise an den Schreibtisch und den Laptop setzen. Entsprechend verneinen die Probanden mehrheitlich, sich einen vollständig mobilen Bewerbungsprozess zu wünschen – ähnlich der zuvor genannten Argumente: Die kleine Bildschirmgröße und Tastatur des Smartphones verkompliziert die Bedienbarkeit; Dokumente erstellen und speichern sie auf dem Notebook und haben dort entsprechend Zugriff auf die relevanten Dateien. Lisa (1993, Medien) könnte sich jedoch einen mobilen Prozess gegebenenfalls in denjenigen Fällen wünschen, in denen Aspekte wie das Anschreiben, welches sie vorzugsweise am Laptop erstellt und bearbeitet, im Bewerbungsprozess nicht mehr notwendig wäre:

> „Ich glaube, wenn sich das ändert, dass man in Zukunft nur noch den Lebenslauf hinschicken muss – dann fände ich die Funktion ganz cool, dass ich zum Beispiel mal meinen Lebenslauf, den ich sowieso am Handy gespeichert habe und da direkt darauf zugreifen kann und ihn dann direkt von dort abschicken kann. Aber sobald so etwas ansteht, wie dass ich noch ein Anschreiben machen muss … das mache ich alles vom Laptop. Aber wenn das Anschreiben wegfällt oder irgendwelchen Motivationsfragen, dann würde ich mir natürlich auch wünschen, dass es super easy von meinem iPhone aus geht."

4.3.3.3 Automatisierungs-Optionen

One-Click-Bewerbung und CV-Parsing

Grundsätzlich zeigt sich eine positive Einstellung der Interviewpartner gegenüber einer automatischen Datenübertragung von Berufserfahrungen durch die Verknüpfung von Karrierenetzwerkprofilen (beispielsweise Xing, LinkedIn) oder dem Lebenslaufdokument in dem Sinne, dass ein Teil der Befragten grundsätzlich die CV-Parsing Funktion befürwortet und einen Mehrwert im Sinne der Erleichterung des Prozesses erkennen kann. Dennoch zeigt sich, dass die bisherigen Erfahrungen mit dieser Methode eher zu Enttäuschungen geführt haben, da die technologische Umsetzung und letztendliche Ausführung von den Probanden als unzureichend und nicht zufriedenstellend wahrgenommen wurde. Überdies geben die Befragten Lea (1997, Ing) und Jan (1995, Medien) an, grundlegend unsicher über die tatsächliche Richtigkeit der automatisiert übernommenen Daten zu sein und die eigenen Angaben daher lieber händisch eingeben zu wollen – Lea (1997, Ing) sagt: *„Also da würde ich dann noch alles händisch eingeben; dann bin ich mir sicher, dass die Daten richtig sind und dann bin sicher, dass sie richtig übernommen werden."*

Chatbot-Kommunikation

Ein Teil der Interviewpartner beschreibt eine Chatbot-Kommunikation im Rahmen eines Bewerbungsprozesses als *„nützlich"*, *„hilfreich"* (Alexander 1995, Wiwi) sowie als eine Vereinfachung des Bewerbungsprozesses (Anna 1996, Medien). Insbesondere sehen die Probanden den Vorteil in einem Chatbot, Fragen zur Bewerbung stellen zu können. Zudem führt Lisa (1993, Medien) an, einen Mehrwert in der Funktion eines Chatbots zu sehen, auf gezielte Nachfrage relevante Jobangebote herauszufiltern und an den Nutzer zu kommunizieren: *„Also ich finde Chatbots in dem Sinne gut, dass sie mir vielleicht Jobs filtern und ich zum Beispiel ‚Berufseinsteiger' in einen Chatbot eingebe und mir dann irgendwie ein Link auf die möglichen Jobs im Bereich angezeigt werden. Dafür finde ich es gut."* Ersichtlich wird jedoch, dass ein großer Teil der Interviewpartner den persönlichen Kontakt gegenüber einer Kommunikation über Anwendungen Künstlicher Intelligenz in einem Bewerbungsprozess bevorzugt.

Laura (1995, Wiwi) äußert darüber hinaus im Kontext der Chatbot-Kommunikation eine Unsicherheit im Hinblick auf die Verwendung ihrer Daten und führt dies als Grund auf, von der Nutzung eines Chatbots abzusehen: *„Ich glaube, ich wäre tendenziell eher irritiert und würde darauf auch nicht antworten, wenn jetzt plötzlich ein Fenster aufploppt, weil ich mich dann immer frage: Was passiert mit meinen Fragen und Antworten? Deswegen würde ich da eher von absehen."* Maximilian (1992, Ing) aus dem Fachbereich Ingenieurwesen beschreibt seine Bedenken, dass ein technologisch unausgereifter Chatbot zu Frustration bei den Anwendern und somit zu negativen Auswirkungen für das ausführende Unternehmen führen kann: *„Falls er noch etwas ‚dumm' ist, kann es auch nach hinten losgehen. Wenn die Leute dann frustriert sind, und sich denken, was ein Scheißding, ich will doch nur wissen, ob ich das oder das hochladen soll. Und das Ding haut die ganze Zeit nur die gleichen Phrasen raus, also solche 08 15 Antworten."* Lea (1997, Ing) ergänzt, dass das Erscheinen eines Chatbot-Fensters im Bewerbungsprozess *„nervig"* und ablenkend ist: *„So einen Chatbot würde ich nicht nutzen und ich finde es eher ein bisschen nervig, wenn der dann da die ganze Zeit aufpoppen würde oder die ganze Zeit blinken würde oder so, also wenn ich mich wirklich mit der Stellenanzeige befasse. Da muss ich dann wirklich meine Ruhe haben und mich aufs Wesentliche fokussieren und nicht die ganze Zeit abgelenkt werden."*

4.3.3.4 Bewerberportale und Nachvollziehbarkeit des Bewerbungsstatus

Die unmittelbare Bewerbung über beispielsweise Karrierenetzwerke, Stellenbörsen oder Karriereseiten wird von den Befragten als komfortables Vorgehen im

Bewerbungsprozess betrachtet. In diesem Zusammenhang wird eine komfortable Tracking-Funktion zwar nicht grundsätzlich erwartet, in der Regel jedoch als positiv und *„hilfreich"* bewertet (Sarah 1995, Wiwi). Jan (1995, Medien) könnte sich eine Statusmeldung über den Erhalt der Bewerbung beispielsweise wie folgt vorstellen: *„Vielleicht wäre es irgendwie cool, wenn es so einen Status gäbe: ‚Bewerbung wurde angenommen', ‚Wir haben es gesehen', oder so. Wie so ein grüner Haken bei WhatsApp, dass man das sieht. So etwas fände ich cool."* Lisa (1993, Medien) merkt an, dass sie zwar die Bewerbung über ein Portal als *„am angenehmsten"* und *„am einfachsten"* wahrnimmt, dies jedoch nur unter der Voraussetzung, dass *„man sich nicht einen Account anlegen muss"*. Sarah (1995, Wiwi) führt ebenfalls an, die Notwendigkeit einer Anmeldung bei Bewerberportalen als *„nervig"* zu erleben, spricht sich jedoch für die Bewerbung über Bewerberportale positiv aus und präferiert diesen Weg gegenüber einer „klassischen" Bewerbung mittels E-Mail: *„Also, ich finde ein Bewerberportal eigentlich ganz cool. Ich finde es zwar nervig, dass man sich jedes Mal anmelden muss, also einen Anmeldename und Log In braucht. Aber ich finde es cool, weil man dadurch einen Überblick hat, in welchem Prozess oder in welchem Prozessschritt die Firma gerade ist. So hat man die Möglichkeit das zu verfolgen. Und das macht's einfacher und man kann geduldiger sein."* Als vorrangigen Grund nennt sie die bessere Nachvollziehbarkeit des Einganges und des Standes einer Bewerbung. Auch Lukas (1993, Medien) sieht diesen Mehrwert in der Bewerbung über ein Bewerberportal: *„Die Portale haben den Vorteil, dass du wirklich sichergehen kannst, dass du jetzt alles eingeschickt und eingereicht hast, was du für den Bewerbungsprozess brauchst."* Dem gegenüber empfinden die Befragten Lea (1997, Ing), Felix (1994, Ing) und Anna (1996, Medien) Bewerberportale als *„anstrengend"*, *„umfangreich"* und *„nervig"* – von ihnen wird der Versand der gebündelten Dokumente in der Regel als *„komfortabler"* (Felix 1994, Ing) wahrgenommen.

Für Julia (1995, Ing) und Jan (1995, Medien) ist der Bewerbungsweg nicht entscheidend, sie betonen jedoch, dass sie sich offene Kommunikation, Feedback und eine eindeutige Ansprechperson im Rahmen des Bewerbungsprozesses wünschen. Julia (1995, Ing) gibt zu Protokoll: *„Mir ist es gleich, solange man schnell und offen mit einem kommuniziert. Ich finde, es ist wichtig, dass man zeitnah Feedback erhält, damit man weiß, wo man gerade ist, auch wo der Status der Bewerbung ist. Mir ist es egal, ob das jetzt irgendwie beim Portal ist oder so. Aber es gibt nichts Schlimmeres, als wenn man in irgendwie in einer Ungewissheit gehalten wird und kein Feedback bekommt."* Jan (1995, Medien) weist in diesem Zusammenhang auf die Wertschätzung des Bewerbers durch den potenziellen Arbeitgeber hin:

> „Also ich finde es anstrengend, wenn man nicht genau weiß, wen man wirklich kontaktieren muss, wer bearbeitet da eigentlich meine Sache. Und du denkst, das hat überhaupt keine Wichtigkeit. Ich finde, man sollte dann eine klare Bezugsperson haben, die sich irgendwie um die Bewerbung kümmert, die dich dann auch mit Namen anspricht. Sonst hängt man irgendwie in der Luft – das finde ich immer nicht so gut; ich will nur wissen, an wen es gerichtet ist."

Rückmeldung auf eine Bewerbung sollte in jedem Fall zeitnah durch das Unternehmen erfolgen – ein gegensätzliches Verhalten kann sich auf das Ansehen eines potenziellen Arbeitgebers sehr negativ auswirken. Zudem zeigt sich, dass der Erhalt einer Bestätigungsmail als Reaktion auf das Einsenden einer Bewerbung für die Vertreter der Generation Y von hoher Bedeutung ist und sie diese Form der Rückmeldung von potenziellen Arbeitgebern erwarten.

Überdies äußerten sich die Interviewteilnehmer über den Zeitrahmen, indem sie eine Reaktion eines Unternehmens nach Eingang einer Bestätigung erwarten. Absolventin Laura (1995, Wiwi) gibt an, dass sich ihrer Erfahrung nach viele Arbeitgeber oftmals zu viel Zeit mit einer Antwort lassen: *„Optimieren kann man teilweise definitiv die Antwortgeschwindigkeit von den Unternehmen, wenn eine Bewerbung eingegangen ist. Teilweise fand ich schon, dass es zu lange gedauert hat."* Eine Reaktion innerhalb von einer bis zwei Wochen wird von den Befragten in der Regel erwartet. Laura (1995, Wiwi) sagt zum Beispiel: *„Alles über zwei Wochen finde ich zu lang. Also, was ich zum Beispiel wichtig finde ist, wenn man alles hochgeladen hat, dass man dann eine Antwort bekommt; eine Bestätigungsmail, in der am besten schon steht, dass sie sich innerhalb der nächsten Wochen melden."* In diesem Zusammenhang wird darauf hingewiesen, dass eine späte Rückmeldung eines Unternehmens negativ wahrgenommen wird und entsprechend zu einem Wettbewerbsnachteil gegenüber anderen potenziellen Arbeitgebern führen kann. Es wird deutlich, dass die Interviewten der Generation Y sich transparente Kommunikation über den Zeitpunkt der Rückmeldung durch ein Unternehmen wünschen. Sie räumen Arbeitgebern einen längeren Rückmeldezeitraum ein, wenn ihnen Gründe hierfür sowie ein konkreter Zeitrahmen mitgeteilt werden.

5 Hochschulabsolventen der Generation Y und Expertensichtweisen auf die Bewerberansprache

Zusammenfassung

Um die Perspektive der Hochschulabsolventen der Generation Y in Bezug auf ihre Anforderungen und Erwartungen zu Bewerberkommunikation und Recruiting zu ergänzen, werden im Rahmen von leitfaden-gestützten Experteninterviews die Sichtweisen von Unternehmensexperten, die für den Personalbereich verantwortlich sind, sowie von Karriere-Experten aus Hochschulen, die an der Schnittstelle zwischen Studium und Beruf verortet werden können, im Hinblick auf eine optimale Bewerberansprache der Generation Y sowie in ersten Ansätzen der Nachfolgegeneration Z erfragt. Dabei wird zunächst der Prozess der Arbeitgeber- und Stellensuche, einschließlich der Bedeutung von Online- und Offline-Angeboten, sowie die Einschätzung neuerer Techniken der Bewerberansprache, etwa Virtual- oder Augmented-Reality-Anwendungen, näher beleuchtet. In Bezug auf Kriterien des Unternehmens, die aus Sicht von Experten als bedeutsam für Hochschulabsolventen betrachtet werden, stellen sich etwa die vorhandenen beziehungsweise gelebten Unternehmenswerte als in Gegenwart und Zukunft zentral angenommene Aspekte heraus – zum Beispiel wird dem Thema der Nachhaltigkeit eine hohe Relevanz zugesprochen. Daneben wird auch die Sinnhaftigkeit der Arbeitsaufgabe als erfolgsentscheidend betrachtet. Zudem wurde erfragt, wie die Gestaltung einer Stellenanzeige hinsichtlich inhaltlicher sowie formaler Aspekte beurteilt wird. Dabei wird die Betonung von Bildern als unabdingbar hervorgehoben und dies in Verbindung mit einer inhaltlichen Vermittlung der Unternehmenswerte. In Bezug auf den sich anschließenden Bewerbungsprozess wird das Thema „mobil" als wichtig bewertet und es werden Möglichkeiten von Videobewerbungen diskutiert. Zudem werfen die Experten einen Blick in die Zukunft und stimmen

© Der/die Autor(en), exklusiv lizenziert durch Springer Fachmedien Wiesbaden GmbH, ein Teil von Springer Nature 2021

C. Kochhan et al., *Bewerberkommunikation für Hochschulabsolventen der Generation Y*, https://doi.org/10.1007/978-3-658-35099-4_5

für die kommenden Vertreter der Generation Y sowie im Hinblick auf die in Kürze in den Arbeitsmarkt eintretenden Hochschulabsolventen der Generation Z überein, dass der Bewerbungsprozess insgesamt schnell und technisch fehlerfrei angeboten werden muss. Einschätzungen der interviewten Experten hinsichtlich des „War for Talents", zukünftiger Suchstrategien für Bewerber, der Betreuung von Hochschulabsolventen im Bewerbungsprozess ebenso wie ihr Blick auf die Nutzung neuer Technologien geben Hinweise für moderne Prozesse im Personalmarketing, die zur Gewinnung von Hochschulabsolventen der Generation Y beitragen. Die Erkenntnisse sind zur besseren Veranschaulichung im Folgenden mit Zitaten der im Rahmen der qualitativen Studie Befragten (Die im Rahmen der Studie gewonnenen Aussagen werden nachfolgend auf Grund einer besseren Lesbarkeit vom gesprochenen Deutsch in die Schriftsprache überführt) untermauert.

5.1 Situation des „War for Talents"

Der so genannte „War for Talents" wird grundsätzlich von allen befragten Experten bestätigt – entsprechend formuliert beispielsweise UN-3: *„Also den „War for Talents", den haben wir so oder so."* Einschränkend wird jedoch bemerkt, dass sich aufgrund der gegenwärtigen Pandemie die Lage aus ihrer Sicht – zumindest in Maßen – entspannt habe. In der Folge erhalten Unternehmen gegenwärtig eine größere Anzahl an Bewerbungen, die jedoch nicht immer den gewünschten Erwartungen entsprechen wie UN-3 ergänzt: *„Wir haben ein bisschen das Gefühl, dass es zum einen mehr Bewerbungen werden, die wir reinkriegen, aber leider auch qualitativ schlechtere Bewerbungen."* Sie erläutert in diesem Zusammenhang weiterhin:

> „Es gibt eigentlich zwei Sichtweisen. Vor Corona war dieser ‚War for Talents' noch extremer ausgeprägt als er das jetzt der Fall ist. Da hat sich natürlich jetzt durch Corona das Blatt etwas gewandelt, das merken wir auch, dass einfach die einen oder anderen Unternehmen nicht mehr so die Möglichkeit haben wie vorher, nicht mehr so viele freie Stellen haben für die Studierenden, für die jungen Leute, für die Direkteinsteiger zu Verfügung stehen aufgrund der aktuellen Lage. Und wir merken, dass wir mehr Bewerbungen reinkriegen und dass jetzt ein enormer Druck auch bei den jungen Leuten durch die aktuelle Situation herrscht. Ich denke der ‚War for Talents' ist immer noch da, aber im Moment ist der Bewerberüberschuss an qualifizierten Bewerbern höher als das noch vor Corona war."

Allerdings wird im Hinblick auf ingenieurwissenschaftliche und technische Fächergruppen beziehungsweise Bereiche davon ausgegangen, dass es auch zukünftig eine Herausforderung für Unternehmen darstellen wird, sich als Arbeitgeber positiv darzustellen und geeignete Hochschulabsolventen gewinnen zu können. UN-12 nennt ein Beispiel: *„Natürlich, es gibt immer die Regel und die Ausnahme. In der IT ist das eine große Herausforderung. Also, nicht speziell die Entwickler, sondern die Systemadministratoren zu kriegen, das ist schon immer eine große Herausforderung."* Bestätigt wird dies auch von KE-2, die die Situation an ihrer Hochschule in Bezug auf technische Studiengänge ebenso als herausfordernd betrachtet:

> „Wir beschäftigen uns ja seit vielen Jahren mit den klassischen MINT-Fächern, wo es wirklich einen Run gab. Ein Run bis selbst in Fächergruppen, die jetzt nicht klassischerweise immer sofort am Arbeitsmarkt die ersten waren, die weg waren, wie die Maschinenbauer-, Informatiker-, E-Techniker-Studiengruppen, sondern es geht runter bis in die Architektur und in alle anderen Gruppen. Neu in Corona, ich glaube, das ist jetzt in so einer Haltephase – jetzt waren sie alle in so einem Schock. Und es ist nicht wirklich klar, wohin die Reise geht. Insofern wird jetzt auch erstmal stiller gehalten; außer in Informatik, also in diesen ganzen IT-Fächern, da sehen wir es nicht."

Vor diesem Hintergrund besitzen weiterhin diejenigen Strategien eine hohe Bedeutsamkeit für Arbeitgeber, mit deren Hilfe sie ihre Situation auf dem Bewerbermarkt weiter verbessern können. In diesem Zusammenhang wird zum einen eine noch detailliertere Kenntnis der anzusprechenden Zielgruppe einschließlich der Werte, die für die potenziellen Arbeitnehmer relevant sind, als unabdingbar erachtet. UN-3 formuliert diesen Aspekt mit folgenden Worten:

> „Jein, ich glaube, was uns als Unternehmen vielleicht noch ein bisschen fehlt, ist, dass man sich noch aktiver mit der Zielgruppe auseinandersetzt, dass man sich auch wirklich fragt, was denn der Zielgruppe wichtig ist, was steht denn hinter der Zielgruppe? Wir wissen alle, dass es junge Leute sind, die jetzt Anfang 20 bis Anfang 30 sind und jetzt ins Berufsleben starten. Da macht man sich schon so seine Vorstellungen wie die tickt und aufgestellt ist. Was uns natürlich allen klar ist, ist, diese Zielgruppe super vernetzt ist, in einer Welt aufgewachsen ist, wo einfach alles, wo Digitalisierung, das ganze Thema Globalisierung, das ganze Thema Transparenz, das ganze Thema Auswahlmöglichkeiten natürlich ganz starken Fokus eingenommen haben. Man sollte sich vor allem als Unternehmen, wenn man gezieltes Marketing, Personalmarketing macht, auch mit so einer Zielgruppe auseinandersetzen um zu erfahren, was dann wichtig ist."

Zum anderen wird auf das Instrument der Weiterempfehlung verwiesen. Diesem schreiben alle befragten Unternehmensvertreter im Kontext von Recruiting-Maßnahmen eine hohe Relevanz zu, so beispielsweise UN-12:

> „Die bestehenden Studenten, die schon bei uns arbeiten, sind natürlich ein super Magnet, allein über Hören-Sagen: Wenn ein Kommilitone hört, dass der ein guter Arbeitgeber ist, dann spricht sich das sehr schnell rum in dem Klientel. Wir schreiben sehr gerne unsere bestehenden Mitarbeiter an. Sei es, ob jetzt die Studierenden selbst, die in irgendwelchen WhatsApp-Gruppen oder in sonstigen Gruppen sind, dass die auch die Stellen gerne bei Gleichgesinnten verteilen können."

Dabei kann die Empfehlung von Mitarbeitern oder auch von anderen Personen kommen, die das Unternehmen kennen. In beiden Fällen werden hier von den Unternehmensvertretern gute Erfahrungen bestätigt – UN-11 äußert:

> „Für uns persönlich ist tatsächlich der stärkste Kanal die Weiterempfehlung. Entweder direkte Weiterempfehlung von unseren Mitarbeitern und Mitarbeiterinnen oder auch von Leuten, die uns kennengelernt haben, sei es bei zum Beispiel so einem Campusevent, wo sie uns persönlich gesehen haben; vielleicht auch Leute, die mal bei uns an einer Veranstaltung teilgenommen haben, die schon mit uns in Kontakt getreten sind und uns näher kennengelernt haben. Aber wir kriegen auch oft, dass Leute uns schreiben, ‚ja, da war mal jemand bei euch bei einer Veranstaltung, der hat gesagt, ihr seid super'."

Die Bedeutung von Weiterempfehlungen im Bereich des Personalmarketings spiegelt sich auch darin wider, dass die Unternehmen einen solchen Prozess oftmals institutionalisieren und gegebenenfalls mit einer Erfolgsprämie belegen, wie im Falle von UN-21: *„Wir haben sogar ein hauseigenes Programm. Also ‚Mitarbeiter werben Mitarbeiter' wird auch im Haus intern von uns gefördert und beworben, und es werden auch Prämien ausgezahlt. Also das ist auf jeden Fall ein weiterer, zusätzlicher ‚Bewerber-Reinholen-Kanal'."* Andere Unternehmen sind zumindest im Begriff, ein solches Programm zu etablieren wie beispielsweise UN-3 berichtet:

> „Also wir sind in den letzten Zügen von einem Konzept, das nennt sich [Nennung Konzept-Name]. Das geht eben genau in die Richtung ‚Mitarbeiter werben Mitarbeiter'. Da können selbst Praktikanten teilnehmen und Kollegen, Kolleginnen, Freunde und Bekannte empfehlen. Wenn's dann wirklich zum Vertragsabschluss kommt, dann wird es eine Prämienzahlung geben. Also das ist im Moment in der Planung."

Trotz der Relevanz für Unternehmen, geeignete Hochschulabsolventen anzusprechen, gibt es nach Ansicht der Unternehmensvertreter auch Grenzen, in denen sich

Recruiting-Maßnahmen bewegen sollten – und dies auch, wenn es sich um eher „umkämpfte" Fächer- beziehungsweise Bewerbergruppen handelt. UN-22 nennt ein Beispiel:

> „Es gibt auch einfach Grenzen, wo man sich nicht raus bewegen möchte. Es gibt ja auch Unternehmen, die in irgendwelchen Partnerschaftsbörsen quasi Active Sourcing machen, je nachdem, was sie da suchen, ob sie sich als potenzieller Partner ausgeben und dann suchen, nach dem Motto: ‚Interessierst du dich auch für die Programmiersprache XY?' und dann hinterher sagen: ‚Ok wir sind das Unternehmen.' Das würden wir nie machen, da gibt es eine Grenze der Seriosität, die die [Nennung Unternehmensname] nicht überschreiten möchte."

Um solche „Ansätze" der Bewerberansprache vermeiden zu können, ist es bedeutsam, dass die Unternehmen zum einen zielgenau die Wünsche und Bedürfnisse potenzieller Kandidaten kennen und zum anderen wissen, welche Informationsquellen für diese im Kontext der Stellensuche von Bedeutung sind. Da die Lebenswelt von Hochschulabsolventen der Generation Y in hohem Ausmaß durch die Digitalisierung getrieben ist, prägen im ersten Schritt der Bewerbungsphase nahezu ausschließlich Online-Informationsquellen das Suchverhalten der Hochschulabsolventen – eine Situation, auf die sich Arbeitgeber eingestellt haben.

5.2 Prozess der Arbeitgeber- und Stellensuche

5.2.1 Bedeutung von Online-Angeboten

Online-Jobbörsen

Hochschulabsolventen werden im ersten Schritt ihrer Bewerbung von unterschiedlichen Faktoren geleitet: Die Erfahrungen der Experten bestätigen, dass in Bezug auf eine erste Orientierung auf dem Bewerbermarkt Unternehmen, wie etwa Automobilkonzerne, die über eine große Strahlkraft und Markenbekanntheit verfügen, von Bedeutung sind. Einschränkend erwähnt jedoch KE-3 in diesem Zusammenhang, dass sich Studierende im Zuge einer Bewerbung noch intensiver mit den bekannten Marken auseinandersetzen sollten:

> „Wir gehen schon davon aus, dass Marken, die Reputation von Marken, eine große Rolle spielen. Wenn man da immer diese ‚[Nennung Unternehmen]-Nummer' eines Arbeitgebers hört, dann gehe ich nicht davon aus, dass die Studierenden sich wirklich damit auseinandergesetzt haben, was es heißt, bei [Nennung Unternehmen] zu arbeiten. Sondern man hat mal einfach gehört, dass die Gratisessen haben und einige gute Büroräume."

Eine ebenso hohe Relevanz besitzen Arbeitgeber, die von Absolventen bereits während ihres Studiums aufgrund von Personalmarketing-Maßnahmen interessant wurden. Darüber hinaus teilen die Experten die Meinung, dass auch Empfehlungen im Kontext der Hochschule, etwa von Hochschullehrern, sowie im privaten Bereich, die Absolventen in ihren ersten Schritten der Arbeitgebersuche leiten. KE-1 äußert beispielsweise: *„Ich glaube schon, dass persönliche Infos von Familie oder Freunden und Bekannten auch eine Rolle spielen. Ganz sicher."* Bestätigt wird dies von KE-3, der ebenfalls die Bedeutung von Gleichaltrigen hervorhebt: *„Peers. Peers mit derselben beruflichen Erfahrung."*

Die Stellenangebote der Arbeitgeber, die zum Beispiel von Kommilitonen empfohlen werden, sind typischerweise auf Online-Portalen zu finden: Online-Optionen gelten bei Personalverantwortlichen in Unternehmen ebenso wie bei Karriere-Experten an Hochschulen als die zentralen Quellen, um Mitarbeiter für ein Unternehmen als Arbeitgeber zu interessieren und werden demzufolge von ihnen entsprechend intensiv bespielt. UN-12 begründet dies: *„Man merkt, was ich in den Gesprächen mit Studierenden höre. Die gehen tatsächlich noch sehr klassisch vor, über solche Portale. Und da versuchen wir, ich und ein Kollege, der im selben Bereich tätig ist, die Kollegen ein bisschen auf Neues zu bringen: ‚Guckt doch mal auf anderen Seiten oder auf anderen Wegen'."* Verantwortlich für die zentrale Nutzung der vorhandenen Jobportale ist die mediale Sozialisation, die die Generation Y erfahren hat, diese wird auch in Zukunft von hoher Tragweite sein, wenn es um die Akquise von Bewerbern geht. UN-3 sagt: *„Was bei uns natürlich auch ganz klar im Vordergrund steht, ist das ganze Thema Digitalisierung. Das ist ja gar nicht mehr wegzudenken aus dem heutigen Arbeiten. Man muss einfach auch gerade für die junge Generation – wenn wir an die Generation Y denken, die ja eigentlich permanent, man sagt manchmal 24/7, online erreichbar ist oder überhaupt erreichbar sind – muss man einfach überall im Digitalen unterwegs sein"*. Die am häufigsten von Unternehmen genutzten Online-Jobbörsen sind beispielsweise Stepstone oder Indeed, da sie einer Arbeitgebermarke in der Regel eine hohe Reichweite verleihen. In diesem Kontext wird von UN-11 auch auf Google for Jobs hingewiesen: *„Was hier noch fehlt ist Google for Jobs, da es den Markt einfach verändert. Weil die sich die Stellenanzeigen direkt von den Karriereseiten oder aus Netzwerken wie Xing eben oder LinkedIn in Google ziehen und sehr einfach zu erreichen sind."* UN-3 betont zusammenfassend:

> „Man muss heute digital unterwegs sein, sodass wir seitens [Nennung Unternehmensname] auch da, wo es bisher möglich ist, versuchen, eben verstärkter präsent zu sein, gerade was Online-Jobbörsen angeht. Wir arbeiten natürlich mit den größten, hauptsächlich mit Stepstone zusammen, machen auch ein bisschen was über Indeed,

über Jobteaser, aber eigentlich ist unsere Hauptjobbörse Stepstone, wo wir alle unsere gesuchten Stellen platzieren. Wir fahren damit auch sehr gut, weil es einfach das größte Portal ist, wo man nach Jobs sucht."

Die großen Anbieter werden zudem auch deshalb vorrangig genutzt, da Unternehmen oftmals mit Schaltungen bei unbekannteren Stellenbörsen weniger erfolgreich sind – eine Erfahrung, die zum Beispiel UN-11 im Rahmen der Nutzung alternativer Stellenportale gemacht hat: *„Wir nutzen eher alternative Stellenbörsen, eher kleinere, merken aber, dass da teilweise relativ wenig Rücklauf kommt. Und daran ist zu erkennen, wie sich das in den nächsten Jahren weiterentwickelt."* Gleichwohl weisen die Unternehmensvertreter darauf hin, dass neben den klassischen Online-Jobbörsen auch andere Internetseiten – je nach Zielgruppe – von Bedeutung sein können. Insbesondere in Fächergruppen beziehungsweise Bereichen, in denen die Hochschulabsolventen stark umworben sind, sollte die Zielgruppe an denjenigen Orten angesprochen werden, die für sie relevant und interessant sind. Entsprechend würde die Situation vermieden, in der herrschenden Informationsflut unterzugehen wie UN-22 äußert:

> „Also ich würde sagen, dass man die ITler zum Teil ein bisschen anders oder eben verstärkt ansprechen muss. Die holt man am besten auf ihren Seiten ab, wo sie sich auch bewegen, also gar nicht unbedingt auf einem Jobportal, sondern auf Portalen, wo die sich vielleicht zu fachlichen Themen schlau machen. Und dann ganz zufällig eine Anzeige sehen. Aber ansonsten – die werden auch so mit Anfragen überhäuft. Selbst Active Sourcing ist da sehr schwierig, weil die Studenten gar nicht mehr reagieren – die werden am Tag zehn, 20-mal angeschrieben und da reagieren die schon gar nicht mehr drauf."

Berufliche und Soziale Netzwerke

Eine weitere Option, sich als potenzieller und interessanter Arbeitgeber darzustellen, bieten berufliche beziehungsweise soziale Netzwerke. Die Darstellung des Unternehmens auf Karrierenetzwerken wird von den Interviewpartnern als Standard im Kontext ihrer Personalrekrutierung erachtet, da sich die Hochschulabsolventen auf diesen Portalen bewegen sollten und entsprechend Kontakte zwischen Unternehmen und potenziellem Mitarbeiter aufgebaut werden können. Besondere Relevanz besitzen bei den befragten Unternehmen die Karrierenetzwerke Xing und LinkedIn – UN-11 äußert in diesem Zusammenhang folgende Begründung: *„Xing ist einfach sehr praktisch für uns, weil wir da sehr einfach Stellenanzeigen an- und ausschalten können. LinkedIn hat den Vorteil, dass die sich unsere Stellenanzeigen oft auch selbst ziehen, ohne dass wir aktiv schalten müssen. Xing ist im Moment ganz gut für uns."*

Dabei ist es Unternehmen auch wichtig, dass es für die interessierten Hochschulabsolventen eine unkomplizierte Möglichkeit der Kontaktaufnahme gibt. Dies stelle eine wichtige Voraussetzung dar, um die Hochschulabsolventen der Generation Y adressieren zu können. UN-22 sagt:

> „Aber wir haben eben ein eigenes Tool in Xing und LinkedIn, wo wir die Leute auch ansprechen. Also, das nimmt immer mehr zu, dass dort auch Stellen geschaltet werden. Oder wir hatten eine Art ‚Pipeline-Bilder' auf LinkedIn, wo die Leute auch ganz einfach draufklicken können, ‚ja bin interessiert'. Sie müssen keine großen Bewerbungen hinterlegen, sondern es ist nur ein Klick letztendlich und dann sprechen wir die an und sagen: ‚Das ist die Stelle, können Sie uns mal den Lebenslauf zuschicken?' Also die Tendenz ist, dass es den Bewerbern immer einfacher gemacht wird, gerade in den stark umkämpften Bereichen."

Gleichzeitig gibt KE-3 relativierend an, dass nicht grundsätzlich davon ausgegangen werden kann, dass allen Hochschulabsolventen die Bedeutung von Karrierenetzwerken ausreichend bewusst ist. Er sagt: *„Wir lernen aber, dass die Studis noch gar nicht auf den Netzwerken sind. Die sind noch gar nicht auf LinkedIn. Wir sind immer schockiert, wenn wir dann eine Umfrage machen und dann haben nur fünf Prozent schon ein Profil."* Seiner Meinung nach hilfreich wäre folgende Aktivität der Portal-Verantwortlichen: *„Die müssen an die Unis. Die haben mal Premium-Accounts für Studierende verteilt – haben sie wieder eingestellt."* Zudem ergänzt er, dass Karrierenetzwerke eher zu einem späteren Zeitpunkt, zu Beginn des Berufslebens, verstärkt Relevanz erhalten: *„Und sobald sie ein bisschen im Beruf drinnen sind, dann werden das die Karrierenetzwerke sein."*

Typischerweise nutzen die Unternehmen neben beruflichen Netzwerkportalen auch soziale Netzwerke zur Ansprache der Generation Y. Hier stehen insbesondere die Social-Media-Kanäle Facebook und Instagram im Fokus. UN-11 beschreibt zunächst folgenden Aspekt: *„Soziale Netzwerke nutzen wir auch. Aber die nutzen wir so, dass wir unsere Stellen in Social-Media-Posts bewerben. Wir nutzen zum Beispiel nicht die Stellenanzeigen-Funktion von Facebook, die es da gibt."* In diesem Kontext weisen die befragten Experten auf eine grundsätzlich wahrnehmbare Veränderung in der Bedeutung von Facebook als Recruiting-Plattform hin – der Trend würde sich verlagern von Facebook hin zu Instagram. Entsprechend ergänzt UN-11 ihre Aussage: *„Man merkt schon, dass sich das auch verschiebt. Also zum Beispiel, dass in den letzten Jahren – und das wird wahrscheinlich auch noch stärker werden – dass das Shift von Facebook Richtung Instagram gewandert ist. Wir konzentrieren uns im Moment sehr stark auf Instagram und bespielen Facebook noch mit."* Die befragten Experten beobachten die aktuelle Situation, da bereits in naher Zukunft auch erste Hochschulabsolventen der Generation Z als Arbeitnehmer verfügbar sein werden und ihren Einfluss auf Platzierungen von offenen Stellenangeboten in sozialen Medien geltend machen werden. KE-2 gibt in diesem Kontext zu Protokoll: *„Das ist etwas, das man echt im Blick haben muss: Wann ist was aktuell? Die Diskussion hatten wir gestern gerade. Wir fahren jetzt unseren Facebook-Account auch eher runter und Insta hoch. Das kann man ganz klar sehen. Wo ist ihre Lebenswelt?"* Mit der Aussage von UN-21 lässt sich die gegenwärtige Situation wie folgt zusammenfassen: *„In Alter und Bewerbergruppe muss man bei den sozialen Netzwerken differenzieren."* KE-3 macht in Zusammenhang mit sozialen Netzwerken abschließend auf das Phänomen einer „Konkurrenz zwischen privaten und beruflichen Aktivitäten" aufmerksam: *„Wenn Unternehmen dann sagen: ‚Ja, wir würden euch gerne auf Facebook anschreiben, aber ihr dürft dann auf Facebook keine Partyfotos posten, denn sonst fallt ihr bei uns wieder durch'. Also, dann sagen die Jungen: ‚Ja dann'. So funktioniert das nicht."*

Soziale Netzwerke bieten für Arbeitgeber auch die Chance, potenzielle Bewerber auf die Karrierewebseite ihres Unternehmens weiterzuleiten – ein relevanter Aspekt gegenwärtigen und zukünftigen Personalmarketings, der zum Beispiel von KE-2 beschrieben wird: *„Zum Beispiel haben wir einen Insta-Account und sagen hier ‚werde Teil unseres Teams, bei uns ist das, das und das toll und noch mehr findest du …' – schwupp – und dann ist man auf der Karriereseite. Also, dass man sozusagen angefüttert wird auf dem Sozialen Netzwerk, aber substanziell gut gemacht. Da merken wir auch, dass uns das selber Spaß macht."*

Karrierewebseiten und Bewertungsportale

Karrierewebseiten zählen zum Standard-Instrumentarium von Arbeitgebern, um in den Austausch mit potenziellen Bewerbern zu gelangen. In der Regel werden Interessenten hier detaillierte Informationen rund um das Unternehmen angeboten. UN-3 formuliert dies folgendermaßen:

> „Was natürlich auch eine wichtige Rolle spielt, was wir auch merken an den Zugriffszahlen, ist das ganze Thema Karrierewebsite. Also es gibt ja die Commercial Website, so nennen wir das, das ist die [Nennung des Unternehmensnamens].de, die hauptsächlich produktlastig ist. Aber wir haben natürlich auch eine Karriereseite, das ist die [Nennung der Internet-Adresse], und da wollen wir die Bewerber hinlocken. Da findet man alle aktuellen Stellen, man kann sich über [Nennung des Unternehmensnamens] informieren: Wer ist überhaupt [Nennung des Unternehmensnamens]? Für was stehen wir? Also von daher versuchen wir auch unsere Karriereseite sehr zu pushen und auch die Leute zu animieren, regelmäßig auf diese Karriereseite zu gehen. Und, sobald ein neuer Job online ist, platzieren wir diesen da und man kann sich Informationen holen und sich dann auch direkt online, über unser Bewerber-Management-Tool, auf diesen Job bewerben, alle Unterlagen hochladen und dann kommt das bei uns in den Pool rein.

Das haben wir ja auch auf unserer Karriereseite, und da arbeiten wir auch mit – weil ich da überzeugt bin – mit authentischen Geschichten, weil einfach nichts authentischer wirkt, als auch die eigenen Mitarbeiter erzählen zu lassen: ‚Ja wie ist es denn eigentlich bei [Nennung des Unternehmensnamens]?' Wir haben einfach mal in Form einer Recruiting-Kampagne eigene Mitarbeitende gefragt, wie es denn ist, bei [Nennung des Unternehmensnamens] zu arbeiten, und wie deren Weg war. Da sind eigentlich ganz nette Videos entstanden und sowas kann man natürlich auch dann toll auf der Karriereseite platzieren, um einfach auch mal der Generation Y Einblicke zu geben. Und ich glaube, das ist dieser Generation auch ganz wichtig zu erfahren, wie es denn wirklich ist, bei uns zu arbeiten. Von daher ist natürlich alles, was so Bewegtbild-Material ist, super, und das kann man auch gut auf der Karriereseite einsetzen."

Bewegtbild-Material kann die intensive Nutzung entsprechend fördern. Die Karrierewebseite sollte aktivierend beziehungsweise einladend gestaltet sein, den potenziellen Mitarbeitern interessieren und ihm einen ersten, angenehmen Eindruck vom Unternehmen geben. Dabei unterstützen auch die Karriere-Experten in ihrer Arbeit die Unternehmen darin, den Hochschulabsolventen die Bedeutung von Karrierewebseiten darzustellen. Gleichwohl wird von ihnen bemerkt, dass sich die Hochschulabsolventen in vielen Fällen auf die klassische Jobsuche über Online-Portale verlassen, ein Aspekt, der wiederum die Bedeutsamkeit der dort platzierten Inhalte beziehungsweise Angebote unterstreicht. Karrierewebseiten werden – wenn – eher in einem „zweiten Schritt der Bewerbungsphase" wahrgenommen. KE-2 sagt: *„Ich bin mir immer nicht ganz sicher mit diesen Karriereseiten von Unternehmen. Damit fangen die Studierenden nicht an, sondern wenn die eine Orientierung haben, gehen sie dort weiter."* KE-1 ergänzt: *„Karriereseiten von Unternehmen – das ist etwas, das wir predigen, aber was nicht alle machen. Sicher nicht."*

Als bedeutsam werden im Kontext einer ersten – oder anschließend – intensiveren Orientierung mit Arbeitgebern, insbesondere von den Unternehmensvertretern, Online-Bewertungsportale angesehen, die als Spiegel für Arbeitgeberattraktivität erkannt werden. Die Unternehmen betrachten diese als Möglichkeit, sich zu positionieren und sich gegenüber den Mitwerbern in der Konkurrenz um geeignete Kandidaten positiv abgrenzen zu können. UN-11 beispielsweise nutzt diesen Kanal entsprechend und fordert relevante Kandidaten aktiv dazu auf, Bewertungen abzugeben.

„Wir stellen fest, dass Kununu tatsächlich immer wichtiger wird; immer mehr Bewerber und Bewerberinnen informieren sich auf Kununu über die Unternehmen und schauen da mal rein. Wir kriegen immer mal wieder die Rückmeldungen: ‚Ja, ich habe mal auf Kununu geguckt, eure Bewertungen sind gut'. Wir haben das schon früh für uns als Kanal erkannt und fordern sowohl Mitarbeiter und Mitarbeiterinnen als auch Kandidatinnen, mit denen wir in Kontakt waren, auf, uns auf Kununu zu bewerten, ganz aktiv. Sowohl Bewerber, die wir eingestellt haben, als auch Bewerber, denen wir abgesagt haben, mit denen wir aber vielleicht einen längeren Bewerbungsprozess hatten, bitten wir, uns bei Kununu zu bewerten, uns entweder als Unternehmen oder unseren Bewerbungsprozess zu bewerten, weil wir das als ganz wichtig ansehen."

Diese Strategie wird ebenso von UN-22 verfolgt, wobei hier auch die Bedeutung des Monitorings von Bewertungsportalen hervorgehoben wird:

> „Naja, es ist sehr wichtig, also wir sprechen immer mit den Leuten und weisen sie auch darauf hin, dass sie sich auch hoffentlich wohl gefühlt haben im Bewerbungsprozess und dass wir uns über eine Bewertung auf Kununu freuen. Also das haben wir sehr stark im Auge, weil natürlich potenzielle Bewerber da auch immer schauen, wie die Bewertung ist. Das ist so die Arbeitgeberattraktivität, die man nach außen ausdrückt."

Wichtig ist in diesem Zusammenhang, mögliche negative Bewertungen im Blick zu haben, diesen nachzugehen und gegebenenfalls daraus entsprechend lernen zu können. UN-11 erläutert den Umgang mit negativen Bewertungen genauer:

> „Es gibt durchaus auch vereinzelte negative Bewertungen, auf die wir dann reagieren. Wenn wir sagen: ‚Ja, okay, wir können uns vorstellen, dass das so war' oder ‚dass du das so empfunden hast', dann gehen wir dagegen nicht vor, nehmen aber durchaus Stellung und sagen: ‚Das ist wohl blöd gelaufen, sollen wir nochmal drüber sprechen? Du kannst uns ansprechen' – dann machen wir nochmal ein Gesprächsangebot. Es ist ja anonym, wir können ja niemanden ansprechen. Wir wissen dann nicht, wer es ist, aber bieten an, nochmal auf uns zuzukommen und vielleicht die Sachen zu klären."

Karriere-Experten von Hochschulen betrachten die Aussagekraft von Bewertungsportalen differenzierter, da sie subjektive Meinungen und Erfahrungen widerspiegeln. Die im Rahmen der Studie Befragten weisen in der Regel im Kontext von Beratungsaktivitäten für Hochschulabsolventen nicht aktiv auf Bewertungsportale hin, weisen aber gegebenenfalls angehende Hochschulabsolventen in Zusammenhang mit negativen Bewertungen darauf hin, auf das Unternehmen zuzugehen und diese zu hinterfragen bevor kritische Äußerungen dazu führen, sich nicht bei einem Arbeitgeber zu bewerben, wenn er eine interessante Stelle anbietet. KE-3 sagt: *„Wenn ihr etwas Kritisches dazu findet, sprecht es im Bewerbungsgespräch an, und klärt die Erwartungen. Wir sagen: ‚Wir würden nicht generell von einer Bewerbung absehen aufgrund dessen, was man auf Kununu liest.'"*

Insgesamt zeigt sich entsprechend der Erfahrungen der Experten, dass die gegenwärtige Pandemie mit Fokus auf Bewerberansprache keine grundlegenden Veränderungen gebracht hat. Online-Medien wurden schon zuvor eingesetzt, geschuldet der Zielgruppe „Digital Natives". Allerdings hat sich in einem der befragten Unternehmen eine intensivere Digitalisierung im Hinblick auf die nachfolgenden Schritte im Bewerbungsprozess entwickelt. UN-21 äußert in diesem Zusammenhang:

> „Ich würde sagen, Corona hat bei uns vielleicht einen nicht so starken Einfluss gehabt wie bei anderen, weil wir schon im Vorfeld Onlinebewerbungen hatten, ausschließlich. Beeinflusst hat Corona im Bewerbungsverfahren oder -prozess vielleicht den Umgang mit der Kontaktaufnahme zum Bewerber. Wir hatten früher relativ wenig das Instrument Telefoninterviews eingesetzt, und wenn man jetzt bedenkt, dass wir durch Corona den kompletten Einstellungsprozess online machen, nicht nur die ganzen Kennenlern-Interviews, sondern auch Assessment-Center, die teilweise, je nach Funktion abhängig, dahinterstehen, auch die online machen. Das ist eine große Veränderung, coronabedingt."

Trotz einer solchen Dominanz digitaler Angebote und unternehmerischer Aktivitäten können auch gegenwärtig offline Kanäle nicht vollständig vernachlässigt werden. Sie besitzen nach wie vor Potenzial, in zielgruppenadäquater Art und Weise Stellenangebote zu platzieren.

5.2.2 Stellenwert von Offline-Angeboten

Printkampagnen und Campus-Events beziehungsweise Messen

Klassische Schaltungen von Stellenangeboten in Printmedien kommen bei den befragen Unternehmen in der Regel nicht oder selten zum Einsatz. UN-11 sagt: *„Stellenmarkt in Zeitungen und Zeitschriften machen wir nie."* Trotzdem wird auf zwei mögliche Ausnahmen in Bezug auf Print-Aktivitäten hingewiesen, wenngleich diese den Trend zu Online-Maßnahmen nicht verändern. Zum einen hebt UN-3 die gegenwärtige Pandemie-Situation und mögliche Folgen hervor, sich als Arbeitgeber wieder durch Printanzeigen in der Online-Informationsflut abheben zu können und Aufmerksamkeit bei möglichen Bewerberkandidaten zu erreichen:

> „Alles was in Richtung Anzeigenplatzierung in Zeitungen oder Zeitschriften geht, da sind wir eigentlich gar nicht mehr aktiv. Wir sind trotzdem letztes Jahr, gerade aus Employer-Branding-Sicht – weil ich gesagt habe, ich will das gerne mal testen – nochmal in Print gegangen. Das war ein Hochschulmagazin, was normalerweise auf keiner der großen Messen fehlt, das jetzt gerade in der Corona-Zeit, wo die Studierenden nicht am Campus sind, direkt in die Studentenwohnheime geliefert wird. Aufs Sofa zu den Studierenden. Da waren wir dann nochmal präsent mit einem dreiseitigen Firmenprofil. Ansonsten haben wir aber auch mehr auf Online-Kampagnen gesetzt. Also

dieses ganze Thema Printanzeigen wird an Stellenwert verlieren. Wobei auf der anderen Seite, in Corona-Zeiten hat man ja auch wieder so ein bisschen mehr den Wert entdeckt, Dinge physisch anzufassen. Die Leute gehen ja wieder mehr zurück zu dem haptischen Anfassen von Buch oder Zeitschriften, weil im Moment einfach das ganze Thema Begegnungen fehlt. Vielleicht verändert sich das durch Corona wieder, aber ich glaube, dass das im Vergleich zu Online auf jeden Fall an Bedeutung verliert."

Zum anderen werden Ausnahmen in spezialisierten Fächergruppen beziehungsweise Bereichen gesehen, die eine spezifische Zielgruppenansprache erfordern. UN-3 führt in diesem Kontext weiterhin aus:

„Es gibt natürlich Ausnahmen in Bezug auf Online-Aktivitäten im Recruiting; eine Kollegin meinte vorhin zu mir, sie rekrutiert jetzt wieder für [Land in Europa], den Außendienst in [Land in Europa] und da ist es öfter schwierig, gute Bewerbungen und viele Bewerbungen rein zu kriegen. Das sind einfach andere Begebenheiten. Da ist dann oft noch eine Anzeige im [lokalen Printmedium] wichtig, wo man sich heute fragt, wer da heute noch reinguckt. Aber in [Land in Europa] ist das vielleicht noch ein bisschen anders. Da erreicht man die Leute eher über das Medium Print als Online."

Auch KE-3 sieht hier eine Option für printmediale Anzeigen: *„Für Nischen wird das weiterhin wahrscheinlich bleiben. Wir propagieren, die Fachzeitschriften auch als Quelle von Arbeitgebern zu nutzen."*

Erfolgsversprechender sind nach Meinung der Experten jedoch Auftritte bei Campus Events oder Karriere-Messen – Formate, die zwar gegenwärtig online stattfinden, aber von den Interviewpartnern, etwa UN-21 in der Regel, genutzt werden: *„Ja, auf Campusevents und Karrieremessen sind wir auch regelmäßig vertreten, und im Moment eben auch online."* Dabei stellen in der gegenwärtigen Situation der Pandemie Online-Karrieremessen einerseits eine Vereinfachung für die „Aussteller" dar, zum Beispiel bei einer geringeren Anzahl an Teilnehmern. KE-2 sagt:

„Wir experimentieren gerade mit Online-Karrieremessen. Mein Eindruck unter der Pandemie ist, dass Formate, die im analogen Raum völlig tot waren – zumindest bei uns – so etwas wie Firmenpräsentation, das haben wir einfach überhaupt gar nicht mehr gemacht für die zwei Studis, die da nur auftauchten. Das ist natürlich jetzt im digitalen Raum völlig barrierefrei. Wenn da jetzt zwei nur kommen, ist das nicht mal schlimm. Da sitzt ja eh nur einer an dem Rechner, der kann ja auch eine halbe Stunde eine Firmenpräsentation halten und von irgendwo klicken sich Studis zu. Wir merken auch da, gerade in der Pandemie, einen Wandel. Also, da kommt, dreht sich was."

KE-3 bringt ein ähnliches Argument vor:

„Digitale Formate wären ja super mit Onlineboots. Die könnte man die ganze Woche betreiben, aber die Leute würden ja trotzdem weiterhin normal arbeiten und sie würden dann nur mit Studierenden interagieren, wenn die Studierenden sich melden. So könnte man eine ganze Woche super effizient bedienen. Und man könnte auf die Zeit und die Verfügbarkeiten der Studis eingehen und man würde nicht den ganzen Tag an einem Stand stehen und niemand kommt. Ich glaube, da gibt's schon spannende Elemente, die eine gewisse Flexibilität natürlich auch bei den Arbeitgebern hervorrufen."

Andererseits ist KE-2 wiederum davon überzeugt, dass insbesondere die physische Darstellung auf Messen in Zukunft wieder Bedeutung haben wird: *„Die Unternehmen, die haben die erste digitale Messe irgendwie tapfer mitgemacht. Aber die warten jetzt doch auf die analoge Messe."*

Aus Unternehmenssicht ist es mit Blick auf Events grundsätzlich wichtig, nah an der interessanten Zielgruppe zu sein. Diesen Aspekt hebt UN-3 hervor:

„Wir haben auf den großen Karriere-Messen, wie im Absolventen-Kongress, mitgemacht, wo wir dann irgendwann auch gesagt haben, das ist nicht so zielführend, weil wir zu weit weg von unserer Zielgruppe sind. Wir wollen näher an die Zielgruppe ran, deshalb haben wir uns auch für das Konzept der Meet-at-Messen entschieden. Das fanden wir sehr charmant, weil man dann einfach mit der Zielgruppe direkt vor Ort ist. Jetzt ist das ganze ja leider durch Corona in eine virtuelle Form übergegangen. Das hatten wir natürlich auch alles physisch geplant und haben jetzt auch erste Erfahrungen mit dem Thema virtuelle Karriere-Messen dieses und letztes Jahr gemacht. Es ist eine wertvolle Erfahrung, aber ich glaube, es kann den persönlichen Austausch, persönlichen Kontakt, das auf Augenhöhe mit Leuten in Kontakt kommen, nicht ersetzen. Von daher glaube ich, wir merken, wir können viele Dinge digital realisieren, wir müssen in Zukunft nicht immer alles in Präsenz machen. Ich glaube, man kann eine gute Mischung aus Beidem finden, aber gerade, was so eine Messe angeht, glaube ich, dass trotzdem da noch die physische Art Erfolg haben wird."

Um näher an die Zielgruppe zu rücken, stellen solche Campus-Events an Hochschulen eine Möglichkeit dar. Vor allem werden diese Veranstaltungen aufgrund der adäquaten Bewerberkandidaten im Kontext von Recruiting-Aktivitäten als wichtig erachtet, wie beispielsweise UN-11 äußert: *„Campusevents, weil das für uns Teil unserer Recruiting-Strategie ist. Wir arbeiten sehr gerne mit Studenten zusammen, wir haben sehr gute Erfahrung gemacht. Wir schätzen es sehr, wenn Studenten schon vorher bei uns arbeiten als Werkstudenten oder ihr Praktikum bei uns machen und dann später auch noch weiter bei uns arbeiten."* Darüber hinaus eröffnen Campus-Events die Möglichkeit, den angehenden Hochschulabsolventen die Unternehmenskultur des Arbeitgebers zu verdeutlichen. UN-12 beschreibt diese Situation so:

> „Da beobachtet man natürlich auch die anderen Stände: ‚Was machen die? Und da sind ja immer ganz viele professionelle Menschen, die dann mit drei Koffern ankommen und innerhalb von zwei Minuten ist da ein riesen Stand entstanden, wo vorher einfach nur ein Tisch stand. Und dann kommen wir mit unseren ausgeschnittenen Fotos, die wir da an so einer Pinnwand mit Nägeln dranpinnen. Und dann habe ich oft zu Studierenden gesagt, ‚guck dich doch mal um', nicht um die anderen böse zu machen. ‚Guck mal da drüben ist doch jemand von irgendeinem großen renommierten Unternehmen, die haben drei Männer, alle eine schwarze Hose, graues Jackett und weißes Hemd und alle eine rote Krawatte und jetzt guck' dir mal [Namensnennung von Kollegen] an: ‚Wo willst du denn arbeiten? Willst du auch mal in der schwarzen Hose und einem grauen Jackett und einer roten Krawatte da stehen und arbeiten oder willst du in dem Shirt kommen, worauf du heute Morgen Lust hast?'"

Der aktuellen Pandemie-Situation geschuldet findet gegenwärtig eine Vielzahl an Veranstaltungen für Studierende am Campus im virtuellen Raum statt. Allerdings weist UN-3 – ebenso wie KE-2 bereits im Kontext von Karrieremessen – darauf hin, dass Veranstaltungen grundsätzlich als erfolgreicher wahrgenommen werden, wenn sie in physischer Form stattfinden. Sie räumt ein, dass zukünftig auch eine Mischform „Online / Präsenz" darstellbar wäre:

> „Campus-Events: das gleiche Thema. Wir machen im Moment natürlich alles digital, um die jungen Leute bei unseren Zielhochschulen zu erreichen, die wir uns gewählt haben. Wir machen also sehr viele Unternehmenspräsentationen, Vorstellungen, Karriere-Beratungen virtuell. Wir haben aber natürlich auch Konzepte in der Tasche, wo wir an die Hochschule direkt rangehen, wo wir Gastvorträge planen, oder wo wir auch die jungen Leute zu uns einladen. Ich glaube, dass es in Zukunft online immer mehr eine Rolle spielen wird, wie heute ja auch schon. Trotzdem glaube ich, dass nicht alles so gut online abbildbar ist. Also man wird bei manchen Dingen immer noch abwägen, mache ich das lieber physisch, in Präsenz, mache ich das lieber online, aber ich glaube eine gute Mischung ist da einfach das Zielführendste für die Zukunft."

Präsenzveranstaltungen bieten den Arbeitgebern darüber hinaus die Möglichkeit, neuere Techniken der Informationsvermittlung einzusetzen, um den Bewerbern einen ersten Eindruck des Unternehmens zu vermitteln, etwa mit Hilfe von VR-Brillen wie es UN-11 darstellt: *„Wenn wir für irgendetwas VR-Brillen selber nutzen würden, dann würden wir die zum Beispiel auch mit zum Campusevent nehmen und die da hinstellen."*

5.2.3 Neuere Angebote der Informationsübermittlung

Die Möglichkeit des Einsatzes von AR- oder VR-Anwendungen oder ähnlichen Techniken finden die befragten Experten im Hinblick auf die Generation Y sinnvoll. KE-2 geht beispielsweise davon aus, dass dies das Interesse am Unternehmen als Arbeitgeber steigern kann: *„Und es hätte den Vorteil, dass man so durch den wirklichen Arbeitsplatz gehen kann. Da kann ich durch die Eingangshalle laufen und zu meinem Büro gehen. Insofern hat das dann auch tatsächliche Vorteile – die emotionale Bindung."* Auch KE-3 erkennt darin eine Möglichkeit, den Studierenden das Unternehmen näher zu bringen, verweist zugleich aber auch auf weniger aufwendige Möglichkeiten, die bei den Hochschulabsolventen zu einem ähnlichen Ergebnis führen dürften:

> „Virtuelle Betriebsbesichtigungen geschehen in der Regel noch – da läuft jemand mit dem Handy durch. Ja, ich denke, das ist sicher eine Bereicherung. Wenn es an einer Messe ist, kann es natürlich die Infrastruktur mitbringen. Ich glaube, das muss aber nicht unbedingt mal so eine VR-Brille sein. Sondern wahrscheinlich einfach das Bestreben des Unternehmens, sich den Kandidat:innen näher zu bringen. Ich glaube, das wird schon geschätzt. Vielleicht ist das einfach ein Film, der von der Praktikantin vom letzten Jahr produziert wurde. Das ist dann nicht eine Produktion von einer top PR-Agentur, sondern das ist jemand, der dieselbe Sprache spricht."

Unternehmensvertreter sehen den Einsatz neuerer Kommunikationsoptionen darüber hinaus als eine Chance, eine Botschaft an die Zielgruppe zu transportieren und sich beziehungsweise die vorhandene Unternehmenskultur darzustellen. Aufgrund der eingesetzten Anwendungen bietet sich beispielsweise die Chance, das Image von Unternehmen entsprechend „modern" darzustellen – so UN-22:

> „Ich kann viele Unternehmensbroschüren schreiben und Werte da reinsetzen; aber das Erleben, wie fühlt sich das Unternehmen an, wie fühlt sich das an, wenn ich in den Räumen bin, was haben die da für Möbel, sind die cool oder ist das altbacken, das ist für Bewerber ganz wichtig. Es kommt auch der Wunsch, dass die Leute sagen: ‚Jetzt zu Coronazeiten möchte ich zumindest mal die Räumlichkeiten sehen, gibt's da eine Möglichkeit?' Also hat man schon mal den Fall, dass die da mit ihrem Laptop in den Büros rumgegangen ist und zumindest mal die Räumlichkeiten gezeigt hat, weil das etwas ist, was die Leute sehen wollen."

Dabei kommt es auch in diesem Zusammenhang erneut darauf an, die Arbeitgebermarke authentisch zu transportieren und für die Rezipienten „erlebbar" zu machen wie UN-3 zu Protokoll gibt:

„AR/VR ist natürlich der Trend der Zukunft. Ob man den überall so mitgehen muss und ob wir das überall so brauchen, weiß ich nicht. Ich erzähle jetzt schon ein bisschen von unserem Markenbotschafter-Programm, das das Ziel hat, die Arbeitgeberattraktivität erlebbar zu machen. Wie macht man das? Indem man einfach eigene Mitarbeiter einsetzt und die als Unternehmensbotschafter nach Innen und nach Außen über [Nennung Unternehmensname] erzählen lässt und dadurch [Nennung Unternehmensname] natürlich attraktiver macht. Ich glaube, dass sowas viel authentischer wirkt und nachhaltiger ist, als so ein virtuelles Erlebnis, so eine Gamification. Ich weiß nicht, ob das immer alles so nachhaltig ist und unbedingt so gebraucht wird. Ich glaube, was wirklich sinnvoller ist – und das haben wir für uns einfach jetzt angegangen –, dass wir Markenbotschafter bei uns im Unternehmen gesucht haben, die Lust haben Geschichten aus ihrem Alltag zu erzählen, Geschichten über [Nennung Unternehmensname]; und das auf eine intrinsische Art und Weise. Wir belohnen die in keinster Weise mit irgendwelchen monetären Anreizen oder Sonstiges, sondern das machen die frei heraus und erzählen, was sie so in ihrem täglichen Job erleben. Und ich glaube, gerade diese Geschichten, dieses Storytelling, das ist viel wichtiger als so ein relativ kurzzeitiges Gamification-Erlebnis – weil Geschichten im Kopf bleiben. Geschichten erzähle ich auch mal meiner Peer-Group weiter. Die Markenbotschafter sind auch sehr viel in den sozialen Netzwerken unterwegs, also gerade auf LinkedIn, sind auf den persönlichen Netzwerken wie Instagram mit [Nennung Unternehmensname] unterwegs, auch auf Facebook natürlich oder auf YouTube."

Relevant ist dabei auf operativer Ebene zudem, dass die Anwendungen, wie zum Beispiel Virtual Reality, auch im Unternehmen angewendet werden. Dies wird von UN-11 vor dem Hintergrund der Glaubwürdigkeit des Arbeitgebers herausgestellt:

„Ich will noch etwas dazu ergänzen: Da sind wir wieder bei dem Thema ‚Wir wollen uns so darstellen, wie wir tatsächlich sind.' Wenn wir tatsächlich mit VR-Brillen arbeiten, dann können wir das gerne mit in die Stellenanzeige nehmen oder in einem Event mit reinnehmen. Aber nur um Aufmerksamkeit zu generieren, funktioniert das für uns nicht, weil dann habe ich die Leute angelockt, dann kommen die zu uns, suchen die VR-Brille und finden sie nicht."

Dies ist nachvollziehbar, da die Bewerber der Generation Y in der Regel eine konkrete Vorstellung von denjenigen Unternehmen besitzen, die sie als Arbeitgeber in Betracht ziehen.

5.3 Zentrale Werte bei der Arbeitgeberwahl

5.3.1 Unternehmen und Arbeitsbedingungen

Die Unternehmensvertreter sind sich bewusst, dass das angebotene Gehalt für Hochschulabsolventen der Generation Y kein ausschlaggebendes Kriterium ist, um sich für ein Stellenangebot zu entscheiden. Vielmehr ist das Zusammenspiel einer Vielzahl an Arbeitgeberfaktoren relevant, aufgrund derer ein Arbeitgeber attraktiv wird. Zum einen nennen die Unternehmensvertreter und Karriere-Experten Faktoren, die das Unternehmen in seiner Gesamtheit betreffen, zum anderen Aspekte, die sich auf das konkrete Arbeitsumfeld beziehungsweise die Arbeitsaufgabe beziehen. Dabei gehen die Experten grundsätzlich davon aus, dass die Hochschulabsolventen dem Unternehmensimage und den Unternehmenswerten, die sie dem potenziellen Arbeitgeber zuschreiben, eine hohe Bedeutung zusprechen, um als Arbeitgeber für die Hochschulabsolventen attraktiv zu sein, so beispielsweise UN-3:

> „Also gerade das Thema Unternehmensimage ist bedeutsam. Ich glaube schon, dass die Generation Y sich mit dem Unternehmen gut identifizieren kann, wenn es eine starke Arbeitgeberattraktivität, eine starke Arbeitgebermarke mitbringt. Auch das Thema Werte ist dieser Generation ein ganz wichtiges, also gerade wir achten sehr stark auf das Thema Umwelt und das Thema Nachhaltigkeit und die sind ja auch für die junge Generation ganz wichtig."

Auch die Karriere-Experten vertreten die Position, dass ein positives Image bei den Hochschulabsolventen ein Unternehmen unterstützt, adäquate Bewerbungen zu erhalten. KE-1 sagt: *„Klar, wenn es ein negatives Image gibt, dann wissen die Absolventen schon: ‚ist schlecht'. Von daher hilft ein positives Image schon"*. Dabei wird von KE-2 betont, dass das Image auch von den Unternehmen gelebt werden muss: *„Also, nicht hier so ein ‚wir tun nur'-Image. Wir kleben da eine schöne Marke drauf."*

Auch die konkreten Werte, denen sich ein Unternehmen verpflichtet sieht, werden als bedeutsam angesehen und als Entscheidungskriterium für die Hochschulabsolventen erachtet, ob ein Arbeitgeber attraktiv ist. Auch hier gilt, dass die Unternehmenswerte gelebt werden müssen und es zu erkennen sein muss, dass eine Philosophie dahintersteht. UN-21 gibt ein Beispiel:

> „Nachhaltigkeit hat auch durch ‚Fridays for Future' unglaublich viel Fahrt aufgenommen, aber: Wir haben das schon vorher gelebt. Wir haben jemanden extra dafür abgestellt, das ist kein neues Thema für uns. Daran sieht man auch, dass wir uns das

> nicht nur auf die Fahne geschrieben haben, weil es grad Trend ist, sondern weil wir es wirklich leben oder versuchen auch umzusetzen."

Die Bedeutung von Nachhaltigkeit und sozialer Unternehmensverantwortung bestätigt KE-3: *„Wir hören das auch und wir hören schon, dass die Corporated Social Responsibility teilweise schon höher gewichtet wird, als früher."*

Neben dem Unternehmensimage und den Werten, die im Unternehmen gelebt werden, wird auch die vorhandene Arbeitsatmosphäre für die Generation Y von den befragten Experten als wichtig eingestuft. UN-11 sagt in diesem Kontext:

> „Es gibt auch immer mehr Menschen, die bewusst einen Job kündigen, weil sie sich nicht mehr wohlfühlen, nicht mehr zufrieden sind, ohne direkt schon den Anschlussjob zu haben, sondern sich auch da Zeit nehmen hinzugucken: ‚was möchte ich arbeiten, wo möchte ich arbeiten, wie möchte ich arbeiten?' Deshalb werden auch die Themen wie ‚Kollegen', ‚angenehme Arbeitsatmosphäre' und ‚Spaß an der Arbeit' mehr und stärker bewertet."

UN-12 weist darauf hin, dass in „seinem" Unternehmen vor diesem Hintergrund versucht wird, keine Hierarchieebenen darzustellen und jede Stimme gleich berücksichtigt wird:

> „Wir versuchen den jungen Berufseinsteigern direkt von Anfang an zu vermitteln, dass ich jetzt als Mittvierzigjähriger die gleiche Stimme wie ein Berufseinsteiger habe, wie ein Werkstudent auch, wenn's um Entscheidungen geht. Wir warnen natürlich auch immer an der Stelle oder erzählen auch immer, dass jemand, der mehr Berufserfahrung hat, andere Argumente für die Entscheidung hat, die berücksichtigt werden sollen. Aber vom Stimmrecht her ist das gleichwertig. Und deswegen gibt's bei uns keine Generationen. Es darf aber jemand, der erst zwanzig ist oder Anfang zwanzig, eine Entscheidung auch dann treffen, wenn der Vierzigjährige eigentlich dagegen ist, wenn das sinnvoll ist."

Diese Unternehmenskultur vermittelt UN-1 bereits im Rahmen des regelmäßig stattfindenden „Tages der Offenen Tür", an dem sich potenzielle Mitarbeiter einen Eindruck des Unternehmens und dem Miteinander der Kollegen verschaffen können – UN-12: *„In der Kommunikation bei uns ist das wichtig, wir erwähnen das immer wieder: Gerade heute, dritter Freitag im Monat, wir haben den Tag der offenen Tür, der bei uns ‚Open Office' heißt. Da reden wir sehr viel über diese Dinge."* Spaß an der Arbeit beziehungsweise eine angenehme Arbeitsatmosphäre lässt sich auch über Imagefilme, in den reale Mitarbeiter eingesetzt werden, vermitteln. UN-21 äußert:

„Wir haben einen ganz tollen Imagefilm, zum Beispiel für Azubis. Ich habe mich heute noch mit jemandem unterhalten, der das mitbearbeitet hat und der hat gesagt, wir haben überhaupt nichts vorgegeben. Da kam unter anderem genau das rüber, dass er sagte, er habe so tolle Kollegen und es würde ihm so viel Spaß machen, zur Arbeit zu gehen und er wäre von Anfang an hier gut aufgehoben und abgeholt worden. Und das war so schön zu sehen. Und es war nicht einstudiert, er ist ja kein Schauspieler."

Im Vergleich zur Arbeitsatmosphäre, die von den Experten als wichtig für die Generation Y eingeschätzt wird, wird das Thema Arbeitsplatzsicherheit gegenwärtig ambivalent gesehen – so zum Beispiel UN-12:

„Da bin ich ein bisschen zwiegespalten. Ich würde jetzt sagen, für mich persönlich ist das wichtig, aber ich beobachte, dass die Generation eher in die Richtung geht, dass man nicht wie die Generationen davor, einmal einen Beruf lernt und den dann vierzig oder fünfzig Jahre ausübt, sondern man variiert: Nach dem Studium macht man den Job, den man gelernt hat, dann wird man vielleicht ein Influencer oder war es auch schon, dann geht man mal in eine andere Branche oder man reist ein bisschen. Also, dieses Thema ‚Arbeitsplatzsicherheit' vermute ich jetzt, dass das bei der Generation nicht mehr so wichtig ist, weil niemand mehr sicher sein kann, was ich in fünf Jahren vielleicht machen möchte oder wissen kann, wie der Markt, wie die Arbeitswelt aussieht."

Ähnlich schätzt UN-3 die Bedeutung von Arbeitsplatzsicherheit bei Generation Y ein: *„Das Thema Arbeitsplatzsicherheit ist vielleicht für die Generation, die doch recht ‚wechselwütig' ist, nicht so relevant. Ich glaube, es zeichnet sie auch aus, dass sie sich die Möglichkeiten offenhält. Umso wichtiger ist es, dass man sich als Unternehmen bei dieser Generation verankert und dass sie auch bleiben wollen und loyal bleiben."* Aber auch in Bezug auf Arbeitssicherheit äußern die befragten Experten, dass die Pandemie gegebenenfalls zu einer Veränderung im Bewusstsein der Hochschulabsolventen führen könnte. Dies schildert UN-21:

„Man spricht ja schon, glaube ich, von so einer Corona-Generation. Früher war es so: ‚ihr seid was ganz Besonderes, ihr seid der Markt und um euch wird gekämpft', ‚jeder will euch', ‚ihr könnt eigentlich machen, was ihr wollt', ‚ihr seid jung' oder ‚die demografische Entwicklung frisst die Firmen auf'. Und jetzt auf einmal herrscht eine Unsicherheit vor, auch in dieser Generation. Ich glaube, dass die vorher vielleicht mutiger gewesen wären, aber mittlerweile auch einen Sicherheitsfaktor, Stabilität und so weiter mehr suchen, als sie es vor Corona getan hätten. Ich glaube, ein bisschen Zuversicht ist dadurch auch bei denen geschwunden."

5.3.2 Arbeitsaufgabe und Rahmenbedingungen

Gesellschaftliche und persönliche Sinnhaftigkeit

Arbeit beziehungsweise die zu erledigende Arbeitsaufgabe muss für die Generation Y sinnvoll sein – hier sind sich die Experten alle einig. Zwar werden die skizzierten Aspekte von Arbeitsatmosphäre oder Spaß an der Arbeit als bedeutsam betrachtet, sollten aber nach Expertenansicht von Sinnhaftigkeit geleitet werden – so UN-3:

> „Von daher glaube ich, dass Punkte wie angenehme Arbeitsatmosphäre, Team und Zusammenarbeit ganz wichtig für sie sind. Spaß an der Arbeit, das heißt man macht Arbeit nicht nur, um zu arbeiten und seine Stunden abzusitzen, sondern man möchte auch mit Spaß dabei sein und man möchte auch Dinge vorantreiben. Ich glaube, das treibt die Zielgruppe an, dass man ja auch aktiv mitgestalten möchte, dass man aktiv was bewegen möchte. Dieses ganze Thema Sinnhaftigkeit, wenn man eine Tätigkeit ausführt, ist auch ein ganz wichtiges".

UN-11 bestärkt dies: *„Dinge wie ‚Unternehmenswerte' und auch ‚gesellschaftliche Sinnhaftigkeit eines Unternehmens', da achten schon die Leute inzwischen auch schärfer darauf, ‚bei wem arbeite ich denn und kann ich mich mit dem Unternehmen identifizieren?'"* Auch die Karriere-Experten bestätigen die Bedeutung, KE-3 äußert: *„Gesellschaftliche Sinnhaftigkeit. Ich denke, dass wird ziemlich weit oben stehen."* KE-1 setzt das Thema der Sinnhaftigkeit in Verbindung mit Authentizität. Erneut wird betont, dass die Stellenanzeige und das reale Angebot übereinstimmen müssen:

> „Ich glaube schon, dass das Thema ‚Sinnhaftigkeit' eine Rolle spielt. Aber ich glaube nicht, dass das so in einem netten kleinen Video oder egal wie technisch aufbereitet oder mit den schönsten Bildern überhaupt darzustellen ist. Es muss auch echt sein. Also, wenn ich von Sinnhaftigkeit rede, kann ich nicht heile Welt versprechen, sondern die muss der Mensch dann auch dort wiederfinden. Also, wenn ich eine Firma bin und ich will mit Sinnhaftigkeit werben, muss diese Sinnhaftigkeit nachher auch gegeben sein. Es entlarvt sich dann sehr schnell, wenn es grad nicht Hand und Fuß hat. In zwei bis drei Jahren ist es dann vorbei mit der schönen Fassade. Es muss schon stimmig sei. Es hat keinen Sinn nur die Stellenanzeige zu verbessern, sondern es muss dann wirklich auch gelebt werden."

Neben der Sinnhaftigkeit gehen die Experten auch davon aus, dass die Generation Y – wenn auch nicht alleinig ausschlaggebend, sich für einen Arbeitgeber zu entscheiden – eine adäquate Bezahlung erwartet. UN-3 formuliert: *„Faire Bezahlung, ich glaube, dass die schon gut bezahlt werden wollen für das, was sie leisten. Aber ich glaube nicht, dass es das vorrangige Motto oder Kriterium bei der Zielgruppe* *ist.*" Sie ergänzt, dass hier in der Stellenanzeige bereits darauf hingewiesen wird, dass der Bewerber die Gehaltsvorstellung angeben sollte:

> „Also ich glaube, dass bei uns in jeder Stellenanzeige der Satz drunter steht: ‚Bitte bewerben Sie sich bei uns unter Angabe Ihrer Gehaltsvorstellung und Ihres Verfügbarkeitsrahmens bei uns'. Von daher ist es eigentlich schon enthalten, es wird aber immer erst im persönlichen Gespräch thematisiert werden. Ich glaube schon, dass es ein wichtiger Punkt ist, man will ja auch ein bisschen eine Einordnung haben, ob das in dem Rahmen passt, den man sich vorgestellt hat. Von daher glaube ich schon, dass es eine wichtige Angabe ist, aber das wird dann immer erst konkreter, wenn man mit der Person im Gespräch ist."

Einigkeit herrscht unter den befragten Experten, dass attraktive Zusatzangebote das Gehalt ergänzen können und von der Generation Y positiv wahrgenommen werden. UN-12 beschreibt die Situation in UN-1:

> „Wir reden so offen, dass ich auch mein Jahresgehalt sage und die sind dann erstmal geschockt, ‚uh, wirklich? Sagt der jetzt seine Eurozahl?' Und dann sage ich in dem Zusammenhang immer, ‚aber ihr müsst aufpassen' – da ist noch nicht das Jobticket mit drin. Und da sind diese ganzen Zusatzsachen nicht mit drin. Und da argumentieren wir immer so, dass es Zeitersparnis ist: Ich muss nicht in den Rewe runtergehen und mir zehn Minuten Pause eintragen, um mir drei Äpfel zu kaufen. Ich gehe einfach in die Teeküche, greife einen Apfel und dann ist die Sache erledigt. Und das ist halt Zeit, das ist ein Punkt, wo die Leute merken, wo sie Zeit sparen können, also mehr ins Fitnessstudio gehen können oder mit dem Hund Gassi oder so etwas."

Das Angebot der Zeitersparnis wird von UN-21 ergänzt durch das Angebot von Mobilität und Fitness:

> „Ich glaube, dass ist für die wichtig, vor allen Dingen das Jobticket. Und wir bieten sogar E-Bikes. Die kriegen ein Jobfahrrad, das können die sich hier vergünstigt anschaffen. Wir haben aber auch direkt vor der Tür Ladestationen, wo man sich kurzfristig ein Bike nehmen kann. Also wir sind da schon sehr agil und modern unterwegs. Ein Fitnessstudio haben wir auch noch auf dem Gelände, das ist auch sehr interessant und viele fragen auch nach Sportgruppen. Also gerade für junge Leute, bei denen der neue Job ja häufig mit einem räumlichen Wechsel verbunden ist, für die ist das dann natürlich eine weitere Möglichkeit, über diese Betriebssportgruppen noch mehr Kontakte zu knüpfen."

Dabei achten die befragten Experten im Kontext von Zusatzangeboten darauf, welche für die Mitarbeiter situationsbedingt von Bedeutung sein können. UN-12 sagt hierzu:

„Ein Need ist noch dieser Punkt: Wir brauchen Bewegung. Deswegen haben wir noch zusätzlich eine Physiotherapeutin engagiert, die mit uns dann hier Gymnastik vor dem PC macht. Das kann jeder annehmen und wir reagieren dann auch in solchen Situationen, wie der besonderen im Moment, dass wir dann sagen, wir können jetzt nicht zusammen joggen gehen irgendwo, aber wir können – einmal die Woche – das anbieten, wo man zu Hause sich einfach mal ein bisschen bewegt und Übungen mit einer professionellen Physiotherapeutin macht."

UN-11 ergänzt:

„Die Sachen sind schon wichtig und attraktiv und wir werben auch sehr stark damit. Aber mit einem Apfel alleine ist es nicht mehr getan, weil den inzwischen alle anbieten. Sehr viele haben erkannt, dass sie noch ein bisschen mehr als nur den Arbeitsplatz anbieten müssen. Und tatsächlich sind wir auch sehr stark daran interessiert, aber auch jetzt gar nicht an Recruiting- oder Employer-Branding-Sicht, sondern auch für unsere Mitarbeiter das Angebot, das wir haben, ständig zu erweitern oder auch zu hinterfragen. Das Yoga, das macht eine Kollegin von uns, die eine Yogalehrer-Ausbildung hat, und das ist für mich ein unglaublich großer Benefit, weil ich nicht in irgendein Studio gehen muss, weil ich nicht irgendwo hinfahren muss, überhaupt keine Reisezeit habe, sondern meine Sportsachen mit ins Büro bringe, mich umziehe, in einen Meetingraum gehe und Yoga mache und mich direkt danach wieder an meinen Schreibtisch setze. Bei solchen Sachen versuchen wir möglichst zu gucken, wo denn der Need von unseren Kollegen ist, was können wir noch bieten, um denen das Leben noch mehr zu erleichtern."

KE-1 betont in diesem Zusammenhang jedoch noch einmal die Bedeutung unternehmensinhärenter Werte: *„Irgendwann hat so etwas wie Obst keinen Reiz mehr – ich weiß, ich kann mir auch für einen Euro einen Apfel kaufen. Aber Sinnhaftigkeit, das kann ich mir nicht selber kaufen, wenn es nicht gegeben ist."*

Ein weiterer Anreiz, dass sich die Generation Y für einen Arbeitgeber entscheidet, sehen die Experten in Weiterbildungsangeboten. KE-2 formuliert es auf den Punkt: *„Weiterbildung möchte ‚Y'."* UN-11 ergänzt: *„Weiterbildungsmöglichkeiten sind immer gefragt und danach werden wir auch oft gefragt."* Gleichwohl wird Weiterbildung und – oftmals damit einhergehende – Karrieremöglichkeiten nicht als zentral für die Arbeitgeberattraktivität betrachtet. Hier sagt UN-11: *„Karrieremöglichkeiten rücken im Vergleich zu anderen Sachen eher in den Hintergrund. Die denken nicht immer nur, ‚uh, wenn das in meinem Lebenslauf steht, dann bringt mich das in meinem Karrierefaden weiter'."* UN-11 ergänzt: *„Work-Life-Balance, würde ich auch sehr weit oben sehen."* Entsprechend gilt nach Meinung von UN-12:

„Ich vermute mal oder unsere Meinung ist, dass wir bei den frischen Arbeitnehmerinnen und Arbeitnehmern mehr bieten müssen als Gehalt. Und das sehe ich als Herausforderung an uns, dass wir sagen, wir bieten euch noch ganz viel mehr neben dem finanziellen Teil, nämlich Flexibilitäten und Freiheiten. Das sind die Punkte, die wir in den letzten Jahren bei uns aufgenommen haben und das spiegelt auch das Feedback der Bewerberinnen und Bewerber und auch der Angestellten bei uns wider. Dass man Familie und Beruf – typisches Wort hier: ‚Work-Life-Balance' – mehr vereinen kann. Und das sehen wir auch in der aktuellen Situation mit Homeoffice und Homeschooling. Das aber aufrecht zu erhalten und da mit der Zeit zu gehen und auch aktuelle Themen immer wieder mit aufzunehmen, wie jetzt die Pandemie auch gezeigt hat, das sehe ich als ganz große Herausforderung. Leute zu gewinnen und sie davon zu überzeugen, dass [Nennung Unternehmensname] der richtige Arbeitgeber ist."

UN-3 formuliert in diesem Zusammenhang die Situation zum Thema „New Work" wie folgt:

„Oder auch das ganze Thema flexibler Arbeitsplatz, Gestaltung flexibler Arbeitsmodelle, das ganze Thema Work-Life-Balance. Also ich glaube, das sind alles Schlagwörter, ‚New Work', da kommen wir nicht mehr drum herum und da sind wir auch mitten drin. Und Corona hat uns auch gezeigt, weil es von heute auf morgen nicht anders möglich war, dass der Wechsel ins Homeoffice durchaus auch Vorteile mit sich bringen kann, dass es funktioniert, und dass auch Mitarbeitende ihren Vorgesetzen Vertrauen schenken können und auch wirklich gearbeitet wird und dass das genauso möglich ist, als wenn ich die ganze Zeit vor Ort bin. Von daher haben wir uns auch bei [Nennung Unternehmensname] geöffnet und gewandelt und es hat ein Change-Prozess bei uns stattgefunden. Ich glaube auch, dass der noch nach Corona Bestand haben wird. Wir haben ein so genanntes [Nennung Modell-Name], das wir mit der Führungskraft, mit dem Team zusammen entscheiden: habe ich vielleicht ein, zwei Team-Tage, an denen ich mein Team sehe, die werden fest definiert und bin ich vielleicht zwei Tage vor Ort und den Rest arbeite ich von zu Hause."

In diesem Zusammenhang stellt sich auch das Thema Flexibilität als zentral dar wie UN-12 sagt:

„Flexibilität ist ganz wichtig. Die Generation ‚Y', die ich so kenne, die Kolleginnen und Kollegen, die haben auch ein Leben neben der Arbeit, das geprägt ist von ganz vielen Sachen: Wir haben ganz viele Kolleginnen und Kollegen, die vor und auch während der Arbeitszeit, in der Mittagspause oder unmittelbar nach der Arbeit zum Beispiel ins Fitnessstudio gehen. Dieser Fitnesstrend, der in den letzten zehn, fünfzehn, zwanzig Jahren dann immer größer wurde, das ist ganz wichtig. Die Leute wollen Sport oder andere Aktivitäten mit in den Alltag integrieren und das geht nur, wenn die Arbeitszeiten relativ flexibel sind. Also, ‚Flexibilität' bedeutet auch ‚wie lege ich meine Arbeitszeiten?'. Wenn dann eine Familie – in dem Bereich gibt's ja nun auch junge Familien, die Kinder sind dann irgendwo zwischen frisch geboren und zehn, in manchen Fällen vielleicht fünfzehn Jahre alt. Und die muss man dann in die Kita bringen oder zu irgendwelchen Vereinen oder Unterricht und so weiter. Also in dem Begriff Flexibilität steckt ganz viel drin. Meiner Meinung nach ist das Prio eins."

Dies gilt nach Meinung von UN-21 entsprechend für flexible Arbeitszeiten: „*Also im Moment spricht man sehr viel über Flexibilität und Homeoffice. Aber wir haben, und das muss man auch sagen, eine 38-Stunden-Woche und wir haben Gleitzeit-Themen, also wir haben Konten, wo man, wenn man mal eine Stunde länger bleibt, die gutgeschrieben bekommt. Alles, was Mitarbeiter hier an Mehrarbeit über die 38 Stunden haben, geht nicht verloren.*" UN-22 betrachtet die Situation noch einmal differenzierter:

> „Also grundsätzlich wissen wir um die Herausforderung und um die Wünsche. Nichtsdestotrotz ist meine Erfahrung, dass wir es einfach mit Individuen zu tun haben. Der eine ist immer noch geldmotiviert, und der andere ist eher an der Work-Live-Balance motiviert. Da darf man jetzt nicht mit der Schablone draufgehen. Mein Weg ist eigentlich wirklich im Bewerbungsgespräch zu schauen, was motiviert denjenigen und das dann individuell rauszustellen. Ich finde diese Generation genauso individuell wie die Generation davor. Ich habe ein Problem mit diesen allgemeinen Schablonen, die da drübergelegt werden. Und diesen Schwerpunkt auf Work-Life-Balance, das sehe ich eigentlich bei allen. Also generationsunabhängig, dass das stärker in den Vordergrund gerückt wird und die Leute da selbstbewusster werden oder auch achtsamer mit sich selber werden."

Ergänzt wird dies von UN-11 wie folgt:

> „Das steckt bei uns in den unterschiedlichen Rollen eigentlich nicht fest, sondern das sind eher unterschiedliche Typen von Menschen. Und wir haben in allen Bereichen Leute, die ein stärkeren Fokus auf die Arbeitszeit oder die Flexibilität legen, und sagen: ‚Ich habe ganz bewusst meine Arbeitszeit reduziert, weil ich noch andere Sachen machen möchte'. Und andere, die vielleicht auch gerade in der Lebensphase so begeistert von dem sind, was sie machen, dass sie ganz viele Überstunden machen. Mir fallen hier spontan Beispiele in beiden Richtungen in allen Bereichen ein."

UN-3 fasst zusammen, was potenzielle Arbeitnehmer der Generation Y erwarten:

> „Natürlich ist es schön ein paar Benefits zu haben, was auch erwartet wird, aber ich glaube nicht, dass das an erster Stelle steht. Sondern eher die Themen Team, ich kann meine Arbeit Freizeit gut miteinander kombinieren, ich bin in einem Team aufgehoben, wo ich mich kollegial behandelt fühle, ich kann flexibel arbeiten und ich krieg aber auch – und ich glaube, das ist auch ein ganz wichtiges für die Generation – ich krieg aber auch ein regelmäßiges Feedback. Also ich bin in einer Führungskultur, wo man sich auch regelmäßig austauscht, wo man auch eine Rückspielung, eine Rückkopplung kriegt über das, was man beigetragen, was man erreicht hat und wo man sich dann auch weiterentwickeln kann, indem man sich auch selber eingebracht hat. Und da versuchen wir bei [Nennung Unternehmensname] zum einen gerade sehr stark über das

Thema Kultur zu arbeiten: Wir haben seit Corona ein so genanntes [Nennung Konzept-Name] für uns etabliert. Wie zeigt sich die? Indem regelmäßig transparent mit uns kommuniziert wird, auch seitens der obersten Managementebene. Alle zwei bis drei Monate haben wir regelmäßig stattfindende [Nennung Meetingname], also natürlich normalerweise physisch, jetzt in digital mit 1000 Leuten, der ganzen Region Europa-Nord, wo die oberste Unternehmungsführung erstmal erzählt, wie ist die Lage, wie sind die Zahlen, aber dann auch noch sehr viel Zeit und Raum lässt, offene Fragen zu stellen. Vier Mal im Jahr hat jeder Mitarbeitende einer Führungskraft ein Feedbackgespräch. In einem davon ist der sogenannte Development Partner mit dabei. Da geht das ganz konkret um die Themen Entwicklungsmöglichkeiten, Weiterbildungsmöglichkeiten, also dass man seinen persönlichen Weg bei [Nennung Unternehmensname] nach vorne bringen kann – und das ist für mich auch ein Cultural Change. Das war nicht immer so und ich glaube, dass es gerade diese Punkte sind, die der Generation Y ganz wichtig sind."

UN-21 ergänzt im Hinblick auf das Thema Work-Life-Balance, dass diese und Karriere in Unternehmen in Einklang zu bringen sind: *„Also wir haben ausgeprägte Möglichkeiten zum Thema Work-Life-Balance, aufgrund der 38-Stunden-Woche und auch dadurch, dass die Zeit registriert wird und man Überstunden abgleiten kann. Das ist für viele Bewerber auch ein Argument sich dafür zu entscheiden, und auch sogar auf Gehalt zu verzichten. Und das beißt sich nicht mit der Karriere, nein."* KE-3 formuliert abschließend, dass einige Aspekte als eine Art Pflicht von Unternehmen angenommen werden können, sie den Bewerbern zu bieten: *„Ich glaube, dass einige Dinge, Weiterbildungsmöglichkeiten, Flexibilität, wahrscheinlich auch Work-Life-Balance dann eher Pflichtkriterien sind. Wenn die nicht erfüllt sind, wird man das Arbeiten, wird man das Unternehmen, wird man wahrscheinlich die Stelle gar nicht so richtig interessant finden. Für mich sind das die Hygienefaktoren."*

5.4 Bewerberkommunikation – gegenwärtige Ansätze

5.4.1 Stellenanzeige

5.4.1.1 Inhalt

Unternehmen und Werte

Generell erachten die Experten die Informationen über die Aufgaben und Tätigkeiten als zentral in einer Stellenausschreibung, die ihrerseits flankiert werden sollten von Beschreibungen des Teams bis hin zu formalen Aspekten wie Kontaktdaten. Eine erste Information sollten die potenziellen Bewerber jedoch über das Unternehmen erhalten, wie UN-3 formuliert: *„Ich glaube, unerlässlich ist,* *dass man, das gibt– glaube ich – Stepstone auch vor, gerade im ersten Absatz ein paar grundlegende Informationen zum Unternehmen formuliert. Also ein bisschen Hintergrundinformation, gerade am Anfang, finde ich schon immer wichtig, gerade in einer Stellenanzeige.“* Oftmals können grundlegende Informationen über das Unternehmen und die Unternehmenskultur jedoch aufgrund von Kapazitätsbeschränkungen nur angedeutet werden. UN-11 beschreibt in diesem Kontext die Möglichkeit einer Verlinkung zur Karrierewebseite:

„Beschreibung der Unternehmenskultur machen wir meistens so ein bisschen, um so zu erklären, wie das Team tickt und arbeitet. Aber eine ausführliche Beschreibung haben wir auf sehr vielen Unterseiten in unserem Bewerber:innenportal. ‚Grundlegende Information über das Unternehmen‘ – haben wir nicht direkt in der Stellenanzeige drinstehen, sondern als Verlinkung auf der Unterseite beziehungsweise wir haben ein umfangreiches Karriereportal, Bewerber:innenportal, wo wir sehr viel über uns erzählen. Und neben den Informationen sind sogar Stellenanzeigen verlinkt, aber nicht direkt drin.“

Gleichwohl wird aufgrund der Bedeutsamkeit versucht, Bewerbern bereits in der Stellenanzeige einen ersten Eindruck von der herrschenden Unternehmenskultur zu vermitteln. UN-12 sagt:

„Wir haben echte Mitarbeiter in unseren Stellenanzeigen drin. Auf dem ganzen Portal sind auf allen Bildern wirklich Menschen, die da auch arbeiten, es sind unsere Büroräume, da steht zum Beispiel auch mal eine leere Colaflasche im Hintergrund. Aber so sieht es bei uns halt aus. Wenn man das nicht mag, dann mag man vielleicht auch nicht bei uns arbeiten. Das ist uns sehr wichtig. Und auch gerade das Team kennenlernen im Bewerbungsprozess ist für uns sehr wichtig, denn mit dem soll man ja dann zusammenarbeiten. Es bringt ja nichts, wenn ein Personaler jemanden gut findet und einstellt und derjenige dann merkt ‚uh, das Team, das ist aber nicht irgendwie meins‘.“

UN-3 fügt hinzu, dass sich die Unternehmenskultur beispielsweise auch in Hinweisen zu Arbeitszeitmodellen in Stellenausschreibungen ausdrücken kann:

„Ich glaube, diese ganzen Themen flexiblerer Arbeitszeit-Modelle, New Work, Work-Life-Balance sind heute nicht mehr wegzudenken und solche Themen, die einfach auch für die Kultur, für das Arbeiten stehen. Die sollte man auch in so einer Stellenanzeige wiederfinden, weil sie einfach die junge Generation anspricht und weil es auch wichtig ist, denen von Anfang an diese Möglichkeiten zu eröffnen, weil das heute einfach erwartet wird.“

Unabhängig von der Platzierung der Informationen zu den vorhandenen Unternehmenswerten betonen auch KE-1 (*„Diese Unternehmenskultur ist schon auch* *wichtig. Es ist halt die Frage, wie es kommuniziert wird.")* sowie KE-2 die Wichtigkeit entsprechender Darstellungen für die Generation Y: *„Die ‚Y' ist ja eine Generation, die sagt, ‚ich will Spaß bei der Arbeit'. Also ist die ‚Beschreibung der Unternehmenskultur' absolut essentiell."*

Stellenbeschreibung und Anforderungsprofil

Ebenso Konsens herrscht bei den Studienteilnehmern aus Unternehmen und Career Centern von Hochschulen, dass die Beschreibung der angebotenen Stelle beziehungsweise das Aufgabenprofil einen adäquaten Raum in der Anzeige beanspruchen muss, um die Generation Y unmittelbar mit Hinweisen zum Aufgabenbereich anzusprechen und ihr die Möglichkeit zu geben, sich gegebenenfalls näher für das Angebot beziehungsweise für das Unternehmen als Arbeitgeber zu interessieren, wie UN-3 sagt: *„Was immer wichtiger wird, was wir brauchen, um vielleicht nochmal vorweg zu nehmen, ist wen wir natürlich suchen. Also das Anforderungsprofil und so ein bisschen was zur Stelle, also zu den Aufgaben. Das können wir nicht auslassen. Auch nicht in zukünftigen Stellen, denn ich muss ja ein bisschen beschreiben, was die Leute erwartet und wen wir suchen."* Dabei spricht UN-11 von der Erfahrung, dass eine detaillierte Stellenbeschreibung von Bewerbern der Generation Y positiv angenommen wird:

> „Vielleicht ganz kurz vorab: Wir haben vor ein paar Jahren unsere Stellenanzeigen grundlegend umgestellt und haben den Fokus auf die Stellenbeschreibung gelegt. Und wir versuchen, wenn wir neue Stellenbeschreibungen machen auch mal die Teams, die tatsächlichen Aufgaben, die jemand bei uns übernehmen soll, so gut wie möglich zu beschreiben, dass man wirklich ein Bild vor Augen bekommt ‚ah, daran arbeiten die, das wird meine Aufgabe sein, das soll ich machen, das klingt spannend, das traue ich mir auch zu, da bewerbe ich mich vielleicht'. Wir bewegen uns weg von dem klassischen ‚hey, wir als Unternehmen und das sind deine Anforderungen, das musst du mindestens alles haben, plus drei Jahre Berufserfahrung'. Das haben wir quasi alles gedreht."

UN-12 ergänzt in diesem Zusammenhang:

> „Manchmal beschreibt auch eine konkrete Person die Aufgaben: ‚Hallo, ich bin der [Nennung Kollegenname], und ich mache das und das.' Das steht dann wirklich so auf der Seite, sodass die Leute sich dann damit identifizieren können. In den Bewerbungsgesprächen sehen sie dann, dass es den Kollegen tatsächlich gibt. Und das mache ich wirklich gerne, dass die Leute dann auch dieses Ehrliche, Authentische wahrnehmen. Dass die Leute sehen ‚ah, so sieht dann mein Tag aus'. Und nach ein paar Monaten hört man dann auch raus, dass das wirklich nicht irgendein ‚Marketing-Blabla' war, sondern, dass das authentisch geschrieben wurde."

Mittels eines solchen Ansatzes lässt sich bereits erkennen, dass das Team beziehungsweise die Mitarbeiter im Unternehmen einen hohen Stellenwert besitzen.

Konkrete Aufgaben und Informationen über das Team

Die Unternehmensvertreter gehen davon aus, dass Informationen zum Team für die Hochschulabsolventen von Bedeutung sind. UN-21 sagt: *„Informationen zum Team ist der Generation Y, glaube ich, wichtig. Also du hast einen Mentor, du hast jemanden, der dich begleitet, du musst hier nicht gleich ins Haifischbecken springen und gucken, dass du mit den großen Haien mithalten kannst.“* Dies bestätigt etwa KE-3: *„Doch, die sagen immer ‚ich hätte gern ein gutes Team‘.“* Entsprechend sagt beispielsweise auch UN-11, wobei das Unternehmen auch konkrete Informationen über das Team bereitstellt:

> „Informationen zum Team geben wir immer. Also, wir beschreiben kurz das Team, woran das Team arbeitet und oft auch, wie das Team zusammengesetzt ist. Manchmal machen wir auch ein Foto vom Team mit rein. Wir stellen auch teilweise Teams auf Unterseiten nochmal detaillierter vor, tatsächlich auch einzelne Rollen, weil wir das mehr ausbauen möchten. Für ein paar haben wir das schon realisiert, aber noch nicht für alle.“

Entwicklungsmöglichkeiten und Perspektiven

Darüber hinaus wird die Angabe von Entwicklungsmöglichkeiten innerhalb von Unternehmen als wichtig im Rahmen einer Stellenanzeige erachtet, um die Generation Y anzusprechen – so zum Beispiel UN-3: *„Wie kann ich mich bei [Nennung des Unternehmensnamens] weiterentwickeln? Was für Perspektiven, was für Karrierewege hätte ich denn? Ich glaube, das sind so für mich die Punkte, die da ein bisschen herausstechen, gerade wenn ich an die Generation Y denke, die dies auch ansprechen wird.“* Auch aus Sicht der Karriere-Experten ist dies von Bedeutung im Hinblick darauf, bei der Generation Y Interesse für ein Stellenangebot zu erreichen. So KE-1: *„Entwicklungsmöglichkeiten und Perspektiven ist, glaube ich, wichtig.“* KE-3 verbindet die Bedeutung von Entwicklungsmöglichkeiten im Unternehmen mit der Aufgabe beziehungsweise dem Anforderungsprofil, das mit dem Stellenangebot verbunden ist: *„Und dann bin ich nicht sicher, wie wichtig die Entwicklungsmöglichkeiten und Perspektiven sind. Das kommt glaube ich, ein bisschen auf die Aufgabe und das Anforderungsprofil an, oder?“*

Gehaltsangaben und Mitarbeitervorteile
In Bezug auf Angaben zum Gehalt äußert UN-11, dass ihr Unternehmen noch keine klare Entscheidung getroffen hat, wie sich das Thema in einer Stellenanzeige darstellen könnte: *„Gehaltsangaben machen wir nicht. Wir diskutieren immer wieder darüber, ob wir es machen sollten, haben aber noch keinen so richtig passenden Weg für uns gefunden."* Wenn jedoch Aussagen zum Gehalt geplant sind, empfiehlt UN-22, konkrete Angaben zu machen: *„Meine Wahrnehmung ist, dass den jungen Menschen wichtig ist: ‚Komm zur Sache. Fakten'. Die wollen nicht hören ‚attraktive Gehaltsmodelle', sondern die wollen wissen, was sie verdienen. Am besten steht da drin, wie jetzt bei den Trainees, da sagen wir auch ganz klar, was ein Bachelor verdient und was ein Master verdient. Nicht dieses blumige Herumreden, sondern Faktensprache."*

UN-11 bietet – wenn auch in Bezug auf Gehaltsangaben unschlüssig – in Stellenanzeigen bereits Informationen zu Mitarbeitervorteilen an, um die Generation Y zu interessieren:

> „Mitarbeitervorteile haben wir auch drin. Die sind kurz angeteasert und haben dann auch Unterseiten, wo die ausführlicher beschrieben werden. Früher hatten wir so Stellenanzeigen, da wurden dann 30 Mitarbeitervorteile verlinkt. Wenn man die gesehen hat, das hat erstmal alle Leute erschlagen. Wir haben es jetzt reduziert auf die sechs Wichtigsten und dann kann man nochmal eine Seite aufrufen, wo dann nochmal alles draufsteht."

Ähnlich sieht auch UN-3 Mitarbeitervorteile als wichtig, wenngleich nicht priorisiert in der Stellenanzeige selbst: *„Mitarbeitervorteile würde ich jetzt nicht als so wichtig erachten. Das kann man sich über die Webseite noch ein bisschen erlesen, aber in der Stellenanzeige braucht man das jetzt nicht auf den ersten Blick."* KE-2 hingegen erkennt im Kontext von Mitarbeitervorteilen nicht die typischen Vorteile wie etwa ein Job-Ticket, sondern beschreibt als Vorteil den Spaß an der Arbeit, der für die Generation Y wichtig ist: *„Mitarbeitervorteile ist bestimmt auch wichtig. Aber dann eher ‚Wo kommt dieser Fun bei der Arbeit her?' Dieses: ‚Was ist für mich gut?' Und dieses: ‚Kann und will ich mich damit identifizieren?'"*

Kontaktdaten
Für UN-21 ist es wichtig, dass sich Bewerber schnell und komfortabel bewerben können und möglichst einen Ansprechpartner genannt bekommen, der beispielsweise auch persönlich mittels einer angegebenen Telefonnummer erreichbar ist: *„Wichtig ist, glaube ich, dass man sich schnell bewerben kann und am besten einen Namen angibt, ‚bitte wenden Sie sich an die [Nennung von Name], das ist die Durchwahl.' Das machen wir noch nicht so, aber ich kann mir vorstellen, dass das*

diese Generation auch gerne hätte." Kontaktdaten sind auch für UN-11 relevant: *„Kontaktdaten haben wir nicht drin, wollen wir aber reinmachen.*" Für KE-3 bilden Kontaktdaten eine Einheit mit Hinweisen zum Bewerbungsprozess: *„Dann haben wir ‚Kontaktdaten' und ‚Angaben zum Bewerbungsweg'. Das gehört für mich auch ein bisschen zusammen.*"

Weiterhin kann der Bewerbungsprozess komfortabel ablaufen, indem dem Bewerber die einzelnen Abläufe im Vorfeld skizziert werden. UN-3 sagt: *„Bewerbungsweg – also meistens ist es so, dass man direkt einen Button neben der Stellenanzeige hat. Auf der Karriereseite hat man dann zum Beispiel direkt einen Button: ‚Hier bewerben!' oder ‚Jetzt Bewerben!' Also darüber habe ich dann Informationen, wie ich mich auf die Stelle bewerbe.*" Auch UN-11 versucht den Bewerbern die einzelnen Schritte über ihr Bewerberportal darzulegen: *„Angaben zum Bewerbungsweg haben wir nicht direkt in der Stellenanzeige drin, aber auch als Seite auf unserem Portal.*"

Die konkrete Lage des Unternehmens könnte in Zukunft an Wichtigkeit verlieren und zwar in dem Maße wie Homeoffice aufgrund der Pandemie in Unternehmen an Bedeutung gewinnt. UN-21 äußert diesbezüglich: *„Ich weiß nicht, inwiefern die Lage noch zukünftig wichtig ist, wenn es um Homeoffice und mobiles Arbeiten geht. Das war vielleicht vor Corona wichtiger als es jetzt ist. Ich sage, es ist durch Corona eine Grauzone entstanden.*"

5.4.1.2 Gestaltung

Ausschließlich textbasierte Stellenanzeigen erachten sowohl die Unternehmensvertreter als auch Karriere-Experten als kritisch in Bezug auf die Aufmerksamkeitsgenerierung bei der Zielgruppe Generation Y, da deren Lebensumfeld in starkem Maße von Bildern und Bewegtbildern geprägt ist, etwa auf Social-Media-Portalen. Hierzu sagt UN-12:

> „Ich glaube, die ‚Reine-Text-Anzeige', die wird hoffentlich irgendwann untergehen. Ich glaube, die Menschen, die jungen Menschen vor allem, die wollen mehr ihrem Alltag entsprechend angesprochen werden. Die verbringen den Alltag auf den ganzen Social-Media-Kanälen. Da sind überall Bewegtbilder, audiovisuelle Einwirkungen auf die Leute und das möchten die. Also, ich würde das auch gerne so sehen wollen: Ich möchte sehen, wie jemand in dem Video von dem Arbeitsplatz berichtet, wo man dann vielleicht schon mal ein paar Blicke erhaschen kann: ‚Wie sieht denn das Büro aus?' Das sieht man ja alles in den textuell erstellten Anzeigen gar nicht. Also, man will sich damit beschäftigen. Ich will sogar nochmal einen Schritt weitergehen: Wir bieten ja auch sogar noch das Open Office, also ‚beweg dich vor Ort' und dann können Interessierte sich das angucken."

In der Regel wird jedoch zumindest ein Minimum an textlicher Darstellung vorhanden sein, sodass Unternehmen die Entscheidung treffen müssen, wie die Hochschulabsolventen angesprochen werden, das heißt Duzen oder Siezen. Als entscheidungsrelevant werden von den Experten zum einen die Unternehmenskultur sowie zum anderen die Fächergruppen, die die Hochschulabsolventen vertreten, angesehen. In Bezug auf die Unternehmenskultur formuliert UN-11:

> „Ich glaube auch, ‚Du oder Sie?' – die Frage hängt ganz entscheidend mit der Unternehmenskultur zusammen. Für uns geht eigentlich nur das ‚Du'. Weil wir uns alle duzen, weil wir insgesamt sehr locker, sehr offen, sehr frei sind. Deswegen fangen in den Stellenanzeigen schon an zu duzen und auch im kompletten Bewerbungsprozess duzen wir die Leute und sagen auch, dass sie uns genauso ansprechen können und wir ganz frei und offen reden können, dass sie sich auch nicht verstellen müssen, genauso wenig wie wir das machen. Das passt einfach zu uns. Alles andere würde nicht zu uns passen."

Auch KE-3 weist auf die Bedeutung von konsistentem Vorgehen hin: *„Es muss mit der Unternehmenskultur übereinstimmen. Ich bin jetzt vom [Namensnennung Wirtschaftskanzlei] und ich spreche die mit ‚Du' an, aber später dann mit ‚Sie'. Dann macht es keinen Sinn. Ich finde, es muss von der Unternehmenskultur herkommen und mit ihr vereinbar sein. Aber wenn es von der Unternehmenskultur her passt, dann geht ‚Du'."*

Einschränkend erwähnt UN-3, dass das Durchhalten der Du-Ansprache aus der Stellenanzeige in der Praxis, beim persönlichen Gespräch, nicht immer realisierbar ist und gegebenenfalls erst nach einer Einstellungsentscheidung zum „Du" im Arbeitsalltag gewechselt werden kann:

> „Früher hatten wir auch alle Stellenanzeigen mit der ‚Sie'-Form, seit ungefähr einem dreiviertel Jahr haben wir das jetzt auf die ‚Du'-Form gewechselt. Das ist natürlich für den einen oder anderen der älteren Generation ein bisschen verstörend, denn sobald die Bewerber/Bewerberinnen dann im Gespräch bei uns sind, ist automatisch natürlich erstmal das ‚Sie' vorherrschend. Im Vorstellungsgespräch ist es für den Beginn erstmal, ich sag zumindest mal bei den Festeinstellungen, trotz der ‚Du'-Ansprache in den Stellenanzeigen, das ‚Sie'. Aber wir haben von der ‚Sie' auf die ‚Du'-Ansprache gewechselt, weil es eine viel aktivere und auch ansprechendere Variante ist, auch eine viel persönlichere und ja so ein bisschen mehr motivierende Variante als die ‚Sie'-Variante."

UN-3 gibt auch zu Protokoll, dass je nach Hierarchien – zum Beispiel in technischen Abteilungen – auch die Sie-Ansprache vorherrschen kann, trotz der allgemein herrschenden Unternehmenskultur:

> „Wenn ich mir unsere Werke angucke, dann sind die noch ein bisschen traditioneller unterwegs. Also gerade, wenn ich mir da in dem Bereich Ingenieurwesen oder in den Bereich Produktion gehe, da sind dann doch schon größere Hierarchien vorherrschend. Da kann es schon sein, dass man noch ein bisschen mehr Hürden hat als in den zentralen Bereichen. Wir sind da einfach noch ein bisschen traditioneller unterwegs und da kann es auch sein, dass gesiezt wird."

Entsprechend der Lebenswelten der Generation Y äußern die befragten Experten übereinstimmend, dass im Kontext von Stellenangeboten nicht auf Bildmaterial verzichtet werden kann, wie etwa KE-2 zusammenfasst: *„Das ist was, was so ein bisschen auf diese ‚Facebook-Lesart' springt. Das heißt da sind die drauf orientiert, da kommen die sofort klar mit. Das ist ja wie so eine Art natürliche Heimat!"* KE-3 ergänzt in Bezug auf die Aufmerksamkeitsgenerierung: *„Man spricht doch auch von dieser emotionalen Aktivierung. Ich kann mir das nur mit Text nicht vorstellen."* UN-3 begründet die Bedeutung von (Bewegt-)Bildmaterial darüber hinaus wie folgt:

> „Ich finde die Einbettung von Bewegtbildmaterial, von Videomaterial, sehr gut und wichtig, weil es die Zielgruppe ganz emotional und anders anspricht. Ist auch viel spannender als nur Text. Zu viel Text finde ich auch nicht sehr attraktiv, genauso finde ich gestellte Images, wo am besten noch ein paar Unternehmen die gleichen Testimonials verwenden, nicht passend. Da sollte man, und das tun wir auch, wirklich eigene Mitarbeiter da einsetzen, weil es viel authentischer wirkt als irgendwelches Stock-Material zu nehmen und das am besten noch mehrfach von verschiedensten Firmen eingesetzt wird. Von daher muss man die Kunst schaffen, das Essentielle, das Wichtige darin zu platzieren. Es muss hervorstechen, was dann auch der Generation wichtig ist. Gerade wie ich vorhin erwähnte: die Work-Life-Balance, New Work, aber auch flexibles Arbeiten, im Team arbeiten, eine offene und transparente Unternehmenskultur. Das sind ja alles wichtige Werte und wichtige Punkte für diese Generation."

Gleichzeitig „warnen" die Experten davor, Stellenanzeigen mit Bildmaterial zu überladen. Hierzu sagt UN-21: *„Aber gleichzeitig habe ich gedacht, ist weniger mehr. Es darf nicht zu viel Information, zu viel Text, zu viel Sternchen, zu viel Bildchen, zu viel Firlefanz sein."*

5.4.2 Bewerbungsprozess

5.4.2.1 Anschreiben und Motivationsschreiben

Viele Unternehmen erwarten noch in Bewerbungen das klassische Anschreiben oder Motivationsschreiben. Die Experten zeigen Vorteile von Bewerbungsanschreiben auf, die die Motivation der Kandidaten darlegen. Beispielsweise wird darauf hingewiesen, dass das Anschreiben bereits Informationen über die Personen und die Art und Weise, wie sie sich darstellt, vermittelt. UN-21 sagt:

> „Ich finde, ein Anschreiben drückt die Persönlichkeit aus, es gibt so ein bisschen Einblick, auch in den Bildungsstand, schon die Art, wie formuliert wird, Rechtschreibfehler, Grammatik. Ich sehe schon, ist das ein Textbaustein, hat der sich jetzt irgendwas rauskopiert, oder hat er sich wirklich mit mir auseinandergesetzt, mit meinem Unternehmen? Also ich finde über das Motivationsschreiben kann man sehr viel über den Bewerber herausfinden."

Diesen Aspekt bestätigt auch UN-3:

> „Ich glaube, dass ein Anschreiben oder Motivationsschreiben wichtig ist. Man sollte natürlich da nicht einfach das herunterbeten, was in der Stellenanzeige steht, sondern man sollte genau da auf sich aufmerksam machen. Und genau zeigen, warum bin ich denn die richtige Person für die Stelle, was zeichnet mich denn aus oder was hat mich denn besonders angesprochen? Das ist uns so wichtig, weil bei [Nennung Unternehmensname] ist der Personal Fit und der Cultural Fit viel wichtiger, als das ganze Thema Noten."

Auch hilft das Anschreiben bei einer Vielzahl an Bewerbungen, die Kandidaten im weiteren Prozess entsprechend der Stellenanforderungen zu selektieren. UN-22 formuliert: *„Aber wir haben zwei Leute im Assessment-Center und tausend Bewerber. Wie differenziere ich mich als Absolvent? Das kann ich an der Stelle dann natürlich damit machen, dass ich im Anschreiben sag: ‚Ich brenne dafür, weil...'. Und das sind dann auch nachvollziehbare Gründe. Ich muss ja erstmal zu den zwei Leuten im Assessment-Center kommen."*

Trotz der Vorteile eines Motivationsschreibens sind sich die Experten bewusst, dass es zukünftig an Relevanz verliert wie UN-1 beschreibt: *„Ich glaube, dass die Zukunft sein wird, dass die einen CV schicken und fertig."* Diesem Trend folgend, wird ein Anschreiben entsprechend von UN-22 nicht mehr verlangt, sondern steht dem Bewerber frei:

> „Wir fordern es auch in der Tat nicht mehr, wir überlassen es dem Bewerber, Anschreiben dazuzulegen. Ich würde sagen, im Moment ist es fifty-fifty, dass es genutzt wird.

Jetzt muss man auch sagen, dass inhaltlich Bewerbungsschreiben auch oftmals ‚Blabla' sind. Also da sind Phrasen drin, ich habe es mir in der Vergangenheit auch nicht oft angeguckt, muss ich wirklich sagen, weil man guckt sich den CV an, wenn das passt kann man sich ergänzend noch das Anschreiben durchlesen, ob da irgendwas drinsteht, aber der Mehrwert ist wirklich begrenzt."

UN-11 befürwortet darüber hinaus, dass Motivationsschreiben nicht mehr vorausgesetzt werden, da sie oftmals Standardaussagen beinhalten:

„Ich hoffe und glaube, dass wir von den klassischen Anschreiben immer weiter weg kommen, weil sie – so wie sie heute noch so verfasst werden – einfach keinen Mehrwert bieten, weil sie einem Standardablauf folgen, Standardfloskeln. Deshalb haben wir auch unser Bewerbungsformular zum Beispiel individuell gestaltet und versuchen bereits über das Bewerbungsformular ganz stark abzuklopfen ‚Wie tickt der denn? Passt der- oder diejenige zu uns? Was machen die so?', was man vielleicht klassisch in einem Anschreiben vermuten würde, was aber nur sehr selten genutzt wird. Ab und zu bekommt man mal ein sehr schönes, da auch authentisches mit viel Mehrwert und mehr Informationen, aber es ist ja immer noch das klassische Anschreiben. Man hört auch immer mehr, dass Unternehmen immer weniger Wert darauf legen."

Hingewiesen wird darauf, dass es sich gegenwärtig gegebenenfalls noch anbieten könnte, bei unterschiedlichen Fächergruppen ein An- beziehungsweise Motivationsschreiben zu verlangen. UN-21 nennt ein Beispiel aus der Praxis: *„Es ist vielleicht auch ein bisschen stellenabhängig. Ich habe gerade heute mit einer Führungskraft aus dem Finanzbereich geredet, die mir gesagt hat, dass ihr eine Bewerbung so gut gefallen hat, weil die so ein auffälliges Motivationsschreiben hatte, von einer jungen Absolventin. Also zur Zeit ist es auch da vielleicht letztlich jobabhängig."*

Auch aus Sicht der Karriere-Experten, die sich mit der Generation Y auseinandersetzen, ist ein Anschreiben eher nicht geboten – KE-1 formuliert: *„Ich glaube, das ist sehr pragmatisch zu beantworten: „Ich muss kein Anschreiben machen? Gott sei Dank!" Und das ist auf jeden Fall ein Vorteil für den Bewerber."* Dies sieht KE-2 ähnlich: *„Das soll ja Spaß machen und ein Anschreiben zu formulieren macht keinen Spaß – das ist einfach Fakt. Und es bleibt ja eine Formalie. Wäre ich jetzt ein ‚Y-er', würde ich fast denken, ‚was soll das mit dem Anschreiben'? Das ist ja auch irgendwie so ein bisschen aus der Zeit gefallen."* KE-3 stellt zudem heraus, dass für manche Stellen keine hohe schriftliche Ausdrucksfähigkeit gegeben sein muss, da andere Kriterien für die Stelle gefordert sind: *„Und natürlich, wenn es mir gelingt, meine Motivation in bezaubernden Worten rüberzubringen, dann steche ich vielleicht heraus. Aber wenn das Schreiben eines Textes nicht zu meiner*

Grundaufgabe gehört, ist das eine Kompetenz, die überhaupt nichts mit dem Job zu tun hat. Und das finde ich, ist so ein bisschen wie Hürden aufbauen."

Ein Ansatz, der der Zeit entspricht und der bewegtbildaffinen Generation Y entgegenkommt, wäre gegebenenfalls eine Video-Bewerbung – ein von den Experten als interessant empfundenes Format. UN-3 gibt jedoch zu bedenken: *„Eine Videobewerbung finde ich ein ganz interessantes Format. Wobei ich glaube, dass man die Standards ein bisschen vorgeben müsste. Also ich glaube, dass das schon Zukunft haben kann."* Gleichwohl sind sich Unternehmen der Bedeutung von Videos im Kontext von Bewerbungsaktivitäten bewusst, sodass UN-12 diese Möglichkeit anbietet:

> „Aber im Bewerbungsformular gibt es auch einen zweiten Weg. Man kann nämlich sagen, ‚ich will gar nicht ein Formular ausfüllen', sondern man kommt auf ein zweites Formular und dort kann man ein Video hochladen, dass man einfach ein Video von sich selbst aufnimmt und uns eine Videobewerbung schickt. Und darüber freuen wir uns natürlich, weil wir dann natürlich auch den Menschen sehen. Und da gab es schon ganz spannende Bewerbungen, wo jemand einfach mit dem Hund spazieren war, mitten im Wald, holt das Handy raus und erzählt ein bisschen was über sich, natürlich fachlich, aber auch persönlich."

UN-22 beschreibt, dass sich ihr Unternehmen im Hinblick auf Videobewerbung gerade in einer Pilotstudie befindet: *„Also über das Portal kommt es nicht durch, da haben sie gar keine Möglichkeit ein Video zu hinterlegen, da müssten sie es per Mail schicken. Das haben wir so noch nicht erlebt, aber wir haben jetzt in der Tat ein neues Tool, wo wir ein Video sogar einfordern, was wir bei ein paar Stellen einsetzen werden, wo eine Vielzahl an Bewerbungen reinkommt und wir die dann zeitversetzt angucken können."*

Gleichwohl stehen Bewerbungsvideos gegebenenfalls im Gegensatz zu anonymen Bewerbungen, die insbesondere von Karriere-Experten befürwortet werden. KE-1 sagt:

> „Tatsächlich wäre ein Bewerbungsprozess, ohne den eigenen Namen nennen zu müssen, gut. Also einer, der nicht diskriminierend wirkt. Denn da sehe ich ganz viele anhaltende Probleme. Wir haben sehr viele Studierende mit Migrationshintergrund, wir haben sehr viele internationale Studierende und die werden allein aufgrund ihres Namens diskriminiert, ob die jetzt ‚Generation Z' oder was auch immer sind. Diese Bewerbungsverfahren heben das Manko ja nicht auf. Also an der Schraube müsste viel mehr gedreht werden. Um auch dieses Potenzial aus Firmensicht zu nutzen."

Ähnlich formuliert KE-2: *„Im Hinblick auf ein Anschreiben ohne Namen würde ich jetzt auch fast formal antworten, weil ich denke, das ist schon richtig. Es ist richtig,* *dass es so ist. Also, was man ja im Positiven sagen kann: Sowohl ‚Y' als auch ‚Z' sind ja beide wahnsinnig emanzipiert.*"

In den befragten Unternehmen hingegen ist der Gedanke anonymer Bewerbungen bislang noch nicht weit verbreitet – hier werden erste Ideen entwickelt. UN-11 sagt:

> „Wir arbeiten wie gesagt schon alle eng zusammen im ganzen Bewerbungs-Recruiting-Prozess und solche Ideen und solchen Input bekommen wir auch immer aus ganz unterschiedlichen Richtungen. Oder zum Beispiel, dass wir angefangen haben, unsere Stellenanzeigen zu gendern, war auch ein Impuls von Kollegen aus einem anderen Team von einem Entwickler, der gesagt hat, wäre es nicht besser, wenn wir das machen würden?' – ‚Ja, stimmt!'"

Auch UN-22 äußert sich zurückhaltend zu der Thematik anonymer Bewerbungen: „*Das haben wir eigentlich nie – also habe ich noch nie gesehen. Finde ich jetzt auch seltsam. Also es gibt ja auch Unternehmen, die, wenn die Bewerbungen reinkommen, die schwärzen die Namen und das Foto, bevor sie es an den Fachbereich weiterleiten, um AGB konform zu sein. Das machen wir jetzt so nicht, aber wir haben da jetzt eigentlich auch kein Thema mit. Ist zumindest mein Eindruck.*"

Einen Schritt weiter sind die befragten Unternehmen bereits in der Frage nach Bewerbungsfotos. Hier wird den Bewerbern in der Regel freigestellt, ob sie ein Bewerbungsfoto einreichen. UN-21 sagt: „*Wir verlangen keine Fotos. Das kann man machen, wie man will.*" Auch UN-11 verlangt keine Fotos:

> „Wir hatten grade, im November bei einer internen Veranstaltung, über anonyme Bewerbungen diskutiert und ob wir das machen sollten, weil es schon einen Einfluss hat, wenn man ein Foto sieht und einen Eindruck hat, der positiv oder negativ sein kann. Ich könnte mir auch vorstellen, dass wir einfach nur klarer kommunizieren, dass wir so etwas wie Fotos nicht erwarten, aber dass sie uns die trotzdem mitschicken können. Im Moment machen wir das noch nicht, steht aber auf unserer Agenda."

Ebenso argumentiert UN-3:

> „Aber wir kriegen genug Bewerbungen rein und laden trotzdem Leute zu Bewerbungsgesprächen ein, wo wir kein Bild haben. Name, auch das ist gut vorher zu wissen, denn ich will ja wenigstens wissen, mit wem ich da spreche. Also auch beim ganzen Thema Diversity sind wir absolut offen und da öffnen wir uns auch noch immer mehr, aber ich glaube, gerade für den Rekruter wäre es schon von Vorteil, vor einem Gespräch sowohl den Namen im Vorfeld zu haben als auch ein Bild."

Einschränkend weist KE-2 auf Darstellungen in Karrierenetzwerken hin: *„Und alle Menschen haben ja trotzdem in ihrem XING- und LinkedIn-Profil ein Foto; ich kann einfach auf die Leute klicken und sie angucken."*

5.4.2.2 Technische Rahmenbedingungen

Anschreiben oder Bewerbungsvideos werden in der Regel auf Bewerberportalen hochgeladen, wie zum Beispiel UN-22 sagt: *„Wir haben ein Bewerberportal, wo man sich dann direkt auf die Stellen, die ausgeschrieben sind, auch bewerben kann und ich denke das ist jetzt auch das Minimum, was sein sollte. Wir haben natürlich auch Initiativbewerbungen, die man reinschicken kann, die wir dann zurouten, aber ansonsten arbeiten wir nur mit dem Portal."* UN-3 ergänzt in diesem Kontext das Thema Datenschutz:

> „Wir sagen eigentlich, dass wir aufgrund der Datenschutzregelung, nicht einfach Bewerbungen per Mail akzeptieren können, wo wir dann die Lebensläufe, Anschreiben und die ganzen Unterlagen dann bekommen. Wenn dann sowas ist, was natürlich vorkommt, dann schicken wir das erstmal zurück und sagen, dass sie sich idealerweise online bewerben sollen, über unsere Karriereseite, weil da alle Stellen zum einen drauf sind und man da dann auch direkt über den Button ‚Hier bewerben!' / ‚Jetzt bewerben!' auf unser Bewerbermanagement-Tool draufkommt."

Dabei sollte nach Meinung der Experten der Bewerbungsprozess für die interessierten Hochschulabsolventen die Option anbieten, mit dem Handy durchführbar zu sein, um die Generationen an dem Ort abzuholen, an dem sie sich zunehmend aufhalten. UN-12 beschreibt: *„Wir sehen, dass der Trend auch bei den Auswertungen der Zugriffszahlen auf unsere Webseiten mobil ist."* Dies bestätigt auch UN-3: *„Sowohl die Website als auch diese Tools müssen absolut mobiloptimiert sein, also müssen bewerbernutzerfreundlich sein, weil diese junge Generation mit dem Smartphone aufgewachsen ist. Es ist quasi wie das zweite Zuhause und wird auch sehr intensiv genutzt. Also ich glaube, das ist ein ganz wichtiges Thema."* Die Bedeutung von Convenience im Rahmen der Bewerbungsaktivitäten beschreibt UN-3 weiter:

> „Ich glaube schon, dass man, was so die Erwartungen angeht, gut auf die Zielgruppe eingestellt sein muss. Es wird sicherlich herausfordernd sein, aber das ist die Zukunft. Wir denken als Großkonzern immer noch oft in vielen Prozessen. Da müssen wir jetzt in Zukunft, was Richtung Bewerber / Bewerberinnen, angeht, auch in viel einfacheren Wegen denken. Und das wird, glaube ich, auch erwartet, dass man nicht mehr viel Zeit damit verbringen muss, sich irgendwo zu präsentieren."

Der geforderten Schnelligkeit kommen auch One-Klick-Optionen nach. Gleichwohl bieten die befragten Unternehmen noch nicht die Möglichkeit, die Daten von einem Karrierenetzwerk in ihre Bewerberdateien zu laden, bieten den Hochschulabsolventen jedoch andere Möglichkeiten an, Interesse an einer Stelle zu bekunden, etwa UN-22: *„Der Bewerber oder der Kandidat signalisiert im ersten Schritt quasi nur ‚ich habe Interesse', das kommt bei uns dann als ‚ich bin interessiert' an. Und dann geht der Prozess erst los. Dann guckt man sich das Profil an und sagt das ist interessant, schick mir mal deinen Lebenslauf."* UN-22 begründet diesen Ansatz: *„Das ist quasi nur so das erste Signal, dass die grundsätzliche Hürde für den Kandidaten einfach nur sehr gering ist und er einfach nur klicken muss, ‚habe grundsätzlich Interesse'"*. Auch UN-3 versucht, die Orientierung für potenzielle Bewerber bei einem Interesse an einem Stellenangebot komfortabel zu gestalten:

> „Also im Moment, aus LinkedIn, kommt man noch nicht darauf. Man kommt über die Karriereseite mit einem Klick erstmal auf die Übersichtsseite, wo ich die im Moment für alle Länder bei [Nennung Unternehmensname] offenen Stellen sehen kann und dann kann ich eingrenzen, ich suche zum Beispiel in Deutschland und dann krieg ich nur die von Deutschland angezeigt und darauf, wenn ich dann darauf den entsprechenden Job klicke, komme ich direkt in das Tool rein. Trotzdem sollte dieses Tool auch sehr einfach gestaltet sein und da hakt es an der einen oder anderen Stelle auch noch, wo wir uns noch verbessern müssen."

UN-22 weist darauf hin, dass Bewerbungsprozesse nicht nur schnell, sondern entsprechende Abläufe auch im Vorfeld klar an den Kandidaten kommuniziert werden sollten: *„Transparenz ist das A und O, das ist das Eine und das Andere ist auch ein zügiger Prozess. Also auch das Thema Bewerbung hochladen, das muss schnell gehen. Also es gibt heute ja schon Apps, wo man die Bewerbung reinsprechen kann. Und ich glaube, so schnell wie die Information haben wollen, wollen sie dann auch eine Rückmeldung haben, also Geschwindigkeit ist ein Thema. Transparenz und Geschwindigkeit."* Die Bedeutung von Transparenz und Erwartungen im Bewerbungsprozesse spiegelt ein Beispiel von UN-12 wider: *„Wir hätten gerne eine digitale Bewerbung. Wenn jemand mit einer klassischen Mappe vorbeikommt oder eben schicken will, die schicken wir meist dann zurück oder geben die zurück."* Das Zurückgeben konventioneller Bewerbungen wird von UN-12 wie folgt begründet:

> „Das wollen wir gar nicht erst annehmen, weil der ganze Prozess da hintendran auch digital ist. Das Bewerbungsformular ist erstmal für uns gestaltet. Da sind individuelle Fragen drinnen, wo die Bewerber erstmal so ein bisschen gepickst werden. Da muss

ich mal überlegen: ‚Nenne uns den Bloggertitel, der dir in der letzten Zeit am besten gefallen hat‘ oder ‚Verlinke uns dein Lieblings-Youtube-Video‘. Das sind so Fragen, die kennen wir zumindest nicht aus anderen Bewerbungsformularen. Wo die Bewerberinnen und Bewerber schon mal fragen ‚warum wollt ihr das eigentlich wissen?‘ Oder dann auch sehen ‚ach, guck mal, die interessieren sich auch für mich, für meine Person‘. Zurück zu der eigentlichen Frage: Wenn das Formular ausgefüllt wurde, landet das bei uns im [Nennung des System-Namens] im Aufgaben-Management-System, wird dort weiterverarbeitet und der ganze Prozess rund um die Bewerbung ist dann in diesem Tool. Deswegen ist es für uns weiterhin wichtig, dass das alles auf dem digitalen Weg ist. Ich glaube, da werden wir auch noch einige Jahre diesen Weg beschreiten, bevor wir da was anderes machen."

Bleibt zu fragen, inwieweit die Kommunikation von Abläufen beziehungsweise die Beantwortung von Fragen der Bewerber auch von Chatbots als einem weiteren technischen Tool übernommen werden sollte und so gegebenenfalls die Kommunikation für den Bewerber mit dem Unternehmen beschleunigt oder erleichtert werden kann. Hier zeigt sich, dass die befragten Unternehmen keine Chatbots einsetzen. Hintergrund ist die Philosophie, dass die Bewerber mit einem Menschen sprechen sollten, der sich für sie interessiert, wie es UN-11 formuliert:

„Wir haben das noch nicht eingesetzt. Und uns ist es sehr wichtig oder für mich persönlich ist es auch sehr wichtig, dass Bewerber und Bewerberinnen merken, dass auf der anderen Seite ein echter Mensch sitzt, der ihre Bewerbung wirklich gelesen hat, verstanden hat – also versucht, den anderen Menschen kennenzulernen, Fragen zu stellen, für Fragen da zu sein und eben nicht nur als Bewerbungsnummer abgehandelt zu werden. Tatsächlich ist das für mich dann auch wichtig zu wissen, ehrlich kommuniziert zu bekommen, ob ich mit einem Bot oder mit einem Menschen arbeite. Ja, ich kann mir schon vorstellen, dass Bot auch Sinn macht um vielleicht irgendwelche Basics abzufragen, zum Beispiel ‚wie ist denn die Gehaltsrange für diese Stelle? Gibt's da bestimmte Anforderungen?‘ Aber ich will nicht das Gefühl haben, mit einem Menschen zu telefonieren um dann irgendwann zu merken, das ist ein Bot zu sprechen und das Ding ist ein Roboter."

Auch UN-22 setzt gegenwärtig keine Chatbots in der Bewerberkommunikation ein: *„Also diese Chatbots haben wir nicht, da wird das Bewerbermanagement angerufen, wenn die Leute nicht weiterkommen, das ist quasi noch wirklich persönliche Betreuung."* Die Bedeutung von persönlichen Gesprächen und Interaktion im Zusammenhang mit einem Bewerbungsverfahren sieht auch UN-3, gefragt nach der Relevanz von Chatbots in ihrem Unternehmen:

„Das haben wir in der Form jetzt für die Karriereseiten noch nicht. Ich sag mal aus eigener Erfahrung, die ich schon mit diesen Chatbots gemacht habe, haben die mich nicht sehr viel weitergebracht. Weil man einfach gemerkt hat, da steckt kein richtiger

> Mensch dahinter, sondern irgendwie was Automatisiertes und das hat mir selber nicht viel weitergeholfen, weil da eben nicht auf meine persönliche Frage eingegangen wurde. Von daher: Es ist zwar nett, gleich jemanden in Form eines solchen Chatbots zu haben, aber meistens war der Output nicht der gewünschte."

Abschließend kommt KE-1 zur Auffassung, dass für den Einsatz die Nutzerfreundlichkeit eines Chatbots eine zentrale Bedeutung besitzt: *„Es kommt darauf an, wie dieses Ding gestaltet ist und ob ich meine Antworten auch bekomme, oder ob das nervt, weil ich gar nicht weiterkomme oder nicht schnell genug zu dem Thema komme, was für mich eigentlich interessant ist."* Dieser Aspekt wird nach Ansicht der Experten auch die Zukunft der Bewerberkommunikation prägen – komfortable Optionen für interessierten Kandidaten werden ein Erfolgskriterium darstellen.

5.5 Entwicklungsperspektiven von Bewerberkommunikation

5.5.1 Stellenausschreibung

Generell kann davon ausgegangen werden, dass sich die Inhalte in Stellenausschreibungen auch in Zukunft ähneln werden, jedoch dürfte das Thema der Sinnhaftigkeit der Arbeitsaufgaben in Stellenangeboten für die der Generation Y nachfolgende Generation Z eine größere Rolle spielen. Hervorgehoben wird von den befragten Karriere-Experten die zukünftige Bedeutung, etwas Sinnvolles tun zu wollen. KE-2 sagt: *„Aber für ‚Z' ist das quasi überhaupt der Grund um zu arbeiten, glaube ich, ‚Sinnhaftigkeit.'"* Die Identifikation der Berufseinsteiger mit einer sinnvollen Tätigkeit in einem verantwortungsvoll handelnden Unternehmen wird in Zukunft einen hohen Stellenwert einnehmen. KE-3 weist in diesem Zusammenhang auch auf eine mögliche Entwicklung in Bezug auf Gehaltsangaben hin: *„Faire Bezahlung ist für mich auch wichtig. Ich denke, das wird eine Öffentlichkeitspflicht. Also, es wird eine Transparenzpflicht geben"*. Die Karriere-Experten gehen davon aus, dass auch die Generation Z nette Kollegen und eine angenehme Arbeitsatmosphäre schätzen wird, beispielsweise sagt KE-2: *„Ist aber auch für ‚Z' total wichtig. ‚Spaß bei der Arbeit' auf jeden Fall."* Daneben wird den Vertretern der Generation Z zugesprochen, dass ihnen ein sicherer Arbeitsplatz wichtig sei. KE-2 ergänzt: *„Arbeitsplatzsicherheit, ‚Z' wäre es wieder total wichtig."* Zudem vertritt sie die Meinung, dass sich das Thema Weiterbildung in der Generation Z ändern wird: *„Man müsste nicht ‚Leben als Weiterbildung und zur Bereicherung' definieren, sondern als ‚Weiterbildung zur Hilfe' definieren. Die Generation*

Z braucht ja eher mal so ein bisschen Support. Die sind ja so Support-gedrillt. Das sind ja die, die sich nicht weiterbilden wollen, sondern die wollen Unterstützung haben, zum Beispiel in Wissensthemen.“ Dies begründet sie wie folgt: *„Die ‚Z‘ sind ja Zeit in ihrer Schulzeit immer unterstützt und gepampert worden. Die müsste man eher wieder ein bisschen mündig machen, also ‚Stärken in ihrer Selbstkompetenz‘. Und die ‚Ys‘ sind eigentlich sehr selbstbewusst. Eigentlich sehr gut ausgebildet und manchmal ein bisschen ‚nass forsch‘. Ich glaube, die ‚Ys‘ sind eigentlich eine gute Generation.“*

KE-2 weist in diesem Zusammenhang darauf hin, dass die Unternehmen für eine gute Kommunikation ihre Zielgruppe möglichst im Detail kennen sollten, dies sollten ihrer Meinung auch kleinere und mittelständische Arbeitgeber zukünftig noch besser im Blick haben:

> „Wenn man sich die großen Personalabteilungen anguckt, von wirklich hochdynamischen, supertollen Arbeitgebern, die wissen das. Die wissen, wie das mit den Generationen geht. Und dann gibt es ja eine dicke große Masse, da sind Personalabteilungen mit einer übersichtlichen Anzahl von Leuten und die sind vielleicht nicht immer so up to date. Wo fängt eine Generation an, die kennen das vielleicht noch so ein bisschen, so die ‚68er‘ und dann die anderen. Also, man merkt, das wäre ein wichtiger Punkt, die Personalbereiche zu sensibilisieren, die nicht so groß sind, dass sie das automatisch draufhaben. Und das natürlich dann auch unbedingt für ‚Z‘ gleich mit, weil sich ‚X‘, ‚Y‘ und ‚Z‘ ja sehr unterscheiden.“

Grundsätzlich sagt KE-2: *„Die Stellenanzeigen für ‚Z‘ und ‚Y‘ sind wirklich zwei Welten.“* Sie macht diese Veränderung am Beispiel des Themas „Team“ fest: *„Ich mache eine Stellenanzeige für ‚Y‘, irgendwie: ‚Schnell kannst du bei uns im Team eigene Bereiche übernehmen. Wir sind in einem schön designten Großraumbüro. Hier triffst du Kollegen aus dem Nachbarteams und gelegentlich feiern wir auch zusammen.‘“* Die Generation Z müsste hingegen nach Expertenmeinung von KE-2 in diesem Kontext wie folgt angesprochen werden: *„Wenn du bei uns einsteigst, kriegst du einen Mentor, der dir alle relevanten Informationen für deinen Berufseinstieg erklären kann. Bei uns ist Arbeiten klar definiert, sodass du auch nach Feierabend deine Freizeitaktivitäten gestalten kannst.“* KE-2 stellt folgende Unterschiede zwischen Generation Y und Z heraus:

> „Die Generation Z will ja um 17 Uhr nach Hause gehen. Während ‚Y‘ dann kickern möchte, dann vielleicht nochmal ein bisschen was fertigmachen, aber ‚Z‘ will nach Hause. Das muss ich adressieren. Und die wollen auch nicht schnell irgendwie ein Projekt übernehmen. Sie möchten bei allem dabei sein und zu allem gefragt werden, aber sie möchten keine Verantwortung übernehmen. Sie möchten irgendwie alles. Das sind ja die ‚gepamperte Helikopter-Eltern-Generation-Kinder‘, die da jetzt kommen.“

Formal ist davon auszugehen, dass Übersichtlichkeit, (Bewegt-)Bild sowie das Bewusstsein für Diversitätskriterien – keine Diskriminierung aufgrund eines Namens oder Fotos – in Zukunft weiterhin an Bedeutung gewinnen werden. Dabei ist zu erwarten, dass Textdarstellungen im Vergleich zu Bildern weiter abnehmen und die Bewerberansprache – „Du“ oder „Sie“ – zukünftig technisch unterstützt werden kann, wie beispielsweise UN-22 äußert:

> „Ich glaube, dass die Ansprache der Bewerber noch feiner werden kann, also, dass es irgendwann so ist, dass diese Anzeigen sich entsprechend einstellen werden, je nachdem, wer sich die Anzeige anguckt. Und je nach dem, was der für Cookies hat und was für Kriterien der erfüllt hat, wird der eine Ingenieur geduzt und der andere gesiezt. Ich glaube, dass das die Richtung ist. Ich glaube nicht, dass wir dahingehend sagen ,wir duzen die Mediendesigner und siezen die anderen, das wäre ja fast schon ein bisschen diskriminierend oder seltsam so. Ich glaube, dass es noch individueller wird. Wie auch immer die Systeme das dann rauskriegen, aber ich weiß bei uns aus dem Beitragseinzug, wo auch die Kunden angeschrieben werden wegen ihrer Rechnung, werden auch welche geduzt und welche gesiezt. Und die kriegen dieses individuell schon hin.“

KE-2 wagt zum Thema Bewerberkommunikation die These, dass in Zukunft gegebenenfalls keine schriftlichen Stellenangebote mehr zu finden sein werden: *„Das ist jetzt aber wirklich eine reine Vermutung. Was beobachten wir denn über die vielen Jahre? Lesen ist überhaupt total out. Die sind nicht mehr aufs Lesen gedrillt. Das heißt, was denen wirklich leicht fällt ist ‚hören, gucken‘. Also, Filmchen, Ton und Bild.“* Dieses „Erleben“ von Arbeitgeber-Angeboten könnte dann insbesondere auf Social Media stattfinden – ein Feld, dem KE-1 in Zukunft noch mehr Bedeutung einräumt: *„Ich glaube, dass man an Social Media zumindest in gewisser Form nicht vorbeikommen wird.“* Angeschaut werden die Stellenangebote von Generation Z dann erwartungsgemäß lediglich noch auf dem Handy wie KE-2 annimmt: *„Ich würde sagen, ‚Y‘ hat ein kleines Notebook oder ein Tablet, während ‚Z‘ dann nur noch ein kleines digitales Endgerät hat.“*

5.5.2 Bewerbungsprozess

Auf diese Situation beziehungsweise mögliche Veränderungen müssen sich die Unternehmen in naher Zukunft einstellen. Grundsätzlich wird es hier als wichtig angesehen, dass der Bewerbungsprozess immer besser nachvollziehbar wird wie KE-2 sagt: *„Ich glaube, es ist für beide Generationen wichtig, dass von Anfang an* *klar ist, wie der Prozess von Anfang bis Ende ist. An welcher Stelle passiert was? Und wenn nichts passiert, wie passiert das? Das ist für beide wichtig.*"

Konsens herrscht auch unter den Unternehmensvertretern, dass das Bewerben für die Zielgruppe in Zukunft noch komfortabler durchführbar sein muss – zeit- und ortsunabhängig wie UN-1 zu Protokoll gibt: *„Ich würde mir wünschen, dass der Bewerbungsprozess digital von überall und zu jeder Zeit durchgeführt werden kann.*" Dabei ergänzt sie das Thema Schnelligkeit seitens der Arbeitgeber:

> „Ich würde mir wünschen, dass mehr Unternehmen schneller im Bewerbungsprozess reagieren und die Kandidat:innen nicht lange warten lassen – nicht, wie es heute auch teilweise ist, dass man eben drei, vier Wochen lang gar nichts hört, Entscheidungen nicht zeitnah kommuniziert werden oder auch gar nicht abgesagt wird. Sondern dass man schneller, offener, ehrlicher kommuniziert, dass Prozesse klarwerden."

UN-3 ergänzt darüber hinaus die Bedeutung, sich in Zukunft stärker den Formaten anzupassen, die relevant in der Zielgruppe sind:

> „Wir müssen auch offenere Formate zulassen, ich denke gerade so wie wir vorhin gesagt haben, dieses bewerben über Video. Heute macht jeder x Videos und stellt sie auf TikTok und dergleichen oder auf Instagram ein. Das wird die Zukunft sein, ich glaube, dem sollte man als Unternehmen gegenüber offen sein, weil das verlangt werden wird, das wird kommen und ich finde es auch schön, weil es eine ganz andere Facette von den Bewerbern und den Bewerberinnen zeigt als nur eine schriftliche Bewerbung zu kriegen. Von daher glaube ich, müssen wir uns als Konzern auch diesen moderneren Recruiting-Modellen gegenüber öffnen. Andersfalls werden wir da abgehängt werden."

Wie die anderen Unternehmensvertreter hält auch UN-21 das Thema Zeit – und dies insbesondere in Verbindung mit einer fakten-basierten Kommunikation – für ein zukunfts-relevantes Erfolgskriterium:

> „Also ich glaube, man muss sich vielleicht von beiden Seiten schneller abholen. Ich glaube, was dieser Generation wirklich wichtig ist: Fakten. Sie wollen nicht hören: ‚Du, ich habe eine interessante Gehaltsbandbreite', sondern die wollen in Zahlen wissen, wie viel krieg ich denn? Man müsste von beiden Seiten sagen, was sind die Erwartungen aneinander? Wenn man die miteinander abgleicht, dann kommt man am schnellsten und zufriedensten von beiden Seiten zusammen."

Zusammenschau der Perspektiven und Ergebnisdiskussion

6

Zusammenfassung

Die verschiedenen Perspektiven, die mithilfe der leitfaden-gestützten Interviews im Rahmen der qualitativen Studie zum Thema Bewerbung und Recruiting gewonnen wurden, das heißt von Hochschulabsolventen der Generation Y, also den gegenwärtigen Bewerbern, Personalverantwortlichen aus Unternehmen sowie Karriere-Experten von Hochschulen, werden in diesem Kapitel zusammengeführt und Erfolgskriterien für das Recruiting von Hochschulabsolventen herausgearbeitet. Dabei werden zum einen die relevanten Aspekte im Rahmen des Einstiegs in die Jobsuche aufgezeigt, das heißt welche Online- beziehungsweise Offline-Optionen sind für die Ansprache von Hochschulabsolventen der Generation Y relevant und welche Kriterien sind von Bedeutung, um die Zielgruppe in einem ersten Schritt für ein Unternehmen zu interessieren. So wird die Wirkung von beruflichen und sozialen Netzwerken, Arbeitgeberbewertungsportalen sowie Technologien wie Chatbots und Augmented Reality genauer erläutert und es werden die Werte und Motive der Generation dargestellt, die als Grundlage für die Entscheidung für eine berufliche Tätigkeit oder einen Arbeitgeber dienen. Zum anderen wird die Intensivierungsphase der Arbeitgeber- beziehungsweise Arbeitsplatzsuche fokussiert und die Darstellung einer Arbeitgebermarke und die Ansprache der Generation Y betrachtet. In diesem Zusammenhang werden zunächst die Werte dargestellt, für die ein Arbeitgeber stehen sollte – etwa für gesellschaftliches Engagement – und die Angebote, die er den potenziellen Mitarbeitern machen sollte – etwa Mitgestaltungsmöglichkeiten oder Weiterbildungsmöglichkeiten. Den Abschluss des Kapitels bildet ein Ausblick auf die zukünftigen

© Der/die Autor(en), exklusiv lizenziert durch Springer Fachmedien Wiesbaden GmbH, ein Teil von Springer Nature 2021

C. Kochhan et al., *Bewerberkommunikation für Hochschulabsolventen der Generation Y*, https://doi.org/10.1007/978-3-658-35099-4_6

Ansprüche und Erwartungen der demnächst in den Beruf einsteigenden Hochschulabsolventen der Generation Y sowie der Nachfolge-Generation Z im Hinblick auf Arbeitgeber- und Arbeitsplatzdarstellung sowie in Bezug auf Bewerberkommunikation und Bewerbungsprozesse.

6.1 Gegenwärtige Erfolgskriterien beim Recruiting von Hochschulabsolventen der Generation Y

6.1.1 Einstieg in die Arbeitgeber- und Stellensuche

Online-Optionen
Die Vertreter der Generation Y sind als erste Generation mit dem Internet aufgewachsen. Demnach werden ihr die Eigenschaften einer hohen Informationsverarbeitungskompetenz, einer ausgeprägten Affinität gegenüber Innovationen und elektronischen Spielen sowie ein intuitiver Umgang mit digitalen Medien zugeschrieben. Sie gelten als Alterskohorte, die sich durch eine intensive Internetnutzung auszeichnet – die Suche nach Informationen erfolgt gegenwärtig in der Generation Y nahezu vollständig über Online-Kanäle. Dies geschieht aufgrund des sehr hohen Anteils an Smartphone-Nutzern in der Regel orts- und zeitunabhängig. Zudem weist die Generation Y ein digitales Kommunikationsverhalten auf, das auf der Entwicklung des sogenannten Web 2.0 basiert: Soziale Netzwerke sind ein wesentlicher Bestandteil des Alltags vieler der Generation Y zugehörigen jungen Menschen.

Entsprechend stellt sich ihre Stellen- und Arbeitgebersuche dar[1]: In einer ersten Orientierungsphase werden Informationen primär über Online-Kanäle inklusive beruflicher und sozialer Netzwerke generiert, sodass Online-Optionen als Darstellungsplattformen für Arbeitgeber von hoher Relevanz sind – lediglich in spezifischen

[1] Die in Kap. 6 dargestellten Ausführungen basieren zusammenführend zum einen auf den theoretischen (Kap. 2 und 3) sowie zum anderen insbesondere auf den Erkenntnissen der qualitativen Forschungsstudie (Kap. 4 und 5), in deren Rahmen mit zwölf Hochschulabsolventen, drei Unternehmensexperten sowie drei Karriere-Experten an Hochschulen leitfaden-gestützte Tiefeninterviews zum Thema Bewerberkommunikation – gegenwärtig als auch zukünftig – geführt wurden. Dabei zeigt sich im Grundsatz eine Übereinstimmung im Hinblick auf die gegenwärtigen Wünsche, die von den Hochschulabsolventen geäußert wurden, und der entsprechenden Kenntnis dieser bei den befragten Unternehmen und Karriere-Experten, wenngleich in Teilen mit unterschiedlichen Nuancen in einzelnen Aspekten. Die Annahmen beziehungsweise Erwartungen in Bezug auf zukünftig relevante Erfolgsfaktoren von Bewerberkommunikation für Hochschulabsolventen werden insbesondere auf Grundlage der Aussagen der befragten Unternehmen sowie Karriere-Experten an Hochschulen getroffen.

Bereichen beziehungsweise Fächergruppen oder abhängig von Unternehmensstandorten sind Printanzeigen gegebenenfalls von Bedeutung, um die adäquaten Zielgruppen erreichen zu können; diese Ausnahme von der Regel wird von den Unternehmensvertretern bestätigt. Dabei beginnt der Prozess der Jobsuche in der Regel mit der stichwortartigen Suche nach einem Stellentitel, der somit prägnant formuliert sein sollte, um als Arbeitgeber schnell und unkompliziert Aufmerksamkeit zu erreichen. Hier dienen insbesondere Jobbörsen wie Indeed oder Stepstone als Such-Kanäle der Hochschulabsolventen, um sich einen Überblick über die Angebotssituation von Unternehmen zu verschaffen. Neben dem Stellentitel grenzt die Generation Y ihre Stellensuche oftmals geografisch auf eine festgelegte Region oder Stadt ein, da viele Berufseinsteiger bereits eine Präferenz hinsichtlich ihres späteren Arbeitsortes besitzen – eine Situation, die von Arbeitgebern in der Regel nicht beeinflussbar ist. Dennoch zeigt sich in Teilen eine örtliche Flexibilität und Bereitschaft, für den adäquaten Job auch andere Regionen und einen Umzug in Betracht zu ziehen. Insbesondere Großstädte sind dabei für die jungen Berufseinsteiger von Interesse. Daneben fokussieren sich die Repräsentanten der Generation Y bei der Jobsuche neben der Suche nach Jobbeschreibungen und Stellentiteln häufig auch auf konkrete Arbeitgeber – die Auswahl stützt sich beispielsweise auf Empfehlungen von Freunden, die Identifikation mit den Produkten oder Dienstleistungen eines Unternehmens oder ein positives Image einer Organisation; ein Ergebnis, dass auch von Karriere-Experten von Hochschulen untermauert wird. Ferner können konkrete Arbeitgeber auch im Rahmen des Studiums in den Fokus gerückt sein oder im Kontext von Weiterempfehlungen, die insbesondere Unternehmen als Möglichkeiten wahrnehmen, sich als interessanten Arbeitgeber zu positionieren – eine Chance, die Arbeitgeber über gezielte unternehmensinterne Empfehlungsprogramme nutzen können. Um konkret Angebote eines – zum Beispiel empfohlenen – Arbeitgebers zu prüfen oder um Informationen über Unternehmen zu finden, die sich im Rahmen der Stellensuche durch ein interessantes Jobangebot als relevant herausgestellt haben, stellen Karrierewebseiten von Unternehmen eine Informationsquelle dar. Eine Voraussetzung, dass Karrierewebseiten auf ein tieferes Interesse bei der Generation Y stoßen, stellt eine informative, nutzerfreundliche und endgerät-optimierte Webseite dar.

Für den Erhalt von Informationen über Arbeitgeber erweisen sich darüber hinaus Karrierenetzwerke als wichtige Kanäle bei der Generation Y, sowohl in der Wahrnehmung der Unternehmen als auch in der Wahrnehmung von Karriere-Experten an Hochschulen kennt die Generation Y diese Netzwerke jedoch noch nicht ausreichend für ein erfolgreiches Recruiting. Gegenwärtig kann insbesondere das internationale Karrierenetzwerk LinkedIn sowohl für die Stellensuche als auf für die Information über Arbeitgeber als relevante Plattform genannt werden: Die durch das Unternehmen hier geteilten Inhalte und die Stellenangebote können von den potenziellen Bewerbern wahrgenommen werden und unterstützen im Kontext der Meinungsbildung; dies geschieht insbesondere themenbezogen. Darüber hinaus können die zukünftigen Absolventen mit Personen aus Unternehmen durch LinkedIn oder Xing direkt in Kontakt treten. Karrierenetzwerke bieten aus Sicht von Recruitern auch deshalb einen weiteren Mehrwert, da sie zu einer unmittelbaren Ansprache von Kandidaten im Rahmen eines Active Sourcing-Prozesses genutzt werden können; eine unmittelbare Ansprache durch Recruiter wird von den Rezipienten in der Regel ernstgenommen und als seriös betrachtet. Gleichwohl lässt sich erkennen, dass die Generation Y Nachrichten ohne persönlichen Bezug auf den eigenen beruflichen und akademischen Werdegang eher negativ empfindet und in diesem Fall auf standardisierte Nachrichten nicht reagieren würde. Hat sich ein Recruiter jedoch im Vorhinein über die Person und ihre Qualifikationen informiert, kann dies zu einem positiven Eindruck führen und die Chancen einer Reaktion durch den Kandidaten maßgeblich erhöhen. Es gilt folglich, dem Gegenüber zu vermitteln, an der individuellen Qualifikation interessiert zu sein und sich im Vorhinein über den beruflichen Werdegang informiert zu haben. So kann beispielsweise die Nennung einzelner relevanter Berufserfahrungen in einem Schreiben an den Kandidaten dazu beitragen, dass sich dieser persönlich angesprochen fühlt und somit eine positive Wahrnehmung bewirkt. Wichtig ist außerdem, dass sich die Generation Y bereits im Zuge des ersten Kontakts konkrete Informationen zu der betreffenden Position und dem Unternehmen durch die anschreibenden Personaler wünscht, um die persönliche Relevanz eines Angebotes besser einschätzen zu können und einen hohen Zeitaufwand im Rahmen der Beschäftigung mit einem gegebenenfalls unpassenden Angebot zu reduzieren beziehungsweise zu vermeiden.

Auch privatorientierte soziale Netzwerke wie Facebook oder Instagram können als Kommunikationskanäle für Personalabteilungen Relevanz besitzen. Dabei liegt der Fokus der Berufseinsteiger aktuell – hier sind sich sowohl Hochschulabsolventen, Unternehmensvertreter als auch Karriere-Experten an Hochschulen einig – auf dem zielgruppenaffinen Kanal Instagram. Allerdings gilt die Generation Y als Personengruppe, die Sachverhalte kritisch hinterfragt, was sich entsprechend auch in ihrer Skepsis gegenüber der Authentizität von durch Unternehmen kommunizierte Inhalte über Social-Media-Kanäle ausdrückt. Hochschulabsolventen wünschen sich bei der Jobsuche neben Unternehmens- und Stelleninformationen auch Informationen über die Mitarbeiter eines Unternehmens, die Zusammenarbeit und deren Arbeitsalltag sowie die Präsentation von unternehmensspezifischen Produkten oder Dienstleistungen: Die Form der Darstellung eines Arbeitgebers durch seine Mitarbeiter wird dabei als besonders vertrauenswürdig und glaubwürdig eingeschätzt und stellt einen

Mehrwert für sie dar. Dies kann in unterschiedlichen Formaten, erfolgen. Entsprechend zeigt sich, dass die Generation Y offen gegenüber „Take-Over"-Formaten in Instagram oder anderen soziale Netzwerken ist und diese positiv bewertet. Die Generation Y erkennt einen Mehrwert in der Möglichkeit, möglichst authentische Einblicke in ein Unternehmen und das Arbeitsumfeld gewinnen zu können – die Glaubwürdigkeit der Inhalte ist dabei entscheidend in der Beurteilung durch die Generation Y und sollte durch die Unternehmen gewährleistet werden.

Eine weitere Möglichkeit von Arbeitgebern, Aufmerksamkeit bei potenziellen Bewerbern zu erreichen, stellen Arbeitgeberbewertungsportale dar, die von Unternehmen zunehmend genutzt werden, um Feedback von Mitarbeitern oder Bewerbern zu generieren. Die Aussagekraft von Mitarbeiterbewertungen wird seitens der Vertreter der Generation Y jedoch differenziert gesehen, da sie diese die Bewertungen oftmals subjektiv und abteilungs- oder teambezogen einordnen. In diesem Kontext lässt sich feststellen, dass Arbeitgeberbewertungsportale eher in denjenigen Fällen als Informationskanäle genutzt werden dürften, in denen es sich bei dem für den Bewerber interessanten Arbeitgeber um ein kleineres oder unbekanntes Unternehmen handelt – eigene Mitarbeiter können entsprechend motiviert werden, positive Erfahrungen dort zu teilen, da diese zu einer positiven Auswirkung in der Arbeitgeberwahrnehmung neuer Mitarbeiter beziehungsweise interessierter Bewerber führen können. Dabei wird die Aussagekraft von gegebenenfalls negativen Arbeitgeberbewertungen auch an ihrem zahlenmäßigen Anteil der gesamten Bewertungen gemessen. Zusätzlich besteht der Eindruck, dass vorrangig Personen mit negativen Erfahrungen diese durch Bewertungen teilen, sodass ein hoher Anteil an negativen Bewertungen differenziert und nur als Teil des Ganzen betrachtet werden muss.

Offline-Aktivitäten

Neben den relevanten Online-Kanälen sind auch analoge Maßnahmen wie Karrieremessen, Vorträge von Arbeitgebern im Rahmen einer Vorlesungsveranstaltung und karriereorientierte Hochschul-Veranstaltungen zu Informationszwecken von Bedeutung und können den möglichen Bewerbern einen ersten Eindruck von potenziellen Arbeitgebern vermitteln. Diese werden insbesondere in Anspruch genommen, um neue Arbeitgeber kennenzulernen, wobei die Möglichkeit des unmittelbaren Kontaktes und persönlichen Austauschs als Vorteil erkannt wird. In Bezug auf Campus Events stellt sich die oftmals vorhandene Bindung der Hochschulen zu den Unternehmen positiv dar, ebenso wie die mögliche Fokussierung der jeweiligen Arbeitgeber auf Studierende und Absolventen eines konkreten Fachbereichs. Dabei können insbesondere diejenigen durch eine Hochschule organisierten Veranstaltungen einen Mehrwert generieren, die einen Besuch bei potenziellen

Arbeitgebern in deren Räumlichkeiten ermöglichen. Es ist für Arbeitgeber interessant, sich bereits in den ersten Semestern und im Idealfall über die Studienzeit hinweg den Studierenden zu präsentieren und so in ihre Wahrnehmung zu rücken und einen Wettbewerbsvorteil zu erhalten, da sich viele Talente der Generation Y schon zu einem frühen Zeitpunkt ihres akademischen Werdegangs über eventuelle Arbeitgeber informieren. Dies kann weiterführend beispielsweise den Aufbau eines Talentpools erleichtern und sich für Unternehmen vorteilhaft auswirken, da es zu der Bindung von qualifizierten Kandidaten sowie Empfehlungen durch diese in ihrer Peer Group beziehungsweise im Bekanntenkreis führen kann. Die Career Center von Hochschulen bieten in der Regel regelmäßig Karrieremessen an, meist für spezifische Zielgruppen von Studierenden und Absolventen, um die Begegnung von Vertretern aus Unternehmen und Studierenden zur frühen Kontaktaufnahme zu ermöglichen. Es zeigt sich jedoch, dass der Besuch klassischer Karrieremessen, unabhängig von der eigenen Bildungseinrichtung, aufgrund von Anzahl und Diversität der Angebote für die Generation Y nur teilweise als geeignete Möglichkeit gesehen wird, sich konkret über Arbeitgeber und Stellenangebote zu informieren. Für Unternehmen gilt es daher, den Kosten-Nutzen-Faktor abzuwägen; es besteht die übereinstimmende Meinung, dass physisch durchgeführte Messen, auf denen die persönliche Begegnung ermöglicht wird, für Unternehmen einen höheren Mehrwert als Online-Messen darstellen dürften. Gleichwohl können laut Einschätzung der Unternehmen Erfahrungen aus den Online-Veranstaltungen im Zuge der gegenwärtigen Pandemie in die zukünftige Ideenfindung einfließen und gegebenenfalls in hybride Veranstaltungsangebote münden.

Für die Präsentation der Arbeitgebermarke und die Gewährung erster Einblicke in ein Unternehmen können zum Beispiel auf Campus-Events oder Messen erweiterte Bewegtbild-Formate wie Virtual- und Augmented Reality-Anwendungen eingesetzt werden. Da die Generation Y als eine technologie- und innovationsaffine Anspruchsgruppe interpretiert werden kann, lässt sich ein hoher Grad an Offenheit und Interesse den neuen Technologieentwicklungen gegenüber annehmen. Dabei kann der Einsatz neuer Technologien als ein Zeichen von Modernität und Innovationskraft verstanden werden, sodass eine positive Auswirkung auf die Arbeitgeberwahrnehmung resultieren kann. Dennoch lässt sich feststellen, dass AR- und VR-Maßnahmen, beispielsweise auf Messen, eher als interessantes Zusatzangebot bewertet werden und die Generation Y den Maßnahmen in der Regel keinen entscheidenden Einfluss auf die letztliche Arbeitgeberauswahl zuschreibt. In diesem Zusammenhang äußert sich der hinterfragende Charakter der Altersgruppe in ihrem Zweifel über die Realitätsnähe der durch VR- und AR-Anwendungen vermittelten Inhalte. Dieser wird auch im Zusammenhang mit einem weiteren Trend, dem Recruitainment, erkennbar. Ziele der Maßnahmen, zu denen etwa

Serious Games oder interaktive Tests zählen, sind die unterhaltsame Vermittlung eines möglichst realitätsnahen Eindrucks des Arbeitgebers und des Tätigkeitsfeldes einerseits sowie die Überprüfung der Passung des Kandidaten und seiner Qualifikationen andererseits. Die Generationsvertreter nehmen die Möglichkeit von Online-Berufsorientierungsspielen durch Unternehmen positiv wahr und können insbesondere in der Erprobung von realitätsnahen Problemlösungsszenarien durch unternehmensspezifische Simulationsspiele einen Mehrwert erkennen. Dieser wird vor allem in der Möglichkeit gesehen, sich und die eigenen Fähigkeiten zu überprüfen sowie eine bessere Einschätzung darüber zu erlangen, ob eine Tätigkeit mit ihren Aufgaben den eigenen Vorstellungen entspricht. Arbeitgeber ihrerseits können über die Nutzung derartiger Anwendungen zeigen, dass sie sich weiterentwickeln, innovative Technologien und Arbeitsformen einsetzen und sich bemühen, sich den Anforderungen der jungen Generationen anzupassen. Zwar lässt sich in der Zielgruppe eine Offenheit gegenüber neuen Technologien und Lösungen sowie eine positive Wahrnehmung erkennen, allerdings zeigt sich zugleich, dass diese nicht den entscheidenden Impuls für die Wahl eines Arbeitgebers darstellen. Entsprechend relevant ist ein Kosten-Nutzen-Abgleich durch die Unternehmen. Zentral erscheint, dass solche neuen Anwendungen auch im Unternehmen gelebt werden und nicht als ausschließliche Marketingaktivitäten seitens der Hochschulabsolventen erkannt werden (vgl. Tab. 6.1).

6.1.2 Intensivierungsphase der Jobsuche

6.1.2.1 Relevante Kriterien des Arbeitgeberangebots

Die Generation Y wächst in einer zunehmend wohlhabenden Gesellschaft auf. Da die Existenz des Großteils der jungen Menschen gesichert ist, resultiert eine neue Form der intrinsischen Motivation bei den angehenden Arbeitnehmern: Eine Tätigkeit soll nicht mehr nur zur Sicherung der Existenzgrundlage durch monetäre Vergütung dienen – nicht mehr ein hohes Gehalt, sondern die Befriedigung der individuellen Bedürfnisse, die in der Wahrnehmung zu einem gesteigerten Grad an Zufriedenheit führt, steht bei der Wahl einer Arbeitsstelle im Vordergrund. Auch wenn die Entlohnung im Vergleich nicht der wichtigste Faktor in Bezug auf die Jobauswahl ist, besitzt eine verhältnismäßige Bezahlung für die Generation Y Wichtigkeit. Sie wird als Zeichen des Respekts, der Anerkennung und Würdigung durch den Arbeitgeber angesehen; bei den jungen Arbeitnehmern besteht der Wunsch nach Feedback und Anerkennung ihrer Leistung. Zwar werden Mitarbeitervorteile wie etwa Sportangebote oder Jobtickets, die über das Gehalt hinausgehen, von den Vertretern der Generation Y positiv bewertet, jedoch

Tab. 6.1 Zusammenfassung – Erfolgskriterien in der Orientierungsphase

Online-Aktivitäten	
Jobbörsen	• Stellentitel präzise formulieren • Gegebenenfalls einzelne Unternehmensstandorte nennen
Karrierewebseite	• Nutzerfreundliche Darstellung, inklusive authentischem (Bewegt-)Bild-Material • Optimierung für alle Endgeräte
Karriere-Netzwerke	• Personalisierte und informierte Ansprache der Kandidaten im Rahmen von Active Sourcing-Aktivitäten
Private Netzwerke	• Authentische Darstellung: Präsentation der Arbeitswelt durch eigene Mitarbeiter • Gegebenenfalls Einsatz von Take-Over-Formaten
Bewertungsportale	• Können als Learning-Tool für Arbeitgeber fungieren
Offline-Aktivitäten	
Campus-Events	• Chance, in die Wahrnehmung gezielter Studierendengruppen zu rücken • Möglichkeit des Aufbaus eines Talentpools
Neuere Techniken, zum Beispiel VR- oder AR-Anwendungen im Rahmen von Karrieremessen	• Können den Eindruck eines modernen Arbeitgebers intensivieren • Technologische Anwendungen sollten Fit zum Arbeitgeber aufweisen
Weiterempfehlung	• Institutionalisierte Programme im Unternehmen möglich

Quelle: Eigene Erstellung

nicht erwartet oder als entscheidend erachtet. Gleichwohl kann das Aufzeigen von Mitarbeitervorteilen die Wahrnehmung der Berufseinsteiger positiv beeinflussen und ihnen so ein gesteigertes Gefühl von Wertschätzung vermitteln, sodass auch Arbeitgeber im Kontext ihrer Recruiting-Aktivitäten darauf hinweisen können.

Die Identifikation mit dem Arbeitgeber beziehungsweise der angebotenen Stelle stellt grundsätzlich einen wichtigen Wert für die Generation Y in der Arbeitgeber- und Stellenauswahl dar. Die Alterskohorte verfolgt in der Regel das Ziel, in ein Unternehmen einzusteigen, das ihre persönlichen Interessen widerspiegelt und dessen Produkt- und Dienstleistungsangebot aus Sicht persönlicher Werte mitgetragen werden kann. Ein Unternehmen soll im Idealfall die von der Generation als wichtig empfundenen Werte vertreten, gleichwohl werden von Unternehmen diesbezüglich bereit gestellte Informationen kritisch betrachtet, wenn sie nicht als glaubwürdig erscheinen. In diesem Kontext ist anzunehmen, dass sich eine übereinstimmende Wertehaltung eines Arbeitgebers positiv auf die persönliche Wahrnehmung der Vertreter der Generation Y auswirken kann. Im Gegenzug führt auch die öffentliche Kritik und das nicht durch die eigenen Werte vertretbare Handeln von Unternehmen zu einer negativen Wahrnehmung. Gegenwärtig relevante Themen sind beispielsweise der Aspekt Nachhaltigkeit, gesellschaftliches Engagement oder der Einsatz für die Verbesserung des Klimas durch ein Unternehmen oder eine Organisation. Engagiert sich ein Arbeitgeber in diesen Bereichen, sollte er über entsprechende PR-Aktivitäten seine soziale Haltung und sein Engagement kommunizieren, da auch diesem Aspekt eine positive Beeinflussung der Zielgruppenwahrnehmung bezüglich eines Unternehmens zugeschrieben werden kann – dabei würden Unternehmen bestenfalls nicht erst auf einen „fahrenden Werte-Zug" aufspringen, sondern hätten bereits zuvor diese Werte authentisch im Unternehmen gelebt. Zudem würden sich die Vertreter der Generation Y in der Regel gegen einen Arbeitgeber entscheiden, dessen Handeln nachweislich negative Auswirkungen auf die Umwelt hat. Übergreifend lässt sich in diesem Kontext festhalten, dass gesellschaftliche Werte wie Toleranz, Diversität und Offenheit gegenüber Neuem von den Befragten der Generation Y erwünscht und als wichtig empfunden werden.

Gleichwohl ist nicht nur das Unternehmen mit seinen Aktivitäten, Werten und gesellschaftlichen Einstellungen von Bedeutung für die Generation Y. Vielmehr erweist sich die Sinnhaftigkeit der eigentlichen Tätigkeit beziehungsweise einer Arbeitsaufgabe als entscheidendes Kriterium – die potenziellen Arbeitnehmer möchten einen persönlichen Mehrwert in ihrer Arbeit erkennen. Daher ist es für Unternehmen wichtig, diesen Aspekt aufzugreifen und den Bewerbern das Ziel und die Bedeutung ihrer Arbeitsaufgabe darzulegen. Einen Sinn hinter der durch sie gegebenenfalls ausgeübten Tätigkeit zu sehen, wird mit den für sie entscheidenden Werten der persönlichen Erfüllung und des Spaßes an der Arbeit verbunden: So stellt sich der Spaß an der Arbeit als wesentliches und unverzichtbares Kriterium bei den Hochschulabsolventen dar und bestätigt das der Generation im Allgemeinen zugeschriebene Merkmal der Spaßorientierung. Es kann als einer der wichtigsten Faktoren im Job angesehen werden; fehlt es, kann Frust, Unzufriedenheit, Verärgerung und Demotivation auftreten. In diesem Zusammenhang zeigt sich auch, dass die junge Arbeitnehmergeneration ihre zu erbringende Arbeitsleistung als qualitativ höher einschätzt, wenn die Arbeit mit Spaß und Freude einhergeht. Die Altersgruppe will somit nicht lediglich eine unbestimmte Tätigkeit ausführen, sondern strebt in der Regel danach, einen Mehrwert in ihrer Arbeit zu sehen. Die bewusste Entscheidung für eine Tätigkeit, die die subjektiven Anforderungen erfüllt und auf Grundlage intrinsischer Motive gefasst wurde, kann zu einer erhöhten Leistungsbereitschaft führen. Demnach resultiert die Passung einer Stelle mit den persönlichen Werten und Interessen in hohem Engagement und einer ambitionierten Arbeitsweise. Die jungen Menschen möchten sich beruflich weiterentwickeln und zeigen eine entsprechende Motivation, für diesen Zweck gesteigerte Leistungen zu erbringen. Diese Absicht bildet sich in der als stark empfundenen Wichtigkeit von Weiterbildungsmöglichkeiten unter den Vertretern der Generation ab. Mit Weiterbildungsmaßnahmen durch den Arbeitgeber verbinden sie nicht nur Spaß an der Arbeit, sondern auch die Möglichkeit, die eigenen Qualifikationen und den bisherigen Kenntnisstand zu erweitern, die persönliche Arbeit besser ausführen sowie beruflich aufsteigen zu können. Darüber hinaus wird auch der Herausforderung einer Tätigkeit eine hohe Relevanz zugeschrieben, da die Anspruchsgruppe sich durch die Bewältigung fordernder Aufgaben einen höheren Lernzuwachs verspricht. Grundlegend zeigt sich, dass in der Zielgruppe eine Karriereorientierung besteht, wenngleich das Verständnis von Karriere individuell geprägt ist: Einige verbinden mit der von ihnen angestrebten Karriere die Entwicklung in eine leitende Position oder zu einer Führungskraft. Andere geben an, sich zwar beruflich weiterentwickeln zu wollen, jedoch nicht nach dem klassischen Karriereweg zu streben – für sie bedeutet Erfolg vielmehr persönliche Weiterentwicklung, Selbstoptimierung, Würdigung der Arbeit, zum Beispiel anerkannt über ein höheres Gehalt oder einen Zugewinn an Verantwortung. Persönliche Weiterentwicklungsmöglichkeiten sollten folglich von Arbeitgebern berücksichtigt und in die Kommunikation aufgenommen werden und es sollte beispielsweise auf der Karrierewebseite über die Bereitwilligkeit zu einer Förderung des individuellen Arbeitnehmers und seiner Qualifikationen informiert werden.

Neben diesen Merkmalen zeichnet sich die Generation Y durch eine starke Gemeinschaftsorientierung aus. Auch im beruflichen Kontext wird den generationszugehörigen Personen ein intensives Bedürfnis nach einem sozialen Umfeld und somit Kollegialität zugeschrieben. Es lässt sich ein Zusammenhang zwischen Spaß an der Arbeit und netten Kollegen sowie einer angenehmen Arbeitsatmosphäre in ihrer Wahrnehmung erkennen. Entsprechend kann von einer positiven Auswirkung auf die Arbeitgeberwahrnehmung der Generation Y zudem in denjenigen Fällen ausgegangen werden, in denen Arbeitgeber die Wichtigkeit eines guten Teamverhältnisses innerhalb des Unternehmens hervorheben sowie Bereitwilligkeit suggerieren, eine gute Arbeitsatmosphäre unter den Mitarbeitern zu fördern – eine Perspektive, die sowohl Hochschulabsolventen als auch Unternehmen teilen. Ersichtlich wird außerdem, dass ein gutes Verhältnis unter Mitarbeitern das persönliche Wohlbefinden am Arbeitsplatz steigert und damit als förderlich im Hinblick auf eine bessere Arbeitsleistung wahrgenommen wird. Im Umkehrschluss können ein schlechtes Arbeitsklima und Antipathie unter Kollegen zur Folge haben, dass der Spaß und die Motivation im Hinblick auf die Arbeit selbst verloren geht.

Der Generation Y ist Gemeinschaft sehr wichtig, sie strebt außerdem eine ausgeglichene Work-Life-Balance an, bestätigt durch Erfahrungen von Unternehmensvertretern sowie Karriere-Experten an Hochschulen. Die Generation hat das Bedürfnis nach ausreichend Flexibilität sowie Freizeit, um diese beim Sport, mit Freunden und Familie zu verbringen. Gleichwohl ist relativierend festzustellen, dass die eigene Freizeit für die Generation Y zwar wichtig ist, jedoch im Kontext des Berufseinstiegs noch wenig priorisiert wird. Dies trifft auch auf das Kriterium der Flexibilität zu. Zum Zeitpunkt des Berufseinstiegs und ersten Jobs sind die Vertreter der Generation Y in der Regel bereit, für einen größeren Lernerfolg Mehrarbeit zu leisten und sich den durch den Arbeitgeber vorgegebenen zeitlichen und örtlichen Konditionen anzupassen. Dennoch empfinden sie einen Ausgleich zur Arbeit durch frei gestaltbare Zeit wichtig. Zudem zeigt sich, dass die Aspekte Work-Life-Balance sowie Flexibilität beim Arbeitsort und in der Arbeitszeit eine steigende Bedeutung im Verlauf ihres Lebens- und Berufsweges im Hinblick auf die Familiengründung einnehmen und in näherer Zukunft eine entscheidende Bedeutung haben werden. Weiterhin gilt es hierbei zu nennen, dass ein hoher Grad an Flexibilität und Freizeit von der Anspruchsgruppe zwar nicht erwartet, die Ermöglichung dessen durch einen Arbeitgeber jedoch als positiv wahrgenommen wird und die Perspektiven darauf gewichtig in der Arbeitgeberwahl sind – entsprechend bedeutsam ist die Kommunikation von Vereinbarkeit von Beruf und Familie.

Die Generation Y wird weiterhin als Personengruppe beschrieben, der bereits in ihren frühen Jahren durch die elterliche Erziehung Werte wie Mitbestimmung und Individualismus vermittelt wurden. Dieses Generationsmerkmal findet auch in der Arbeitswelt durch das Bedürfnis der Mitgestaltung Ausdruck – es besteht der Wunsch nach einer persönlichen Entfaltung und des Ausprobierens im Einstiegsjob. So erhoffen sich die Berufseinsteiger ein verstärktes Gefühl der Teilhabe und Selbstverwirklichung durch das aktive Einbringen eigener Ideen und erkennen in diesem Zusammenhang die Möglichkeit, ein Unternehmen mitzugestalten – Faktoren, die vergleichsweise wichtiger erscheinen als ein hoher Bekanntheitsgrad eines Arbeitgebers. Auch zeigt sich, dass sich ein positives, skandalfreies Image eines in der Gesellschaft bekannten Unternehmens als Wettbewerbsvorteil bei der Suche von qualifizierten Bewerbern erweisen kann; der gute Ruf eines Unternehmens hat für die Generation Y Relevanz bei der Arbeitgeberauswahl. Zusätzlich verbinden die Berufseinsteiger mit einer Tätigkeit bei einem bekannten Unternehmen oder Konzern eine positive Auswirkung auf den eigenen Lebenslauf und zukünftige berufliche Perspektiven. Auch die Zukunftsperspektiven bei einem Arbeitgeber kristallisieren sich als ein wichtiges Kriterium heraus. So wird auf die Zukunftsfähigkeit und Innovationskraft eines Unternehmens Wert gelegt; die Branche beziehungsweise das Tätigkeitsfeld sollten sich fortschrittlich und als langfristig attraktiv darstellen. Dies spiegelt auch ein Sicherheitsbedürfnis wider und in diesem Zusammenhang, dass es für die junge Arbeitnehmer bedeutend erscheint, einen Arbeitgeber auszuwählen, dessen Fortbestand gewährleistet werden kann. Die Bedeutung des konkreten Faktors der Arbeitsplatzsicherheit kann jedoch unterschiedlich bewertet werden. Zum einen kann er als weniger wichtig im Einstiegsjob erachtet werden, einerseits, weil die Sicherheit des Jobs auch abhängig von der eigenen Arbeitsleistung ist und andererseits, weil junge Menschen mit guten Qualifikationen in der Regel nicht abhängig von einem einzigen Arbeitsplatz sind. Zum anderen wirkt der Aspekt der Arbeitsplatzsicherheit – insbesondere in Krisensituationen wie etwa der gegenwärtigen Pandemie – positiv auf die potenziellen Bewerber der Generation Y. Insgesamt ist davon auszugehen, dass die genannten Faktoren von den Bewerbern in ihrer Summe zunehmend als Standard-Angebot erwartet werden (vgl. Tab. 6.2). Neben flexiblen Arbeitszeiten zur Vereinbarkeit von Familie, Hobbys und Beruf sowie den „passenden" Unternehmenswerten können Unternehmen vor allem mit Authentizität punkten, wenn

Tab. 6.2 Attraktivitätsfaktoren von Unternehmen für Hochschulabsolventen der Generation Y

Unternehmensextern
• Glaubwürdige Darstellung des Unternehmens im Einklang mit gesellschaftlichen Werten
• Mehrwert der Arbeitsaufgabe aufzeigen
Unternehmensintern
• Angebote zur persönlichen Weiterentwicklung von Arbeitnehmern
• Mitgestaltungsmöglichkeiten im Unternehmen
• Gute Arbeitsatmosphäre/Team
• Wertschätzung und Anerkennung für Leistungen/faire Bezahlung
• Vereinbarkeit Beruf/Familie

Quelle: Eigene Erstellung

diese von den Mitarbeitern glaubwürdig transportiert wird, um das Interesse der Hochschulabsolventen zu generieren.

6.1.2.2 Relevante Kriterien bei Stellenausschreibung und Bewerbungsprozess

Stellenausschreibung

Inhalt der Stellenbeschreibung

Die Stellenanzeige bildet in der Regel den ersten entscheidenden Kontaktpunkt zwischen einem Arbeitgeber und dem potenziellen Bewerber. Wesentlich erweist sich insbesondere die Beschreibung der Stelle – als Kern der Anzeige – als wichtiger Bestandteil einer Ausschreibung. Die Stellenbeschreibung, sofern möglich mit konkreter Aufgabenbeschreibung, dient den Berufseinsteigern als Orientierungshilfe und Grundlage für die Einschätzung der eigenen Passung auf einen Job. Ein Plus im Anforderungsprofil wäre ein Hinweis auf die im Rahmen einer Tätigkeit angewandten spezifischen Computerprogramme. Eine allgemeine Firmenbeschreibung stellt sich insbesondere bei kleineren und tendenziell unbekannteren Unternehmen als Chance dar, um von den Rezipienten der Generation Y wahrgenommen zu werden – eine Möglichkeit, die bei Arbeitgebern mit einem hohen Bekanntheitsgrad weniger bedeutsam ist. Die Generationsvertreter erhoffen sich hier weniger tiefgehende Informationen, als vielmehr einen ersten Überblick über die Leistungen und die Branche des Arbeitgebers. Trotz der grundsätzlichen Erwartungshaltung, dass Stellenanzeigen allgemeine Informationen über das ausschreibende Unternehmen beinhalten, lässt sich feststellen, dass Hochschulabsolventen das Fehlen dieses Aspekts in der Regel nicht negativ wahrnehmen, allerdings werden entsprechende Informationen über beispielsweise Verlinkungen zu weiteren Kommunikationskanälen des Unternehmens erwartet. Zwar wäre es nach Ansicht der Unternehmen optimal, alle relevanten Informationen bereits in einer Stellenanzeige transportieren zu können, im Sinne eines Information Overload sollten jedoch lediglich die für die Zielgruppe zentralen Themen hier Bedeutung erhalten.

Da Gehalt nicht als zentraler Aspekt im Zuge der Wahl einer Stelle betrachtet wird, wird es auch in Stellenanzeigen von der Generation Y nicht erwartet. Gleichwohl kann die Angabe des Gehalts einen Mehrwert bieten, insbesondere dann, wenn es sich um – so die Erfahrung von Unternehmen – möglichst konkrete Angaben handelt. Ebenso wird der Verweis auf zusätzliche Leistungen eines Arbeitgebers, wie die Gewährleistung von Mitarbeitervorteilen wie beispielsweise Unterstützung für die Nutzung öffentlicher Verkehrsmittel nicht zwangsläufig in einer Stellenanzeige erwartet, wenngleich ein solches Angebot grundsätzlich positiv bewertet wird. Entsprechend kann davon ausgegangen werden, dass die Nennung vorhandener Benefits positiv aufgenommen wird und dazu führen kann, dass ein Arbeitgeber interessanter erscheint. Dies lässt sich auch im Hinblick auf den Aspekt der Entwicklungsmöglichkeiten feststellen. Zwar hat die Thematik an sich eine hohe Wichtigkeit für die Zielgruppe, allerdings wird ersichtlich, dass die Informationen darüber erst im weiteren Bewerbungsverlauf, zum Beispiel in einem persönlichen Gespräch, als bedeutsam erscheinen. Das Aufzeigen von Perspektiven im Unternehmen hat auf die Interessenten einen positiven Effekt und zeigt, dass ein Arbeitgeber die Mitarbeiter in ihrer Entwicklung fördert und durch entsprechende Maßnahmen unterstützt.

Um sich auf ein Stellenangebot bewerben zu können, stellen sich die Kontaktdaten – hier bietet es sich an, auch die für die Generation Y oftmals wichtige geografische Verortung der angebotenen Stelle einzubinden – sowie der Bewerbungsweg als weitere wesentliche Informationen heraus. Die Angabe eines konkreten Kontakts dient einerseits als Indiz dafür, an wen eine Bewerbung zu adressieren ist und ermöglicht andererseits eine direkte Kontaktaufnahme, um die Bewerbung betreffende Fragen stellen zu können. Dies kann zu einer Reduktion von Unsicherheit sowie Anstrengung im Rahmen eines Bewerbungsprozesses führen und den Komfort für die Kandidaten steigern. Zudem wird die Angabe von Kontaktdaten mit Seriosität verbunden. Kontaktinformationen in Form einer Hotline-Nummer können für die Vertreter der Generation Y zu Unsicherheit führen, inwieweit Recruiter tatsächlich angesprochen werden wollen und ihnen eher Gegenteiliges suggerieren. Weiterhin erwarten die Vertreter der Generation Y Angaben über den Verlauf eines Bewerbungsprozesses prinzipiell nicht in einer Stellenanzeige, nehmen diese jedoch positiv und als Orientierungshilfe wahr. Erwartet werden Informationen über den Bewerbungsverlauf vorrangig auf Karrierewebseiten.

„Harte" Fakten über die angebotene Stelle sowie das Anforderungs- und Aufgabenprofil sind jedoch im Allgemeinen nicht ausreichend, um Kandidaten zu überzeugen, ihre Bewerbungsunterlagen einzureichen. Vielmehr wird der Zielgruppe ein verstärktes Bedürfnis nach weiterführenden, „weicheren" Informationen über den Arbeitgeber in einer Stellenanzeige zugeschrieben, die auf Karrierewebseiten oder in persönlichen Gesprächen gewünscht werden. Zu nennen ist beispielsweise eine Beschreibung der Unternehmenskultur ebenso wie Informationen über das potenzielle Team.

Aufbau der Stellenanzeige

Neben dem erwarteten Informationsgehalt sollte eine Stellenanzeige, insofern sie von dem Arbeitgeber frei gestaltet werden kann, eine klare Struktur sowie einen nachvollziehbaren Aufbau aufweisen, die den Rezipienten eine unkomplizierte Rezeption mit schneller Aufnahme wichtiger Informationen ermöglicht. Dabei können zum Beispiel aussagekräftige Headlines und übersichtliche, klar formulierte Textanteile unterstützen: Von der generellen Gestaltung einer Anzeige, wie sie auf den ersten Blick wahrgenommen wird, schließen die Generationsvertreter oftmals auf das Unternehmen als solches, sodass eine unprofessionelle oder wenig moderne gestaltete Stellenanzeige zu negativen Assoziationen führen kann. Neben einem strukturierten Textanteil wird der Verwendung von statischem oder bewegtem Bildmaterial eine positive Beeinflussung der Rezipienten zugeschrieben. Visuelles Storytelling in Stellenanzeigen erhält eine zunehmende Relevanz, da eine attraktive Gestaltung die Chancen erhöht, dass sich Kandidaten für ein Stellenangebot interessieren sowie letztlich bewerben. Als entscheidend wird bei der Auswahl der visuellen Elemente die vermittelte Authentizität erachtet, sowohl maßnahmen- als auch kanalübergreifend. Gleichzeitig zeigt sich auch, dass eine – auch subjektiv empfundene – unattraktive Gestaltung eines Stellenangebots dazu führen kann, dass sich Kandidaten gegen das Einreichen einer Bewerbung entscheiden.

Über den Aufbau beziehungsweise die Struktur hinaus kann aus Gestaltungsperspektive auch die Textmenge als entscheidendes Kriterium in der Beurteilung einer Stellenanzeige betrachtet werden. Die Vertreter der Generation Y nehmen sehr textintensive Stellenanzeigen in der Regel negativ oder zumindest kritisch wahr: Ein Zuviel an Text kann sie von einer weiteren Betrachtung des Angebots abhalten. Sie wünschen sich kurze und prägnante Formulierungen, die die für sie relevanten Fakten eindeutig herausstellen. Dies trägt in ihrer Wahrnehmung auch zu einer besseren Übersichtlichkeit bei. Bedeutend für die Wirkung einer Stellenanzeige ist außerdem ihre Tonalität. Die Form der Anrede kann dabei zur Meinungsbildung der Generation Y über ein Unternehmen beitragen. Die Du-Ansprache wird hier den Erfahrungen von Unternehmen zufolge überwiegend genutzt, was eine persönliche Ansprache und Nahbarkeit des Unternehmens zeigt. Dies steht im Gegensatz zu einer Sie-Ansprache, die eher mit einer hierarchischen Organisationsstruktur assoziiert wird. Dabei ist zu beachten, dass eine Sie-Ansprache im Stellengebot für die Generation Y nicht grundlegend abgelehnt wird. Die förmliche Anrede wird in Teilen auch als eine Form des Respekts beziehungsweise Höflichkeit interpretiert, wobei sich mit Hilfe von intelligenten Systemen und Datenauswertungen von Click-Verhalten gegebenenfalls zukünftig eine individuelle Ausspielung des Jobangebots mit der entsprechenden Ansprache des Kandidaten erzielen lässt. Insgesamt lässt sich feststellen, dass es wichtig ist, inwieweit das Bild eines Unternehmens mit der Form des Sprachgebrauchs in einer Stellenanzeige übereinstimmt, je nach Form des Unternehmens wie beispielsweise Großkonzern oder Start Up, wird jeweils eine andere Art der Ansprache erwartet, sodass ein gegensätzliches Verhalten bei der Generation Y zu negativer Wahrnehmung führen kann. Den großen traditionellen Unternehmen und Konzernen kann eher die gesiezte Ansprache nahegelegt werden, während für Start Ups und junge Unternehmen eher das „Du" als authentisch empfunden wird. Wichtig ist jedoch, dass auch bei einem eher „lockeren"

Sprachgebrauch die Seriosität gewahrt bleibt und von einer Verwendung umgangssprachlicher Formulierungen in weiten Teilen abgesehen wird. Zudem wird deutlich, dass die Ansprache durch Unternehmen über den gesamten Bewerbungsverlauf möglichst konsistent verlaufen sollte und unterschiedliche Formen der Anrede in verschiedenen Bewerbungsschritten zu negativer Wahrnehmung und Irritation führen könnten. Gegebenenfalls können hier klare Richtlinien für unterschiedliche Arbeitnehmergruppen – vom Auszubildenden über den Hochschulabsolventen oder Trainee bis hin zum Quereinsteiger – unterstützend sein.

Im Hinblick auf Bildelemente ist deren Authentizität von Relevanz. Es wird deutlich, dass die Generationsvertreter unternehmensunspezifische, gekaufte Bilder als solche erkennen und diesen eine negative und störende Wirkung auf ihren Eindruck zuschreiben. Entsprechend sind ein Bezug zu dem Unternehmen, den Produkten, Dienstleistungen oder der Tätigkeit sowie authentische Motive wünschenswert. Die Glaubwürdigkeit und der unmittelbare Bezug von gestalterischen Elementen zu einem Arbeitgeber können in diesem Sinne ein entscheidendes Kriterium darstellen. Auch für die Wahrnehmung von eingesetztem Videomaterial erweist sich dieser Faktor als essenziell. Arbeitgeberfilme sollten nicht als Mittel der Selbstdarstellung zu Vermarktungszwecken interpretiert werden können, sodass ihre Authentizität hinterfragbar wäre – ein nicht authentischer Imagefilm kann zu einer negativen Wirkung führen. Dennoch lässt sich festhalten, dass Hochschulabsolventen grundsätzlich Interesse an firmenspezifischem Videomaterial besitzen. Trotz der Skepsis hinsichtlich der Glaubwürdigkeit erkennen die Generationsvertreter einen Mehrwert in den Filmen durch die gewonnenen Einblicke in ein Unternehmen. Es wird deutlich, dass Imagefilmen keine pauschal negative oder positive Wirkung beigemessen werden kann, sondern die Wahrnehmung maßgeblich durch die subjektive Bewertung der Glaubwürdigkeit und Authentizität beeinflusst wird. Empfindet ein potenzieller Bewerber einen Arbeitgeberfilm als realitätsnah, kann von einer positiven Beurteilung ausgegangen werden. Dabei sollte dieser eine moderate Länge haben, um auf die Rezipienten nicht negativ zu wirken.

Für Arbeitgeber ist es außerdem wichtig, ihre Karrierewebseite zielgruppengerecht zu gestalten. Dieser Kommunikationskanal sollte das Ziel verfolgen, interessierten Kandidaten umfangreiche Informationen sowie authentische Einblicke zu bieten und als Arbeitgebermarke mit einem Arbeitgeberversprechen zu überzeugen. Hier können etwa auch Aussagen zur Unternehmenskultur, welche im Rahmen einer Stellenanzeige als weniger wichtig erachtet wurden, Raum erhalten. Geringe Relevanz konnte auch für die Darstellung des Bewerbungsverlaufes explizit in Stellenanzeigen sowie für die Angaben über Entwicklungsmöglichkeiten und Perspektiven festgestellt werden – diese Aspekte werden jedoch als bedeutend auf der Karriereseite angesehen. Als weitere Thematiken von Interesse für die Generationsvertreter werden Einblicke in den Organisationsaufbau, Mitarbeiterzahlen, Tätigkeitsbereiche und Funktionen wahrgenommen, ebenso wie die Informationen über Termine, Ankündigungen sowie Mitarbeitervorteile. Daneben können auch möglichst in der Stellenanzeige schon angedeutete Themen wie Karrieremöglichkeiten, Work-Life-Balance-Angebote, umweltbezogene oder soziale Aktivitäten oder etwa Weiterbildungsoptionen dargestellt werden. Auch die Angabe von Standorten und zusätzlichen Leistungen des Arbeitgebers bietet sich auf der Karrierewebseite an. Dabei ist zu erwarten, dass Kandidaten insbesondere auf der unternehmenseigenen Karrierewebseite für eine emotionale Ansprache durch multimediale Inhalte aufgeschlossen sind. Hier sind authentische Einblicke in den Arbeitsalltag relevante Insights, wobei vermehrt Bilder und Videos auf der Karriereseite eingebunden werden können. Auch an dieser Stelle äußert sich der Wunsch der Generation Y nach einer ausgeprägten Realitätsnähe und Authentizität von Inhalten, welche aus ihrer Sicht durch die Einbindung von Mitarbeitern in Bild und Bewegtbild intensiviert werden kann.

Darüber hinaus würde auch eine Filterfunktion im Bereich der Stellenbörse auf Karrierewebseiten die Bewerber positiv ansprechen: Die Integration einer Stellenbörse mit inkludierten Filtermöglichkeiten als komfortables Angebot für die Nutzer und die Information über Veranstaltungen, Bewerbungsprozesse sowie die direkte Bewerbungsmöglichkeit können die Attraktivität einer Karrierewebseite erhöhen.

Bewerbungsprozess

Sind Stellenanzeige und Karrierewebseite – um die beiden typischen Einstiegs-Aktivitäten in die Jobsuche zu nennen – attraktiv und aufmerksamkeitsfördernd gestaltet, sollten die Rezipienten in den konkreten Prozess der Bewerbung eintreten, der mit den Begriffen „schnell“, „schlank“ und „erwartbar“ charakterisierbar sein sollte. Dies ist sowohl für die Hochschulabsolventen selbst als auch aus Sicht der Unternehmenserfahrungen von hoher Relevanz: Der Bewerbungsprozess sollte für den Nutzer komfortabel sein – beispielsweise darf ein Hochladen des Lebenslaufes nicht dazu führen, die einzelnen Schritte des beruflichen Werdegangs zusätzlich manuell in vorgegebene Felder innerhalb eines Bewerberportals eintragen zu müssen. Einen Ansatz eines komfortablen Prozesses bietet in diesem Zusammenhang etwa eine Technologie, die Bewerbern durch die Verknüpfung ihrer Profile auf Karrierenetzwerken eine automatisierte Überführung der relevanten Daten, wie zum Beispiel den Berufserfahrungen, ermöglichen soll. Im Resultat würde dies zu Zeitersparnis und Reduktion des Aufwandes für potenzielle Arbeitnehmer führen. Entscheidend für die Akzeptanz aus Nutzersicht ist jedoch die technologische Umsetzung: Ist diese unzureichend, führt dies zu Enttäuschung anstelle der angestrebten Entlastung. Zudem sollte keine Unsicherheit gegenüber der Korrektheit von automatisiert übernommenen Daten auftreten. Automatisierung im Kontext von Recruiting-Aktivitäten ist auch mittels Chatbots möglich. Die Vorteile für Bewerber lassen sich dabei insbesondere in der zeit- und ortsabhängigen Möglichkeit der Kommunikation und aus Perspektive von Arbeitgebern in der Bereitstellung relevanter Informationen charakterisieren. Kandidaten können jederzeit Fragen stellen und sich zum Beispiel passende vakante Stellen vorschlagen lassen. Gleichwohl ist der Einsatz differenziert zu sehen und lässt erkennen, dass er bei Standardfragen sinnvoll sein kann, bei Detailfragen jedoch die persönliche Ansprache des jeweils Verantwortlichen von Bedeutung ist. Chatbots sollten demnach eher als unterstützendes Werkzeug verstanden werden, nicht jedoch die Kontaktmöglichkeit zu Personen ersetzen. Erfahrungsgemäß wird der persönliche Kontakt zu einem Mitarbeiter im Bewerbungsprozess bevorzugt, da die automatisierte Kommunikation mitunter zu Unsicherheiten bezüglich der Verwendung der eigenen Daten führt sowie darüber hinaus als unpersönlich empfunden wird. Zudem gilt auch in diesem Zusammenhang, die Ausgereiftheit der Technologie vor ihrem Live-Einsatz zu überprüfen sowie ihre Grenzen festzustellen und letztlich zu berücksichtigen.

Sind mögliche Fragen im Vorfeld einer Bewerbung geklärt, wird ein Anschreiben beziehungsweise Motivationsschreiben oder gegebenenfalls das Beantworten von Motivationsfragen für den Bewerber notwendig. Auf der einen Seite kann das Einreichen eines Anschreibens als die vermeintlich weniger aufwendige und dadurch angenehmere Variante betrachtet werden, da von den Bewerbern in der Regel ein Grundgerüst eines Anschreibens bereits erstellt wurde und dieses auf verschiedene Unternehmen lediglich entsprechend der jeweiligen Motivation angepasst werden muss. Auf der anderen Seite können Motivationsfragen als gezielter und für die Generation Y angenehmer eingestuft werden – eine Entscheidung, die sicherlich – so die Perspektive von Unternehmen und Karriere-Experten – auch in Abhängigkeit der angebotenen Stelle zu treffen ist. Ein Anschreiben ist oftmals Teil von verschiedenen Dokumenten, die im Zuge der Bewerbung auf die Bewerberportale der Unternehmen hochgeladen werden müssen. Allerdings wird hier die Notwendigkeit einer Registrierung auf einem Bewerberportal in vielen Fällen als anstrengend empfunden. Das Angebot einer unmittelbaren Bewerbung ohne Anmeldung wäre hier wünschenswert – im Vergleich würde der Versand der gebündelten Bewerbungsunterlagen an eine konkrete E-Mail-Adresse als komfortabler wahrgenommen als die kompliziertere Abwicklung der Bewerbung über ein Bewerberportal. Ein Mehrwert in einer Registrierung wird durch die Bewerber nur in denjenigen Fällen gesehen, in denen ihnen das Verfolgen ihres Bewerbungsstandes ermöglicht wird. Diese Thematik betreffend zeigt sich, dass eine Rückmeldung durch den Arbeitgeber bezüglich des aktuellen Status einer Bewerbung als positiv bewertet wird. Zwar wird nicht die Option eines Trackings erwartet, dennoch erachtet die Generation Y eine Bestätigungsmail, die den Empfang der Bewerbung belegt, sowie eine zeitnahe Rückmeldung auf selbige als notwendig. Um eine positive Wahrnehmung aufseiten der Bewerber zu erwirken, gilt es daher für Unternehmen, die Bewerber über den Stand ihrer Bewerbung ausreichend und transparent über den gesamten Bewerbungsverlauf hinweg aufzuklären. Insbesondere wenn ein längerer Rückmeldezeitraum absehbar ist, sollte dies entsprechend kommuniziert und eine möglichst konkrete Zeitspanne genannt werden, um negative Auswirkungen auf die Wahrnehmung der Kandidaten und einen Wettbewerbsnachteil zu vermeiden.

Um den Bewerbungsprozess weiter zu erleichtern, sollte auch die Nutzung mobiler Endgeräte in Betracht gezogen werden. Insbesondere die junge Arbeitnehmergeneration gilt als Treiber einer Entwicklung hin zu mobilen Prozessen. Das Mediennutzungsverhaltender Generation Y zeigt, dass die Option eines mobilen Bewerbungsprozesses bei der Altersgruppe Anklang finden dürfte, da diese nahezu ausnahmslos im Besitz eines Smartphones ist und über dieses alltäglich auf das Internet zugreift. So werden neben dem Notebook auch das Smartphone oder iPad zur Stellensuche oder Marktrecherche genutzt und Karrierenetzwerke wie XING, LinkedIn oder die LinkedIn-App verwendet. Für alle weiteren Schritte des Bewerbungsprozesses wird gegenwärtig jedoch typischerweise ein Notebook verwendet. Dokumente wie Anschreiben oder Lebenslauf werden vorzugsweise auf dem Laptop erstellt, überprüft und abgeschickt, da eine gesteigerte Übersichtlichkeit und vereinfachte Bedienung durch die Tastatur und den vergleichsweise großen Bildschirm wahrgenommen werden. Zudem wird deutlich, dass für die Generation Y eine Bewerbung nichts „Beiläufiges“ ist und sie sich mit Fokus und Konzentration vorzugsweise an ihren Computer und den Schreibtisch setzen möchte – eine Situation, die die Arbeitgeber von einem motivierten Bewerber entsprechend erwarten. Den Medienbruch im Übergang von einer mobilen Stellensuche zu der Bewerbung über das Notebook wird in der Regel nicht als Hürde im Bewerbungsprozess angesehen. Ein mobiler Prozess in der Gesamtheit könnte insbesondere dann relevant werden, wenn Aspekte wie das Erstellen eines Anschreibens im Bewerbungsprozess nicht mehr notwendig wären und lediglich knappe Textteile von den Bewerbern erwartet werden (vgl. Tab. 6.3).

Tab. 6.3 Inhaltliche und visuelle Gestaltung von Recruiting-Maßnahmen – Erfolgskriterien

Stellenanzeige	
Inhaltliche Gestaltung	• Beschreibung der angebotenen Stelle • Anforderungsprofil skizzieren • Beschreibung der konkreten Aufgabe • Firmenbeschreibung oder Verlinkung • Kontaktdaten eines persönlichen Ansprechpartners • Gehaltsangabe, Darstellung von Benefits, Entwicklungsmöglichkeiten wünschenswert • Verlinkung auf Karrierewebseite
Visuelle Gestaltung	• Übersichtlicher Aufbau: Strukturierung mittels Headlines • Authentische Bildelemente • Positiv: Imagefilm • Präferenz zu Du, aber: einheitlich über alle Bewerbungsschritte//Passung zu Unternehmenskultur
Karrierewebseite	
Inhaltliche Gestaltung	• Unternehmenskultur • Tiefergehende Unternehmensinformationen, etwa: Informationen zum Produkt- und Dienstleistungsangebot des Unternehmens • Infos über (Umwelt-)Engagement • Bilder und Videos für Einblicke in den Arbeitsalltag • Erwähnung Ablauf des Bewerbungsprozederes • Entwicklungsmöglichkeiten • Vereinbarkeit Beruf Familie • Eigene Stellenbörse auf der Karrierewebseite mit Filterfunktionen
Visuelle Gestaltung	• Übersichtlicher Aufbau • Komfortable Nutzung • Authentische Bildelemente • Positiv: Imagefilm
Bewerbungsprozess	
	• Unmittelbare Bewerbungsmöglichkeit ohne vorhergehende Registrierung auf Bewerberportal • Transparenz zum Bewerbungsablauf • Tracking positiv; Bestätigungsemail erwartet • Automatisiertes Übertragen von Daten aus Karrierenetzwerk • Fehlerfreie Funktionen • Chatbots nur für allgemeine Fragen zu Beginn • Mobiler Bewerbungsprozess positiv, jedoch nicht erwartet

6.2 Zukünftige Erfolgsfaktoren beim Recruiting von Hochschulabsolventen

6.2.1 Arbeitgeber- und Arbeitsplatzdarstellung

Hochschulabsolventen in der jungen Altersgruppe stellen bereits gegenwärtig hohe Anforderungen an Arbeitgeber, wenngleich sie ihre Position gegenüber Arbeitgebern aufgrund der Pandemie-Situation relativiert betrachten – es wird aktuell erwartet, dass sich die Situation auf dem Arbeitsmarkt für sie verschlechtern wird. Besonders die Absolventen aus technischen Fächergruppen gehen gegenwärtig nicht mehr von einer sehr guten Ausgangslage für Berufseinsteiger aus, da die Pandemie in einigen Branchen zu Sparmaßnahmen und Streichungen von Stellen auf Unternehmensseite geführt habe. Gleichwohl wird die Zukunft im Hinblick auf die Arbeitsmarktsituation optimistisch gesehen, sodass sich die Arbeitgeber an die Wünsche und Bedürfnisse potenzieller Bewerber im Kontext ihres Personalmarketings weiter anpassen müssen.

Um zukünftig erfolgreich zu sein, ist die authentische, glaubwürdige Darstellung eines Unternehmens als Arbeitgeber entscheidend. Dies dürfte sowohl von Bedeutung im Hinblick auf die Hochschulabsolventen der Generation Y sein als auch für die nachfolgend in das Berufsleben einsteigende Generation Z: Da die Generation Z durch vergleichbare Lebensumstände einen ähnlichen Wertekanon wie die Generation Y aufweist, kann davon ausgegangen werden, dass sich Werte wie Individualismus, Offenheit, Flexibilität und Selbstverwirklichung bei der jüngeren Altersgruppe verfestigen, sodass zu erwarten ist, dass die Vertreter der Generation Z als Arbeitgeber glaubwürdige und authentische Unternehmen erwarten, die sich im Sinne der Gesellschaft positiv darstellen – ein Phänomen, das sowohl von gegenwärtigen Hochschulabsolventen als auch von potenziellen Arbeitgebern als erfolgskritisch für die Zukunft eingeschätzt wird. Entsprechend ist davon auszugehen, dass in Stellenausschreibungen beziehungsweise gemeinsamen Touch-Points von Bewerbern und Arbeitgebern vermehrt das Thema Sinnhaftigkeit – und dies sowohl unternehmensweit als auch bezogen auf die Arbeitsaufgabe – an Bedeutung gewinnen wird und von Unternehmensseite kommuniziert werden wird. Relevant sind in diesem Zusammenhang auch unternehmensweite Aktivitäten, die den Absolventen das gesellschaftliche Engagement des Arbeitgebers darstellen. Wichtig ist, dass keine Diskrepanz zwischen der unternehmerischen Darstellung nach Außen und dem tatsächlich gelebten Verhalten eines Unternehmens vorhanden ist. Über Unternehmenswerte kann zum Beispiel in (Video-)Blog-Beiträgen im Sinne eines Content-Marketing referiert werden – Content, mit dem sich die Zielgruppe identifizieren kann und mit

Hilfe derer die Zielgruppe auf ein sozial verantwortungsvoll agierendes Unternehmen als potenzieller Arbeitgeber aufmerksam werden kann. Auch ein Imagefilm beispielsweise kann entsprechende Werte darstellen und in der Bewerberkommunikation Verwendung finden. Eingesetzt etwa auf dem unternehmenseigenen Youtube-Kanal, auf Social-Media-Plattformen oder der Homepage stellt auch hier das Thema Glaubwürdigkeit, das durch eine authentische Übermittlung der Inhalte unterstützt werden kann, ein zentrales Kriterium der Akzeptanz dar.

In Bezug auf die Arbeitsaufgabe, die möglichst sinnstiftend und gesellschaftlich nachhaltig sein sollte, kann davon ausgegangen werden, dass nicht nur die Generation Y, die zukünftig in den Arbeitnehmermarkt eintritt, sondern auch die ihnen folgende Generation Z zunehmend individuelle Arbeitszeitgestaltung einfordert: Die von der Generation Y geschätzte Flexibilität in Bezug auf Arbeitszeitmodelle und Vereinbarkeit von Familie und Beruf im Sinne einer Work-Life-Balance wird sich erwartungsgemäß kontinuierlich als Standard entwickeln, der nicht mehr explizit von Unternehmen herausgestellt werden muss. Dies ist auch bei der Generation Z erwartbar, allerdings ist weiter zu beobachten, wie sich die Folgen der Covid-19-Pandemie auf die Einstellungen und Werte dieser zukünftigen Generation auswirken. Dabei kann davon ausgegangen werden, dass transparent handelnde Vorgesetzte und Arbeitgeber, die Hochschulabsolventen der Generation Z beim Berufseinstieg oder im Zuge weiterführender Karriere-Maßnahmen unterstützen, beispielsweise über Mentoren-Programme, positiv wahrgenommen werden (vgl. in der Zusammenschau Abb. 6.1).

Entsprechend der Perspektive von Unternehmensvertretern und Karriereberatern, dass die Generation Y aus ihrer Sicht gegenwärtig noch besser charakterisiert und „greifbarer" werden müsste, um die passenden Absolventen über die relevanten Kanäle ansprechen zu können, sollte dies auch im Hinblick auf die kommende Arbeitnehmergeneration Z frühzeitig angegangen werden, um sich als interessanter und interessierter Arbeitgeber positionieren zu können.

6.2.2 Bewerberkommunikation und Bewerbungsprozess

Ist ein Unternehmen in den für Hochschulabsolventen interessanten Kreis potenzieller Arbeitgeber gelangt, in dem es neben der fachlichen Passung zum Studienabschluss auch die sozial-gesellschaftlichen Ansprüche befriedigt, wird es in Zukunft sicherlich noch wichtiger sein, dass ein Bewerbungsprozess schnell und unkompliziert ermöglicht wird: Unternehmen und Karriere-Experten an Hochschulen stimmen überein, dass die Schnelligkeit für die Generation Y und insbesondere im Hinblick auf die Generation Z in steigendem Maße als

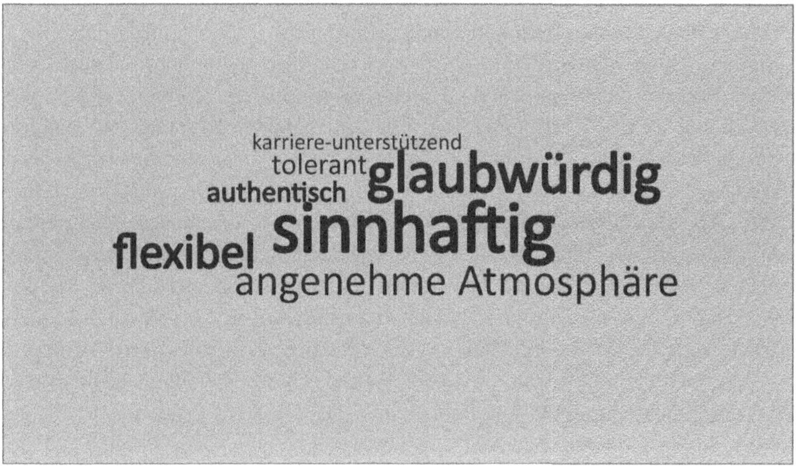

Abb. 6.1 Zentrale Aspekte im Kontext von Arbeitgeber- und Arbeitsplatzdarstellung. (Quelle: Eigene Erstellung)

erfolgsentscheidend betrachtet werden kann. Die Darstellung im Bewerberportal beziehungsweise der Prozess der Bewerbungsabwicklung muss jedoch nicht nur komfortabel sein, sondern auch technisch einwandfrei funktionieren sowie transparent in den jeweiligen Abläufen nachvollziehbar sein. Dabei wird auch davon ausgegangen, dass Bewerbungen in Zukunft den Absender nicht mehr erkennen lassen, da sie zunehmend anonym und ohne Bewerbungsfotos eingereicht werden – eine Situation, die insbesondere Karriere-Experten an Hochschulen als Zukunftsszenario beschreiben.

Eine nutzerfreundliche Bewerbungsmöglichkeit kann sich auch in mobilen Anforderungen an den Bewerbungsprozess ausdrücken; entsprechend wird sich auch für die Generation Z eine verstärkte Bedeutung des mobilen Recruiting herausstellen und es lässt sich annehmen, dass sich eine Fokussierung des Personalmarketings auf mobil optimierte Online-Maßnahmen als zielführend erweist. Es kann sich dabei als erfolgsentscheidend erweisen, sich stets über neu aufkommende Formate oder Plattformen, mithilfe derer die Zielgruppe (mobil) angesprochen werden kann, zu informieren und diese für das eigene Personalmarketing im Hinblick auf jüngere Zielgruppen zu nutzen. Dabei zeigt sich die Tendenz, dass die Generation Z bei der unmittelbaren Bewerberansprache geduzt werden möchte. Relevant wird es hier auch zukünftig sein, diese Ansprache im gesamten Bewerbungsverlauf konsistent zu halten.

Berücksichtigt werden sollte darüber hinaus, dass die jungen Generationen flexible Echtzeit-Kommunikation als selbstverständlich betrachten, sodass ihre Erwartungen an die Kommunikation von Unternehmen entsprechend maßgeblich beeinflusst werden. In diesem Zusammenhang lässt sich annehmen, dass eine Chatbot- beziehungsweise KI-basierte Kommunikation an Bedeutung zunehmen könnte. Als Generation der Digital Natives lässt sich in der jungen Altersgruppe zudem eine erhöhte Affinität zu Trends wie Gamification und Recruitainment vermuten; Aktivitäten, die die Generation Y gegenwärtig noch als positiv einschätzt und die die Generation Z zukünftig erwarten dürfte. Auch das verstärkte Streben nach Selbstverwirklichung der Generation Z könnte dazu beitragen, dass Recruitainment-Ansätze wie etwa Serious Games bei den nachkommenden Generationen durch die Möglichkeit des Ausprobierens zunehmend beliebter werden. Insbesondere in Hinsicht auf die Ermöglichung einer Erlebbarkeit der Arbeitgebermarke empfiehlt es sich daher für Unternehmen, die Entwicklungen kontinuierlich zu beobachten, ihre Potenziale frühzeitig zu erkennen sowie intern ein Know-how bezüglich dieser Themen auf- oder auszubauen. Hier kann sich ein Arbeitgeber über neuere technologische Anwendungen, zum Beispiel bei Campus-Events, Labels wie „modern“ oder „zeitgemäß“ bei der Generation Z „verdienen“. In diesem Zusammenhang kann eine zunehmende Relevanz von virtuellen Inhalten und schnell konsumierbaren Bewegtbild-Formaten auf Grundlage der Mediennutzungsmuster der Generation Z angenommen werden: Imagefilme auf privaten sozialen Netzwerken oder Präsentationen auf Youtube, die sich gegebenenfalls an unterschiedliche Fächergruppen wenden, können hier zum Einsatz kommen. Dabei dürfte es in Stellenausschreibungen, Karrierewebseiten sowie in konkreten Recruiting-Videos immer mehr zu einer Selbstverständlichkeit für den Arbeitgeber werden, glaubwürdig und authentisch zu sein: Es ist davon auszugehen, dass Stockmaterial oder gestellte Bilder, die bereits von der Generation Y kritisch betrachtet werden, insbesondere von der Generation Z nicht akzeptiert werden. Vielmehr wird Realitätsnähe in den unternehmerisch dargestellten Situationen erwartet (vgl. in der Zusammenschau Abb. 6.2).

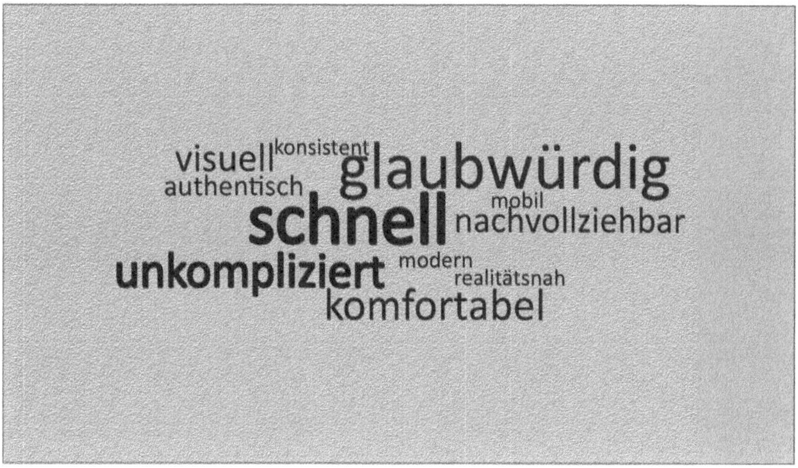

Abb. 6.2 Zentrale Aspekte im Rahmen von Bewerberkommunikation und Bewerbungsprozess. (Quelle: Eigene Erstellung)

Fazit und Ausblick

7

Zusammenfassung

Vor dem Hintergrund der Erkenntnisse aus der qualitativen Interviewstudie mit Hochschulabsolventen der Generation Y, Unternehmensvertretern aus dem Personalbereich sowie Karriere-Experten von Hochschulen wird ein Ausblick in die Zukunft des Recruitings von Hochschulabsolventen versucht und dabei sowohl die Berufseinsteiger der Generation Y als auch die in Kürze in den Arbeitsmarkt eintretenden Hochschulabsolventen der nachfolgenden Generation Z betrachtet. Es wird deutlich, dass Bewerbungen für einen Arbeitsplatz zukünftig sowohl für die Bewerber selbst als auch für die einen Job anbietenden Unternehmen weiterhin eine große Bedeutung besitzen werden, da sie für den Bewerber berufsprägend einerseits und für Unternehmen die Gewinnung und Einarbeitung von Arbeitskräften andererseits eine Investition darstellen. Entsprechend ist davon auszugehen, dass auch in Zukunft auf einen „gründlichen" Bewerbungsprozess Wert gelegt wird, der gewährleistet, dass die „passenden" und am besten qualifizierten Kandidaten gefunden werden. Dabei ist zu erwarten, dass die Ansprache der Bewerber in zielgruppenspezifischen Kommunikationskanälen kontinuierlich spezifischer werden wird, wobei von Unternehmen neben der eigentlichen Arbeitsaufgabe vor allem auch Unternehmenswerte in den Jobangeboten vermittelt werden dürften, da diese in der Generation Y – und ebenso erwartbar für die Berufseinsteiger unter den Hochschulabsolventen der Generation Z – eine große Rolle spielen werden, um sich für oder gegen die Bewerbung bei einem Unternehmen zu entscheiden. Dabei ist zu erwarten, dass im Bewerbungsprozess selbst die Bedürfnisse der Bewerber und ihre Wünsche an die Aufgabe und den Arbeitsplatz und die

© Der/die Autor(en), exklusiv lizenziert durch Springer Fachmedien Wiesbaden GmbH, ein Teil von Springer Nature 2021

C. Kochhan et al., *Bewerberkommunikation für Hochschulabsolventen der Generation Y*, https://doi.org/10.1007/978-3-658-35099-4_7

Arbeitszeiten zunehmend berücksichtigt werden, wobei Themen wie Gleichbehandlung, Vielfalt und Inklusion noch verstärkter in das Bewusstsein von Personalverantwortlichen und Bewerbern treten dürften. Vor dem Hintergrund dieser Annahme ist davon auszugehen, dass es zunehmend Bewerbungen geben wird, die anonym und ohne Fotos bei den Unternehmen eingereicht werden. In einer Art Gegensatz dazu steht die Annahme, dass die Bewerbungseinsendungen per Video zunehmen werden – ein Angebot, dass sicherlich für die sozialen Medien-affinen Zielgruppen Y und Z auf hohes Interesse stoßen sollte, gleichwohl jedoch in Abhängigkeit von den jeweiligen Stellenangeboten und Wertvorstellungen der einen Arbeitsplatz für Hochschulabsolventen anbietenden Unternehmen.

Für Unternehmen ist es eine der grundlegenden Aufgaben, qualifizierte Nachwuchskräfte mittels ihrer Bewerberkommunikation wirksam anzusprechen – zum einen vor dem Hintergrund einer kontinuierlichen Verknappung an Arbeitskräften aufgrund demografischer Veränderungen und zum anderen da aufgrund der weiterhin notwendigen digitalen Transformationen innerhalb vieler Unternehmen in Zukunft viele junge, gut ausgebildete Arbeitnehmer mit digitalen Skills benötigt werden. Um hier erfolgreich zu sein und in einer Wissensgesellschaft die gegenwärtigen Hochschulabsolventen der Generation Y als potenzielle Arbeitnehmer anzusprechen, spielt die Kenntnis von Wertvorstellungen sowie Einstellungen und Anforderungen der jungen Generation an Arbeitgeber beziehungsweise an den zukünftigen Arbeitsplatz eine zentrale Rolle: Eine präzise Informationsgrundlage im Hinblick auf die Zielgruppe kann als wichtigste Voraussetzung für ein erfolgreiches Recruiting qualifizierten Personals formuliert werden und stellt damit die Grundlage für den Fortbestand eines Unternehmens dar. Um die Aufmerksamkeit und das Interesse von Bewerbern – hier von Hochschulabsolventen der Generation Y – für ein Jobangebot erreichen zu können, gilt es für Unternehmen, sich an den geänderten Arbeitsmarkt anzupassen, auf die junge Generation zuzugehen und sich inhaltlich und im Kommunikationsverhalten den Erwartungen und Standards künftiger Arbeitnehmergenerationen anzupassen. Zu beachten sind in diesem Zusammenhang auf inhaltlicher Ebene beispielsweise die in einer Generation geteilten gesellschaftspolitischen, wirtschaftlichen und sozialen Rahmenbedingungen sowie das Erleben kollektiver Ereignisse, die als nachhaltig prägend für übereinstimmende Bedürfnisse und Präferenzen hinsichtlich von Werten und – in Bezug auf einen Arbeitgeber – den wahrgenommenen Attraktivitätsfaktoren einer Altersgruppe gelten. Etwa wird eine berufliche Tätigkeit in einem Unternehmen von Vertretern der Generation Y gegenwärtig nicht ausschließlich als Option betrachtet, den eigenen Lebensunterhalt bestreiten zu können; so ist nicht vorrangig das angebotene Gehalt entscheidend, ob ein Arbeitsplatz beziehungsweise ein Arbeitgeber als interessant für sie erscheint. Vielmehr soll Arbeit beziehungsweise die auszuführenden Tätigkeiten für viele Arbeitnehmer der Generation Y typischerweise mit gesellschaftlicher sowie persönlicher Sinnhaftigkeit einhergehen, eine persönliche Identifikation mit dem Arbeitgeber und den Unternehmenswerten ermöglichen, Spaß bereiten, Selbstverwirklichung und -optimierung bieten sowie persönliche Weiterentwicklung und Mitgestaltung erlauben. Dabei sollten Arbeitgeber diese Inhalte nicht nur auf zielgruppenspezifischen Kanälen kommunizieren, sondern in ihrem Unternehmen „leben", um eine authentische Darstellung zu ermöglichen und dementsprechend nicht nur Mitarbeiter in einem ersten Schritt gewinnen, sondern sie auch langfristig an das Unternehmen binden zu können. Somit spielt erlebbare Unternehmenskultur und Authentizität für die anspruchsvolle Generation Y eine entscheidende Rolle im Kontext ihrer Bewerbungsaktivitäten.

Berücksichtigen sollten Unternehmen im Zuge ihrer Recruiting-Maßnahmen bereits gegenwärtig, dass in naher Zukunft neben den Hochschulabsolventen der Generation Y auch die ersten Vertreter der Generation Z in den Arbeitsmarkt eintreten. Dabei ist auch für die Generation Z verstärkt anzunehmen, dass insbesondere Unternehmensphilosophie und -werte wie etwa das Thema Nachhaltigkeit oder gesellschaftliches Engagement einen hohen Stellenwert besitzen, um sich für oder gegen einen Arbeitgeber zu entscheiden, sodass dies – insofern vorhanden – entsprechend kommuniziert werden sollte. Kriterien wie beispielsweise Flexibilität oder Weiterbildungsmöglichkeiten werden hingegen mutmaßlich nicht mehr explizit in Stellenangeboten Erwähnung finden, da diese Faktoren von den kommenden Arbeitnehmergenerationen generell als Angebot von Arbeitgebern erwartet und vorausgesetzt werden. Neben einer fundierten Kenntnis der für die jeweilige Generation interessanten und relevanten Faktoren im Kontext von Werten, Einstellungen und Erwartungen an den Arbeitgeber, ist es für Unternehmen darüber hinaus zentral, auf formaler Ebene der Kommunikation sicherzustellen, interessante und adäquate Hochschulabsolventen der Generation Y und Z erreichen zu können. Bedeutsam ist hierbei zunächst das in der Regel mittels Online-Kommunikationskanälen transportierte Jobangebot – oftmals einer der ersten Kontaktpunkte zwischen Bewerbern und potenziellem Arbeitgeber –, das strukturiert und schnell erfassbar die relevanten Informationen zur angebotenen Stelle und Anforderungen anbieten sollte. Es ist davon auszugehen, dass in Zukunft Stellenangebote, unabhängig ihrer Platzierung etwa auf Jobportalen, Karrierewebseiten oder beruflichen und privaten Netzwerken, genderneutral formuliert werden sowie daraus resultierende Bewerbungen in anonymer Form und ohne Bewerbungsfoto kontinuierlich Standard werden. Diese Art der Kandidaten-Adressierung dürfte vor dem Hintergrund erwartbar sein, dass Aspekte wie „Diversity“, „Equity“ sowie „Inclusion“ in Zukunft sicherlich kontinuierlich als Werte und unternehmerische Handlungsmaxime an Bedeutung gewinnen und zugleich insbesondere von den angehenden Arbeitnehmern der Generation Z als wichtige Kriterien im Standard-Werte-Portfolio eines Unternehmens betrachtet werden. Eine Darstellung des Unternehmens in der Jobanzeige mittels Bild oder Bewegtbild kann dabei die Rezeption der potenziellen Kandidaten intensivieren, einen authentischen Eindruck von Unternehmen und Unternehmenswerten vermitteln sowie die emotionale Ansprache von potenziellen Kandidaten und den von Arbeitgebern entsprechend gewünschten Response fördern. Um die Reichweite von Stellenangeboten auf Online-Portalen beziehungsweise Internetseiten zu erhöhen und die besten und passendsten Kandidaten anzusprechen, besteht auch die Möglichkeit, die Formulierungen innerhalb von Stellenanzeigen weniger nach konkreten Abschlüssen auszurichten als vielmehr gezielter nach Bewerber-Kompetenzen wie es beispielsweise KE-3 im Kontext der leitfaden-gestützten Experteninterviews geäußert hat: „Ich würde mir wünschen, dass [nach] Kompetenz statt Abschluss [..] rekrutiert [wird]. [...] Nicht: ‚Sie haben BWL studiert oder ähnliches‘, sondern welche Kompetenzen [sind für den Arbeitsplatz] tatsächlich relevant.“ Entsprechend könnten sich die Chancen für Unternehmen erhöhen, mithilfe derart formulierter Stellenanzeigen für sie relevante Kandidaten zu gewinnen, die zum Beispiel nicht das klassische Fach studiert haben, gleichwohl jedoch über ihre jeweiligen Fächerkombinationen entsprechende Kompetenzen ausgebildet haben. Unabhängig von der Art der Ausschreibung, das heißt „traditionell-konkret“ oder „kompetenzbezogen-erweitert“ ist es jedoch für Arbeitgeber von Bedeutung, eine Klammer zu den flankierenden Recruiting-Maßnahmen zu finden, etwa auf Karrierewebseiten, zielgruppenspezifischen privaten oder beruflichen Netzwerken oder im Kontext von Messe-Auftritten oder Hochschulmarketing-Maßnahmen. Hier gilt es wiederum einerseits die inhaltliche Konsistenz zu wahren und zum anderen über formale Aspekte im Sinne der Corporate Identity – und hier insbesondere dem Corporate Design – eine in sich geschlossene und von anderen Unternehmen in der Botschaft abgrenzbare Einheit zu schaffen: Der Employer Brand sollte grundsätzlich kontinuierlich an allen Touch Points von den potenziellen Bewerbern erlebbar sein.

Ist es einem Arbeitgeber über die Berücksichtigung skizzierter Aspekte gelungen, die Aufmerksamkeit von potenziellen Kandidaten für ein Stellenangebot zu gewinnen und ihr Interesse für das Arbeitsplatzangebot zu erreichen, ist davon auszugehen, dass die angehenden Berufseinsteiger in einen zukünftig sicherlich zumeist vollständig digitalen, mobil optimierten, Bewerbungsprozess starten. Die in diesem Kontext zentralen Begriffe sind „schnell", „komfortabel" sowie „nutzerorientiert" beziehungsweise „fehlerfrei" – Kriterien, um neben der Generation Y insbesondere die Nachfolge-Generation Z, die in der Regel 24/7 medialmobil unterwegs ist, für das eigene Unternehmen als möglichen Arbeitgeber interessieren zu können. Dabei bleibt abzuwarten, welche Bewerbungsunterlagen Unternehmen in Zukunft erwarten beziehungsweise inwieweit Unternehmen „Hürden" zum Einreichen von Bewerbungsunterlagen abbauen, indem sie sich etwa in einem ersten Schritt auf den Erhalt von wenigen Kerninformationen von den Interessenten beschränken: Es wird zum Beispiel ein Lebenslauf, jedoch kein Motivationsschreiben verlangt. Ob sich dies als Trend etablieren wird, kann von den Unternehmen gesteuert werden. Vor dem Hintergrund der „Schnelligkeit" im Bewerbungsprozess können Arbeitgeber auch weiterhin je nach Branche oder angebotener Position, die Kandidaten sensibilisieren, dass es sich bei der Wahl eines Arbeitnehmers und Arbeitgebers auf beiden Seiten um weitreichende Entscheidungen handelt – für Bewerber oftmals prägend für das zukünftige Berufsleben – und es in der Regel eine Vielzahl an Bewerbern gibt. So bleibt die Auseinandersetzung mit dem Unternehmen und die sorgsame Erarbeitung der Unterlagen im Vorfeld einer Bewerbung durch den Bewerber für die meisten Unternehmen von Bedeutung – die Beschäftigung mit einer Bewerbung geht für ein Unternehmen auch mit einer Investition einher. Im Rahmen der leitfadengestützten Interviews äußerte UN-22 in diesem Kontext: „Und ich glaube, [es] ist wichtig für die jungen Leute nochmal zu wissen, bei digital und bei aller Schnelligkeit muss man den Unterlagen entnehmen, dass da eine Wertschätzung auch dem Unternehmen [gegenüber] und eine gewisse Motivation hinter steckt." Wertschätzung des Bewerbers gegenüber einem Unternehmen kann jedoch nicht nur in den Inhalten klassischer Bewerbungsunterlagen vermittelt werden. Vielmehr kann dies beispielsweise auch über eine Video-Bewerbung geschehen. Diese Form dürfte der jungen Generation aufgrund ihrer „Heimat" in sozialen Medien nahestehen und – je nachdem ob diese job-adäquat, vor dem Hintergrund von Datenschutz-Regeln oder Corporate Identity realisierbar ist – sicherlich generell ein interessantes Angebot für die angehenden Berufseinsteiger der Generationen Y und Z sein. Erfolgsentscheidend dürfte jedoch insgesamt sein, welche Convenience-Angebote die Bewerber seitens der Arbeitgeber, etwa im Hinblick auf die Bewerberportale, wahrnehmen beziehungsweise erhalten. Hier werden sicherlich insbesondere Großunternehmen eine zentrale Rolle spielen, inwieweit sie auf die Wünsche der Zielgruppe eingehen oder Standards vorgeben.

Unabhängig von der Art und Weise der Bewerbung ist es wichtig, dass Unternehmen den fachlich und persönlich am besten passenden Bewerber finden und damit die „richtige" Entscheidung treffen wollen. Nach der Einarbeitung möchten sie diesen meist möglichst als Arbeitnehmer an das Unternehmen binden, sodass sich Wechselkosten, zum Beispiel verbunden mit Stellenausschreibungen, in monetären Grenzen halten. Um im Vorfeld einen Fit zwischen Unternehmen und potenziellem Arbeitgeber zu erkennen, könnte im Rahmen des Bewerbungsprozesses eine Art „Vorstufe" eingeschoben sein, in der sich die beiden potenziellen Vertragspartner kennenlernen können. KE-3 sagt in diesem Zusammenhang: *„Schön wäre es auch, wenn die Unternehmen vorher [...] informelle Interviewmöglichkeiten anbieten würden, wo die Studierenden dann kurz mit jemandem sprechen können oder vielleicht auch mal die Möglichkeit haben, mit ausgewählten Mitarbeitern zwei Stunden oder einen halben Tag mitzulaufen.* " Entscheidend bei dieser Art von „Jobshadowing" ist es, einen ersten Eindruck zu erhalten, ob beziehungsweise inwieweit Bewerberpersönlichkeit und Unternehmen harmonieren. Diese Art eines Kennenlernens oder eines Probearbeitens könnte übersprungen werden, wenn Empfehlungen von Mitarbeitern oder Bekannten sowie Referenzen vorheriger Arbeitgeber im Hinblick auf einen Kandidaten vorliegen.

Insgesamt ist davon auszugehen, dass auch die Covid-19-Pandemie Auswirkungen auf die Arbeitswelt beziehungsweise die Einstellungen der nachfolgenden Arbeitnehmer-Generationen zu Arbeitgeber und Arbeitsplatz haben wird, wenngleich diese für die Zukunft noch nicht im Detail absehbar sind – sicherlich wird jedoch die Stabilität der Wirtschaft in diesem Zusammenhang einen entscheidenden Faktor darstellen. Gleichwohl zeichnet sich bereits jetzt ab, dass Berufe und Tätigkeiten in Unternehmen „digitaler" und „flexibler" werden und sich in vielen Arbeitsbereichen verändern: Im Sinne einer New Work wandeln sich in Unternehmen die Formen der Zusammenarbeit sowie Arbeitsmodelle, aber auch die Flexibilität sowie die Orte, an denen die Arbeit letztlich ausgeführt wird. An dieser Dynamik besitzen neben der Digitalisierung, der Entwicklung von Ansätzen im Bereich der Künstlichen Intelligenz und der Veränderung von Produktangeboten auch das Nachfrageverhalten der Konsumenten sowie die internationalen Produktionsstandorte und Absatzmärkte einen wichtigen Anteil. Die Generation Y als Vertreter der Digital Natives treibt diese Veränderungen mit voran, doch trotz ihrer Leistungs- und Veränderungsbereitschaft dürften junge Berufseinsteiger dieser – und der nachfolgenden Generation Z – zukünftig davon ausgehen, dass ihnen der potenzielle Arbeitgeber eine Möglichkeit für die gute Balance von Beruf und Privatleben einräumt, wobei hier erwartungsgemäß insbesondere flexible Arbeitszeiten und Homeoffice-Möglichkeiten eine große Rolle spielen werden.

Mithilfe der Mitarbeiter im Unternehmen, die ihrer Tätigkeit zudem beispielsweise ein positives Verhältnis im Team oder ein wenig hierarchische

Kommunikationsverhalten zuschreiben, wird es darüber hinaus möglich, eine ansprechende Mund-zu-Mund-Propaganda, on- oder offline, zu lancieren. Dabei werden Kommunikationsmaßnahmen grundsätzlich insbesondere in denjenigen Fällen auf Resonanz stoßen, in denen das Unternehmen die gezielte Ansprache der verschiedenen Fachgruppen und Altersgruppen professionell beherrscht sowie gegebenenfalls zukünftig eine individuelle, datenbasierte Du- oder Sie-Ansprache etwa in Jobangeboten umsetzt und sich dabei ansprechend, modern und bewegtbildorientiert zum Beispiel in Stellenanzeigen oder auf Karrierenetzwerken sowie Social-Media-Kanälen präsentiert. So werden Bewerber sowohl bei der Bewerberansprache als auch beim Onboarding zukünftig immer mehr erwarten, dass Unternehmen zielgruppenspezifisch auf ihre individuellen Einstellungen und Bedürfnisse eingehen. Im Mittelpunkt dürften nach wie vor die Passung zwischen Unternehmen, Anforderungsprofil und Kandidaten stehen, entsprechend wird sich das Thema „Bewerben" erwartungsgemäß nicht neu erfinden. Vielmehr handelt es hierbei um ein Themengebiet, dass sich im Grundsatz eher konservativ darstellt, jedoch über neue Pointierungen sowie ein verändertes Potpourri an Kommunikationsmöglichkeiten immer wieder zielgruppenspezifische Anpassungen seitens der Arbeitgeber im Hinblick auf ihre Recruiting-Aktivitäten sowie Schnelligkeit in der Kommunikation mit dem Bewerber verlangt.

The manufacturer's authorised representative in the EU is Springer Nature Customer Service Centre GmbH, Europaplatz 3, 69115 Heidelberg, Germany. If you have any concerns regarding our products, please contact ProductSafety@springernature.com

Printed and bound by CPI Group (UK) Ltd, Croydon, CR0 4YY
24/04/2026
02096335-0004